A Galáxia da Internet

Manuel Castells

A Galáxia da Internet

Reflexões sobre a Internet, os negócios e a sociedade

Tradução:
Maria Luiza X. de A. Borges

Revisão técnica:
Paulo Vaz
ECO/UFRJ

ZAHAR

Para os meus netos Clara, Gabriel e Sasha

Tradução autorizada da primeira edição inglesa publicada em 2001 por
Oxford University Press, de Oxford, Inglaterra

Grafia atualizada segundo o Acordo Ortográfico da Língua Portuguesa de 1990, que entrou em vigor no Brasil em 2009.

Título original
The Internet Galaxy: Reflections on the Internet, Business and Society

Capa
Sérgio Campante

CIP-Brasil. Catalogação na fonte
Sindicato Nacional dos Editores de Livros, RJ

Castells, Manuel, 1942-
C344g A galáxia da internet: reflexões sobre a internet, os negócios e a sociedade/Manuel Castells; tradução de Maria Luiza X. de A. Borges; revisão de Paulo Vaz. — 1ª ed. — Rio de Janeiro: Zahar, 2003.

Título original: The Internet Galaxy: Reflections on the Internet, Business and Society.

Inclui bibliografia
ISBN 978-85-7110-740-3

1. Tecnologia da informação — Aspectos econômicos. 2. Tecnologia da informação — Aspectos sociais. 3. Sociedade da Informação. 4. Internet (Rede de computação). I. Título.

CDD: 303.4833
03-1739 CDU: 316.422.44

EDITORA SCHWARCZ S.A.
Praça Floriano, 19, sala 3001 — Cinelândia
20031-050 — Rio de Janeiro — RJ
Telefone: (21) 3993-7510
www.companhiadasletras.com.br
www.blogdacompanhia.com.br
facebook.com/editorazahar
instagram.com/editorazahar
x.com/editorazahar

Sumário

ABERTURA

A rede é a mensagem

A Internet é o tecido de nossas vidas. Se a tecnologia da informação é hoje o que a eletricidade foi na Era Industrial, em nossa época a Internet poderia ser equiparada tanto a uma rede elétrica quanto ao motor elétrico, em razão de sua capacidade de distribuir a força da informação por todo o domínio da atividade humana. Ademais, à medida que novas tecnologias de geração e distribuição de energia tornaram possível a fábrica e a grande corporação como os fundamentos organizacionais da sociedade industrial, a Internet passou a ser a base tecnológica para a forma organizacional da Era da Informação: a rede.

Uma rede é um conjunto de nós interconectados. A formação de redes é uma prática humana muito antiga, mas as redes ganharam vida nova em nosso tempo transformando-se em redes de informação energizadas pela Internet. As redes têm vantagens extraordinárias como ferramentas de organização em virtude de sua flexibilidade e adaptabilidade inerentes, características essenciais para se sobreviver e prosperar num ambiente em rápida mutação. É por isso que as redes estão proliferando em todos os domínios da economia e da sociedade, desbancando corporações verticalmente organizadas e burocracias centralizadas e superando-as em desempenho. Contudo, apesar de suas vantagens em termos de flexibilidade, as redes tiveram tradicionalmente de lidar com um grande problema, em contraste com hierarquias centralizadas. Elas têm tido considerável dificuldade em coordenar funções, em concentrar recursos em metas específicas e em realizar uma dada tarefa dependendo do tamanho e da complexidade da rede.

Durante a maior parte da história humana, diferentemente da evolução biológica, as redes foram suplantadas como ferramentas de organizações capazes de congregar recursos em torno de metas centralmente definidas, alcançadas através da implementação de tarefas em cadeias de comando e controle verticais e racionalizadas. As redes eram fundamentalmente o domínio da vida privada; as hierarquias centralizadas eram o feudo do poder e da produção. Agora, no entanto, a introdução da informação e das tecnologias de comunicação baseadas no computador, e particularmente a Internet, permite às redes exercer sua flexibilidade e adaptabilidade, e afirmar assim sua natureza revolucionária. Ao mesmo tempo, essas tecnologias permitem a coordenação de tarefas e a administração da complexidade. Isso resulta numa combinação sem precedentes de flexibilidade e desempenho de tarefa, de tomada de decisão coordenada e execução descentralizada, de expressão individualizada e comunicação global, horizontal, que fornece uma forma organizacional superior para a ação humana.

No final do século XX, três processos independentes se uniram, inaugurando uma nova estrutura social predominantemente baseada em redes: as exigências da economia por flexibilidade administrativa e por globalização do capital, da produção e do comércio; as demandas da sociedade, em que os valores da liberdade individual e da comunicação aberta tornaram-se supremos; e os avanços extraordinários na computação e nas telecomunicações possibilitados pela revolução microeletrônica. Sob essas condições, a Internet, uma tecnologia obscura sem muita aplicação além dos mundos isolados dos cientistas computacionais, dos hackers e das comunidades contraculturais, tornou-se a alavanca na transição para uma nova forma de sociedade — a sociedade de rede —, e com ela para uma nova economia.

A Internet é um meio de comunicação que permite, pela primeira vez, a comunicação de muitos com muitos, num momento escolhido, em escala global. Assim como a difusão da máquina impressora no Ocidente criou o que MacLuhan chamou de a "Galáxia de Gutenberg", ingressamos agora num novo mundo de comunicação: a Galáxia da Internet. O uso da Internet como sistema de comunicação e forma de organização explodiu nos últimos anos do segundo milênio. No final de 1995, o primeiro ano de uso disseminado da world wide web, havia cerca de 16 milhões de usuários de redes de comunicação por computador no mundo. No início de 2001, eles eram mais de 400 milhões; previsões confiáveis apontam que haverão cerca de um bilhão de usuários em 2005, e é possível que estejamos nos aproximando da marca dos dois bilhões por volta de 2010, mesmo levando em conta uma desaceleração da difusão da Internet quando ela penetrar no mundo da pobreza e do atraso tecnológico. A influência das redes baseadas na Internet vai além do número de seus usuários: diz respeito também à qualidade do uso. Atividades econômicas, sociais, políticas, e culturais essenciais por todo o planeta estão sendo estruturadas pela Internet e em torno dela, como por outras redes de computadores. De fato, ser excluído dessas redes é sofrer uma das formas mais danosas de exclusão em nossa economia e em nossa cultura.

Contudo, apesar da sua difusão, a lógica, a linguagem e os limites da Internet não são bem compreendidos além da esfera de disciplinas estritamente tecnológicas. A velocidade da transformação tornou difícil para a pesquisa acadêmica acompanhar o ritmo da mudança com um suprimento adequado de estudos empíricos sobre os motivos e os objetivos da economia e da sociedade baseadas na Internet. Tirando proveito desse vácuo relativo de investigação confiável, a ideologia e a boataria permearam a compreensão dessa dimensão fundamental das nossas vidas, como frequentemente ocorre em períodos de rápida mudança social. Algumas vezes isso assumiu a forma de profecias futurológicas baseadas na extrapolação simplista de consequências sociais das maravilhas tecnológicas que emergem da ciência e da engenharia; outras vezes, aparece como distopias críticas, denunciando os efeitos supostamente alienantes da Internet antes mesmo de praticá-la. A mídia, ávida por informar um público ansioso, mas carecendo da capacidade autônoma de avaliar tendências sociais com rigor, oscila entre noticiar o espantoso futuro que se oferece e seguir o princípio básico do jornalismo: só notícia ruim é notícia.

A volatilidade do mercado de capitais contribui para esse sentimento ambivalente em relação à Internet. Houve um tempo, antes de abril de 2000, em que qualquer empresa relacionada com a Internet era saudada pelo mercado com avaliações assombrosamente altas, fosse qual fosse seu desempenho. No início de 2001, a maior parte das ações de empresas de tecnologia foi castigada pela fuga dos investidores, novamente sem que houvesse muita discriminação entre administração e perspectivas comerciais boas e más. Os novos mercados financeiros são mais influenciados pela psicologia das massas e por turbulências da informação do que por uma avaliação judiciosa das condições relativamente novas sob as quais as empresas operam atualmente. O efeito desses desdobramentos é que estamos entrando na Galáxia da Internet, a toda velocidade, num estado de perplexidade informada.

Entretanto, ainda que não saibamos o bastante sobre as dimensões sociais e econômicas da Internet, sabemos alguma coisa. Este livro apresenta parte desse conhecimento, e reflete sobre o significado do que conhecemos. Nas páginas que se seguem você não encontrará nenhuma previsão sobre o futuro, pois penso que mal compreendemos nosso presente, e desconfio profundamente da metodologia subjacente a essas previsões. Você não encontrará também nenhuma advertência moral, nem, aliás, prescrições de conduta ou conselhos sobre administração. Meu objetivo aqui é estritamente analítico, já que acredito que o conhecimento deve preceder a ação e a ação é sempre específica a um dado contexto e a um dado objetivo. Espero porém que, enraizando minha reflexão em observações referentes a vários domínios da prática da Internet, serei capaz de lançar alguma luz sobre a interação entre a Internet, os negócios e a sociedade. Espero ainda que isso ajude a iluminar o caminho para melhorar nossa sociedade e estabilizar nossa economia — uma vez que a volatilidade, a insegurança, a desigualdade e a exclusão social andam de mãos dadas com a criatividade, a inovação, a produtividade e a criação de riqueza nesses primeiros passos do mundo baseado na Internet. A melhoria de nossa condição dependerá do que as pessoas fizerem, inclusive você e eu. Mas neste livro, como pesquisador acadêmico que sou, minha função e na verdade minha responsabilidade é fornecer-lhe as melhores ferramentas intelectuais que posso, dentro dos limites do meu conhecimento e da minha experiência.

O ponto de partida desta análise é que as pessoas, as instituições, as companhias e a sociedade em geral transformam a tecnologia, qualquer tecnologia, apropriando-a, modificando-a, experimentando-a. Esta é a lição fundamental que a história social da tecnologia ensina, e isso é ainda mais verdadeiro no caso da Internet, uma tecnologia da comunicação. A comunicação consciente (linguagem humana) é o que faz a especificidade biológica da espécie humana. Como nossa prática é baseada na comunicação, e a Internet transforma o modo como nos comunicamos, nossas vidas são profundamente afetadas por essa nova tecnologia da comunicação. Por outro lado, ao usá-la de muitas maneiras, nós transformamos a própria Internet. Um novo padrão sociotécnico emerge dessa interação.

Além disso, por razões históricas e culturais que apresentarei neste livro, a Internet foi deliberadamente projetada como uma tecnologia de comunicação livre. O que resultou desse projeto não é que sejamos livres finalmente graças à Internet — como espero ser capaz de mostrar; tudo depende de contexto e processo. Mas resultou disso que a Internet é uma tecnologia particularmente maleável, suscetível de ser profundamente alterada por sua prática social, e conducente a toda a uma série de resultados sociais potenciais — a serem descobertos por experiência, não proclamados de antemão.

Deixe-me fornecer alguns exemplos para ilustrar esta afirmação. Tome a nova economia. Se compreendemos os negócios eletrônicos como a comercialização da Internet por firmas ponto.com, teríamos empresas interessantes, inovadoras e por vezes lucrativas, mas bastante limitadas em seu impacto econômico global. Se, como vou sustentar, a nova economia se funda num potencial sem precedentes de crescimento da produtividade em decorrência dos usos da Internet por todo tipo de empresa em todo tipo de operação, então estamos ingressando, provavelmente, num novo mundo dos negócios. Um mundo que não cancela ciclos comerciais nem substitui leis econômicas, mas transforma suas modalidades e suas consequências ao mesmo tempo em que acrescenta novas regras ao jogo (como rendimentos crescentes e efeitos de rede). Por um lado, a nova economia é a economia da indústria da Internet. Em outra abordagem, observamos o crescimento de uma nova economia a partir de dentro da velha economia, como um resultado do uso da Internet pelas empresas, para seu próprio objetivo e em contextos específicos.

Considere uma questão muito diferente. Acredito que a Internet é um instrumento fundamental para o desenvolvimento do Terceiro Mundo. Assim também pensam algumas das pessoas que podem realmente fazer uma diferença, como Kofi Annan, Thabo Mbeki e Ricardo Lagos. Isso não significa, no entanto, que difundindo a Internet sem alterar o contexto de sua apropriação podemos inverter a situação atual em que cerca de 50% da humanidade mal sobrevive com menos de dois dólares por dia.

A menos que adotemos uma estratégia de desenvolvimento mais ampla, poderíamos nos ver na situação em que me encontrei ao desembarcar em Bogotá em abril de 1999. De início fiquei entusiasmado pela manchete de *El Tiempo*: "Novos usos da Internet na Colômbia." Como tenho grande interesse pela Colômbia, estava ansioso por ver qualquer pequeno sinal de luz no fim de seu túnel de violência. O que estava acontecendo, no entanto, é que, confrontados com a fuga da alta classe média de Bogotá, entrincheirada em suas comunidades gradeadas, extorsionários e sequestradores haviam recorrido à Internet para distribuir suas ameaças, lucrando assim com um negócio de extorsão produzido em massa e baseado na Internet. Em outras palavras, alguns setores da sociedade colombiana estavam apropriando a Internet para seus próprios fins, suas práticas criminosas, enraizadas num contexto de injustiça social, corrupção política, economia da droga e guerra civil. A elasticidade da Internet a torna particularmente suscetível a intensificar as tendências contraditórias presentes em nosso mundo. Nem utopia nem distopia, a Internet é a expressão de nós mesmos através de um código de comunicação específico, que devemos compreender se quisermos mudar nossa realidade.

Este livro propõe várias ideias sobre a interação entre a Internet, a economia e a sociedade, com base em observações seletivas. Ele não esgota as fontes de informação disponíveis porque a pesquisa não pode ser completa quando seu objeto (a Internet) se desenvolve e muda muito mais depressa que o sujeito (este pesquisador — ou, aliás, qualquer pesquisador). Ele tampouco trata de todos os temas relevantes, simplesmente porque não tive tempo nem energia para escrever mais um livro enciclopédico abrangendo a maior parte das dimensões da vida social. Quero mencionar duas omissões particularmente flagrantes. Não trato dos usos da Internet na educação, e particularmente na aprendizagem eletrônica, um domínio de atividade de importância crucial que está transformando o mundo em que vivo; isto é, o mundo das instituições educacionais. E, em razão da complexidade da matéria, não pude concluir o trabalho que havia empreendido sobre gênero na Internet, embora haja algumas observações sobre essa questão em diferentes passagens do livro. Prometi a mim mesmo (e prometo ao leitor) continuar meu trabalho sobre esse tópico, e tê-lo pronto para uma possível segunda edição deste livro.

As páginas que se seguem tentam simplesmente ancorar a discussão atual sobre a Internet em observação documentada, lançando assim as bases para pesquisa adicional num processo aberto, interativo. Esta observação é limitada em termos de seu contexto social e cultural. A maior parte dos dados e fontes refere-se à América do Norte. Isso ocorre em parte porque é ali que a prática da Internet está mais desenvolvida, e em parte porque essa é a área sobre a qual temos mais informação. Tentei compensar esse viés coletando informação sobre outros países e familiarizando-me, entre 1998 e 2001, com discussões sobre as dimensões sociais e econômicas da Internet numa variedade de contextos, além de meu eixo californiano, incluindo Espanha, Inglaterra, Finlândia, França, Países Baixos, Suécia, Portugal, Alemanha, Irlanda, Rússia, Brasil, Argentina, Bolívia, Chile, Colômbia, México e África do Sul. Como não empreendi uma investigação sistemática em todos esses contextos, não tenho achados específicos para relatar. No entanto, interagindo com pesquisadores, atores sociais, administradores de empresa, tecnólogos e políticos nesses países, e fazendo-lhes as perguntas que considero neste livro, pude registrar um feedback diferencial que tentei levar em conta ao chegar às minhas conclusões. A Internet é uma rede de comunicação global, mas seu uso e sua realidade em evolução são produto da ação humana sob as condições específicas da história diferencial. Cabe ao leitor filtrar, interpretar e usar, de acordo com seu próprio contexto, a contribuição analítica que posso oferecer com base em minha própria teoria e observação.

Este livro está organizado segundo uma sequência de tópicos, abrangendo algumas das áreas mais importantes do uso da Internet. Começo com o processo histórico e cultural da criação da Internet porque ele fornece as pistas para a compreensão do que é a Internet, seja como tecnologia, seja como prática social. Depois examino o papel desempenhado pela Internet na emergência da nova economia, considerando a transformação da administração de empresas, os mercados de capitais, o trabalho e a inovação tecnológica. Em seguida, convido o leitor a passar da economia para a sociedade, avaliando a emergência de novas formas de sociabilidade on-line com base nos dados disponíveis. Isso nos levará a analisar as implicações políticas da Internet: primeiro, pelo estudo de novas formas de participação do cidadão e organizações de base, segundo, pela análise das questões e dos conflitos relacionados com a liberdade e a privacidade na interação entre governo, empresas e comunicação baseada na Internet. Para compreender novos padrões de comunicação, investigo então a famosa convergência entre a Internet e a multimídia, explorando a formação de um hipertexto multimodal. Depois, de volta à terra: a Internet possui uma geografia. Eu lhe mostrarei qual é ela, e quais são suas implicações para cidades, regiões e nossa vida urbana. Finalmente, abordarei a questão fundamental da desigualdade e da exclusão social na era da Internet, analisando os contornos e a dinâmica da divisão digital numa perspectiva global.

Embarquemos portanto nessa viagem intelectual. É minha esperança que ela dará ao leitor uma melhor compreensão de uma dimensão significativa de nosso mundo, e de nossas vidas, nos primórdios de sua transformação.

CAPÍTULO 1

Lições da história da Internet

A história da criação e do desenvolvimento da Internet é a história de uma aventura humana extraordinária. Ela põe em relevo a capacidade que têm as pessoas de transcender metas institucionais, superar barreiras burocráticas e subverter valores estabelecidos no processo de inaugurar um mundo novo. Reforça também a ideia de que a cooperação e a liberdade de informação podem ser mais propícias à inovação do que a competição e os direitos de propriedade. Não narrarei de novo essa saga, uma vez que há várias boas crônicas disponíveis ao leitor (Abbate, 1999; Naughton, 1999). Em vez disso, focalizarei o que parece ser a lição crítica que podemos destilar dos processos que levaram à formação da Internet, desde a montagem da Arpanet na década de 1960 até a explosão da world wide web na década de 1990. De fato, a produção histórica de uma dada tecnologia molda seu contexto e seus usos de modos que subsistem além de sua origem, e a Internet não é uma exceção a esta regra. Sua história ajuda-nos a compreender os caminhos de sua futura produção da história. Contudo, antes de nos aventurarmos em interpretação, resumirei, para simplificar o trabalho do leitor, os principais eventos que conduziram à constituição da Internet em sua forma atual; isto é, na forma de uma rede global de redes de computadores cujo uso é facilitado para o usuário pela www, uma aplicação que roda sobre as camadas anteriores da Internet.

A história da Internet, 1962-95: um panorama

As origens da Internet podem ser encontradas na Arpanet, uma rede de computadores montada pela Advanced Research Projects Agency (ARPA) em setembro de 1969. A ARPA foi formada em 1958 pelo Departamento de Defesa dos Estados Unidos com a missão de mobilizar recursos de pesquisa, particularmente do mundo universitário, com o objetivo de alcançar superioridade tecnológica militar em relação à União Soviética na esteira do lançamento do primeiro Sputnik em 1957. A Arpanet não passava de um pequeno programa que surgiu de um dos departamentos da ARPA, o Information Processing Techniques Office (IPTO), fundado em 1962 com base numa unidade preexistente. O objetivo desse departamento, tal como definido por seu primeiro diretor, Joseph Licklider, um psicólogo transformado em cientista da computação no Massachusetts Institute of Technology (MIT), era estimular a pesquisa em computação interativa. Como parte desse esforço, a montagem da Arpanet foi justificada como uma maneira de permitir aos vários centros de computadores e grupos de pesquisa que trabalhavam para a agência compartilhar on-line tempo de computação.

Para montar uma rede interativa de computadores, o IPTO valeu-se de uma tecnologia revolucionária de transmissão de telecomunicações, a comutação por pacote, desenvolvida independentemente por Paul Baran na Rand Corporation (um centro de pesquisas californiano que frequentemente trabalhava para o Pentágono) e por Donald Davies no British National Physical Laboratory. O projeto de Baran de uma rede de comunicação descentralizada, flexível, foi uma proposta que a Rand Corporation fez ao Departamento de Defesa para a construção de um sistema militar de comunicações capaz de sobreviver a um ataque nuclear, embora esse nunca tenha sido o objetivo por trás do desenvolvimento da Arpanet. O IPTO usou essa tecnologia de comutação por pacote no projeto da Arpanet. Os primeiros nós da rede em 1969 estavam na Universidade da Califórnia em Los Angeles, no SRI (Stanford Research Institute), na Universidade da Califórnia em Santa Barbara e na Universidade de Utah. Em 1971, havia 15 nós, a maioria em centros universitários de pesquisa. O projeto da Arpanet foi implementado por Bolt, Beranek and Newman (BBN), uma firma de engenharia acústica de Boston que passou a realizar trabalhos em ciência da computação aplicada; fundada por professores do MIT era integrada em geral por cientistas e engenheiros dessa instituição e de Harvard. Em 1972, a primeira demonstração bem-sucedida da Arpanet teve lugar numa conferência internacional em Washington.

O passo seguinte foi tornar possível a conexão da Arpanet com outras redes de computadores, a começar pelas redes de comunicação que a ARPA estava administrando, a PRNET e a SATNET. Isso introduziu um novo conceito: uma rede de redes. Em 1973, dois cientistas da computação, Robert Kahn, da ARPA, e Vint Cerf, então na Universidade Stanford, escreveram um artigo delineando a arquitetura básica da Internet. Basearam-se nos esforços do Network Working Group, um grupo técnico cooperativo formado na década de 1960 por representantes dos vários centros de computação ligados pela Arpanet, como o próprio Cerf, Steve Crocker e Jon Postel, entre outros. Para que pudessem falar umas com as outras, as redes de computadores precisavam de protocolos de comunicação padronizados. Isso foi conseguido em parte em 1973, num seminário em Stanford, por um grupo liderado por Cerf, Gerard Lelann (do grupo de pesquisa francês Cyclades), e Robert Metcalfe (então no Xerox PARC), com o projeto do protocolo de controle de transmissão (TCP). Em 1978 Cerf, Postel e Crocker, trabalhando na Universidade da Califórnia do Sul, dividiram o TCP em duas partes, acrescentando um protocolo intrarrede

(IP), o que gerou o protocolo TCP/IP, o padrão segundo o qual a Internet continua operando até hoje. A Arpanet, no entanto, continuou por algum tempo a operar com um protocolo diferente, o NCP.

Em 1975, a Arpanet foi transferida para a Defense Communication Agency (DCA). Para tornar a comunicação por computador disponível para os diferentes ramos das forças armadas, a DCA decidiu criar uma conexão entre várias redes sob seu controle. Estabeleceu a chamada Defense Data Network, operando com protocolos TCP/IP. Em 1983 o Departamento de Defesa, preocupado com possíveis brechas de segurança, resolveu criar a MILNET, uma rede independente para usos militares específicos. A Arpanet tornou-se ARPA-INTERNET, e foi dedicada à pesquisa. Em 1984, a National Science Foundation (NSF) montou sua própria rede de comunicações entre computadores, a NSFNET, e em 1988 começou a usar a ARPA-INTERNET como seu *backbone*[*].

Em fevereiro de 1990, a Arpanet, já tecnologicamente obsoleta, foi retirada de operação. Dali em diante, tendo libertado a Internet de seu ambiente militar, o governo dos EUA confiou sua administração à National Science Foundation. Mas o controle da NSF sobre a Net durou pouco. Com a tecnologia de redes de computadores no domínio público, e as telecomunicações plenamente desreguladas, a NSF tratou logo de encaminhar a privatização da Internet. O Departamento de Defesa decidira anteriormente comercializar a tecnologia da Internet, financiando fabricantes de computadores dos EUA para incluir o TCP/IP em seus protocolos na década de 1980. Na altura da década de 1990, a maioria dos computadores nos EUA tinha capacidade de entrar em rede, o que lançou os alicerces para a difusão da interconexão de redes. Em 1995 a NSFNET foi extinta, abrindo caminho para a operação privada da Internet.

No início da década de 1990 muitos provedores de serviços da Internet montaram suas próprias redes e estabeleceram suas próprias portas de comunicação em bases comerciais. A partir de então, a Internet cresceu rapidamente como uma rede global de redes de computadores. O que tornou isso possível foi o projeto original da Arpanet, baseado numa arquitetura em múltiplas camadas, descentralizada, e protocolos de comunicação abertos. Nessas condições a Net pôde se expandir pela adição de novos nós e a reconfiguração infinita da rede para acomodar necessidades de comunicação.

Mas a Arpanet não foi a única fonte da Internet tal como a conhecemos hoje. O formato atual da Internet é também o resultado de uma tradição de base de formação de redes de computadores. Um componente dessa tradição foi o bulletin board systems (BBS), ou sistema de quadro de avisos, um movimento que brotou da

---

* A infraestrutura física da rede, por onde passam as correntes elétricas que são compreendidas como sinais. (N.R.T.)

interconexão de computadores pessoais no final da década de 1970. Em 1977, dois estudantes de Chicago, Ward Christensen e Randy Suess, escreveram um programa, que batizaram de MODEM, que permitia a transferência de arquivos entre seus computadores pessoais; em 1978 fizeram um outro, o Computer Bulletin Board System, que permitia aos computadores armazenar e transmitir mensagens. Liberaram ambos os programas para o domínio público. Em 1983, Tom Jennings, um programador que na época trabalhava na Califórnia, criou seu próprio programa de BBS, o FIDO, e iniciou uma rede de BBSs, a FIDONET. Até hoje a FIDONET é a rede de comunicação por computadores mais barata e mais acessível no mundo, baseando-se em PCs e ligações por linhas telefônicas convencionais. Em 2000, compreendia mais de 40.000 nós e cerca de três milhões de usuários. Embora isso represente apenas uma minúscula fração do uso total da Internet, a prática dos BBSs e a cultura exemplificada pela FIDONET foram fatores influentes na configuração da Internet global.

Em 1981, Ira Fuchs, na Universidade Municipal de Nova York, e Greydan Freeman, em Yale, iniciaram uma rede experimental com base no protocolo RJE da IBM, montando assim uma rede para usuários de IBM, em sua maioria baseados em universidades, que se tornou conhecida como BITNET (BIT de "*Because it's there*" em referência ao slogan da IBM; representa também "*Because it's time*"). Quando a IBM deixou de subvencioná-la em 1986, a rede passou a ser sustentada por taxas pagas pelos usuários. Ela ainda arrola 30.000 nós ativos.

Uma tendência decisiva na formação de redes de computadores veio da comunidade dos usuários do UNIX. O UNIX, um sistema operacional desenvolvido pelos Laboratórios Bell, foi liberado para as universidades em 1974, inclusive seu código-fonte, com permissão de alteração da fonte. O sistema tornou-se a língua franca da maior parte dos departamentos de ciência da computação, e os estudantes logo se tornaram peritos na sua manipulação. Depois, em 1978, o Bell distribuiu seu programa UUCP (UNIX-to-UNIX copy) permitindo a computadores copiar arquivos uns dos outros. Com base no UUCP, em 1979, quatro estudantes na Carolina do Norte (Truscott, Ellis, Bellavin e Rockwell) projetaram um programa para comunicação entre computadores UNIX. Uma versão aperfeiçoada desse programa foi distribuída gratuitamente numa conferência de usuários de UNIX em 1980. Isso permitiu a formação de redes de comunicação entre computadores — a Usenet News — fora do *backbone* da Arpanet, ampliando assim consideravelmente a prática da comunicação entre computadores.

No verão de 1980 a Usenet News chegou ao departamento de ciência da computação na Universidade da Califórnia em Berkeley, onde um grupo brilhante de estudantes de pós-graduação (entre os quais Mark Horton e Bill Joy) trabalhava com adaptações e aplicações do UNIX. Como Berkeley era um nó da Arpanet, esse grupo de estudantes desenvolveu um programa para fazer uma ponte entre as duas redes. Dali em diante, a Usenet ficou vinculada à Arpanet, as duas tradições gradualmente se fundiram e várias redes de computadores passaram a poder se comunicar entre si, muitas vezes partilhando o mesmo *backbone* (cortesia de uma universidade). Finalmente essas redes se congregaram na forma da Internet.

Outro desenvolvimento notável que resultou da tradição dos usuários do UNIX foi o "movimento da fonte aberta" — uma tentativa deliberada de manter aberto o acesso a toda a informação relativa a sistemas de software. No capítulo 2 analisarei em maior detalhe o movimento da fonte aberta e a cultura dos hackers como tendências essenciais na configuração social e técnica da Internet. Mas preciso referir-me brevemente a isso neste relato sumário da sequência de eventos que levou à formação da Internet. Em 1984, Richard Stallman, programador no Laboratório de Inteligência Artificial do MIT, numa reação à decisão da AT&T de reivindicar direitos de propriedade sobre o UNIX, lançou a Free Software Foundation, propondo a substituição do copyright pelo que chamou de "*copyleft*". Por "*copyleft*", entendia-se que qualquer pessoa que usasse um software gratuito deveria, em retribuição, distribuir pela Net o código daquele software aperfeiçoado. Stallman criou um sistema operacional, o GNU, como alternativa ao UNIX, e o tornou disponível na Net sob uma licença que permitia seu uso desde que respeitada a cláusula do *copyleft*.

Em 1991, pondo esse princípio em prática, Linus Torvalds, um estudante de 22 anos da Universidade de Helsinki, desenvolveu um novo sistema operacional baseado no UNIX, chamado Linux, e o distribuiu gratuitamente pela Internet, pedindo aos usuários que o aperfeiçoassem e enviassem os resultados obtidos de volta para a Net. O resultado dessa iniciativa foi o desenvolvimento de um robusto sistema operacional Linux, constantemente aperfeiçoado pelo trabalho de milhares de hackers e milhões de usuários, a tal ponto que o Linux é agora geralmente considerado um dos sistemas operacionais mais avançados do mundo, em particular para a computação baseada na Internet. Outros grupos de desenvolvimento cooperativo de software com base em fonte aberta brotaram da cultura dos usuários do UNIX. Assim, em 2001, mais de 60% dos servidores da www no mundo estavam rodando com Apache, que é um programa de servidor de fonte aberta desenvolvido por uma rede cooperativa de programadores do UNIX.

O que permitiu à Internet abarcar o mundo todo foi o desenvolvimento da www. Esta é uma aplicação de compartilhamento de informação desenvolvida em 1990 por um programador inglês, Tim Berners-Lee, que trabalhava no CERN, o Laboratório Europeu para a Física de Partículas baseado em Genebra. Embora o próprio Berners-Lee não tivesse consciência disso (Berners-Lee, 1999, p.5), seu trabalho continuava uma longa tradição de ideias e projetos técnicos que, meio século antes, buscara a possibilidade de associar fontes de informação através da computação interativa. Vannevar Bush propôs seu sistema Memex em 1945. Douglas Engelbart projetou seu On-Line System, a que não faltavam interface gráfica e mouse, trabalhando a partir de seu Augmentation Research Center na área da Baía de São Francisco, e demonstrou-o pela primeira vez em 1968. Ted Nelson, pensador independente, radical, anteviu um hipertexto de informação interligada em seu manifesto de 1963, *Computer Lib*, e trabalhou muitos anos na criação de um sistema utópico, Xanadu: um hipertexto aberto, autoevolutivo, destinado a vincular toda a informação passada, presente e futura do planeta. Bill Atkinson, o autor da interface gráfica do Macintosh, desenvolveu um sistema HyperCard de interligação de informação quando trabalhava na Apple Computers na década de 1980.

Foi Berners-Lee, porém, que transformou todos esses sonhos em realidade, desenvolvendo o programa Enquire que havia escrito em 1980. Teve, é claro, a vantagem decisiva de que a Internet já existia, encontrando apoio nela e se valendo de poder computacional descentralizado através de estações de trabalho: agora utopias podiam se materializar. Ele definiu e implementou o software que permitia obter e acrescentar informação de e para qualquer computador conectado através da Internet: HTTP, MTML e URI (mais tarde chamado URL). Em colaboração com Robert Cailliau, Berners-Lee construiu um programa navegador/editor em dezembro de 1990, e chamou esse sistema de hipertexto de world wide web, a rede mundial. O software do navegador da web foi lançado na Net pelo CERN em agosto de 1991. Muitos hackers do mundo inteiro passaram a tentar desenvolver seus próprios navegadores a partir do trabalho de Berners-Lee. A primeira versão modificada foi o Erwise, desenvolvido no Instituto de Tecnologia de Helsinki em abril de 1992. Pouco depois, Viola, na Universidade da Califórnia em Berkeley, produziu sua própria adaptação.

Dessas versões modificadas da www, a mais orientada para o produto foi o Mosaic, projetado por um estudante, Marc Andreessen, e um profissional, Eric Bina, no National Center for Supercomputer Applications da Universidade de Illinois. Eles incorporaram ao Mosaic uma avançada capacidade gráfica, tornando possível captar e distribuir imagens pela Internet, bem como várias técnicas de interface importadas do mundo da multimídia. Divulgaram seu software na Usenet em janeiro de 1993. Depois disso, Andreessen passou a trabalhar como programador numa pequena firma de Palo Alto. Enquanto estava lá, foi procurado por um destacado empresário do Vale do Silício, Jim Clark, que estava deixando a companhia que fundara, a Silicon Graphics, à procura de novas aventuras empresariais. Clark recrutou Andreessen, Bina e seus colegas de trabalho para formar uma nova companhia, a Mosaic Communications, que mais tarde foi obrigada a mudar seu nome para Netscape Communications. A companhia tornou disponível na Net o primeiro navegador comercial, o Netscape Navigator em outubro de 1994, e despachou o primeiro produto no dia 15 de dezembro de 1994. Em 1995, lançaram o software Navigator através da Net, gratuitamente para fins educacionais e ao custo de 39 dólares para uso comercial.

Depois do sucesso do Navigator, a Microsoft finalmente descobriu a Internet, e em 1995, junto com seu software Windows 95, introduziu seu próprio navegador, o Internet Explorer, baseado em tecnologia desenvolvida por uma pequena companhia, a Spyglass. Outros navegadores comerciais foram desenvolvidos, como o Navipress, usado pela America On Line por algum tempo. Além disso, em 1995, a Sun Microsystems projetou o Java, linguagem de programação que permite a miniaplicativos ("*applets*") viajar entre computadores pela Internet, possibilitando a computadores rodar com segurança programas baixados da Internet. A Sun liberou o software Java gratuitamente na Internet, expandindo a esfera das aplicações da web, e a Netscape incluiu a linguagem no Navigator. Em 1998, reagindo à competição da Microsoft, a Netscape liberou o código-fonte do Navigator na Net.

Assim, em meados da década 1990, a Internet estava privatizada e dotada de uma arquitetura técnica aberta, que permitia a interconexão de todas as redes de computadores em qualquer lugar do mundo; a www podia então funcionar com software adequado, e vários navegadores de uso fácil estavam à disposição do público. Embora a Internet tivesse começado na mente dos cientistas da computação no início da década de 1960, uma rede de comunicações por computador tivesse sido formada em 1969, e comunidades dispersas de computação reunindo cientistas e hackers tivessem brotado desde o final da década de 1970, para a maioria das pessoas, para os empresários e para a sociedade em geral, foi em 1995 que ela nasceu. Mas nasceu com as marcas de uma história cujas características analiticamente relevantes passo agora a enfatizar e interpretar.

A fórmula improvável: *big science*,* pesquisa militar e a cultura da liberdade

Antes de mais nada, a Internet nasceu da improvável interseção da *big science*, da pesquisa militar e da cultura libertária.** Importantes centros de pesquisa universitários e centros de estudos ligados à defesa foram pontos de encontro essenciais entre essas três fontes da Internet. A Arpanet teve origem no Departamento de Defesa

* Big science refere-se às investigações científicas que envolvem projetos vultosos e caros, geralmente financiados pelo governo. (N.T.)

** "Libertário" [libertarian] tem um sentido diferente nos contextos europeu e americano. Na Europa, refere-se a uma cultura ou ideologia baseada na defesa intransigente da liberdade individual como valor supremo — com frequência contra o governo, mas por vezes com a ajuda de governos, como na proteção da privacidade. No contexto dos EUA, "libertário" qualifica uma ideologia política que significa fundamentalmente uma desconfiança sistemática no governo, com base na ideia de que o mercado cuida de tudo por si só, e os indivíduos cuidam de si. Uso a palavra no sentido europeu, como uma cultura de liberdade, na tradição de John Stuart Mill, sem prejulgar os instrumentos pelos quais a liberdade é conquistada.

dos EUA, mas suas aplicações militares foram secundárias para o projeto. O principal interesse do IPTO era financiar a ciência da computação nos Estados Unidos e deixar que os cientistas fizessem seu trabalho, esperando que algo de interessante surgisse disso. O projeto de Baran tinha realmente orientação militar. Ele desempenhou um importante papel na construção da Arpanet por causa de sua tecnologia de comutação por pacote, e porque inspirou uma arquitetura de comunicações baseada nos três princípios segundo os quais a Internet opera ainda hoje: uma estrutura de rede descentralizada; poder computacional distribuído através dos nós da rede; e redundância de funções na rede para diminuir o risco de desconexão. Essas características corporificavam a resposta-chave para as necessidades militares de capacidade de sobrevivência do sistema: flexibilidade, ausência de um centro de comando e autonomia máxima de cada nó.

Embora tudo isso soe muito parecido com estratégia militar, o embaraço aqui é que a proposta de Baran foi rejeitada pelo Pentágono, e ninguém jamais tentou implementá-la. De fato, algumas fontes sugerem que a ARPA não teve conhecimento das publicações feitas por Baran em 1964 sobre "redes distribuídas", até que Roger Scantlebury, um pesquisador britânico que estivera trabalhando com tecnologias similares, chamou a atenção do diretor do IPTO para elas num simpósio no Tennessee em outubro de 1967 (Naughton, 1999, p.129-31). Os conceitos de Baran foram decisivos para a construção da Arpanet, mas essa rede experimental foi montada com um objetivo não militar pelos cientistas que trabalhavam na ARPA e em torno dela (Abbate, 1999).

Qual era o objetivo desses cientistas é de fato pouco claro, afora a meta geral de desenvolver a interconexão de computadores. A intenção explícita era otimizar o uso de recursos computacionais caros mediante compartilhamento de tempo on-line entre centros de computação. No entanto, o custo da computação baixou rapidamente e o compartilhamento de tempo deixou de ser uma necessidade fundamental. O uso mais popular da rede foi o correio eletrônico, uma aplicação desenvolvida inicialmente por Ray Tomlinson, um programador da BBN, em julho de 1970. Até hoje essa é a aplicação mais amplamente usada na Internet. Ao que tudo indica, o IPTO foi usado por cientistas da computação situados na vanguarda de um novo campo (interconexão de computadores) para financiar a ciência dos computadores por todo o sistema universitário de pesquisa; assim foi que, nas décadas de 1960 e 1970, a maior parte do financiamento para pesquisa em ciência da computação nos Estados Unidos vinha da ARPA (esse ainda era o caso em 2000).

Uma rede de cientistas e engenheiros talentosos (entre os quais Joseph Licklider, Ivan Sutherland, Lawrence Roberts, Leonard Kleinrock, Robert Taylor, Alex McKenzie, Frank Heart e Robert Kahn) formou-se ao longo do tempo, depois expandiu-se com a ajuda de uma geração de jovens pesquisadores notáveis, em particular Vinton Cerf, Stephen Crocker, e Jon Postel, alunos de Kleinrock na UCLA. O núcleo original dos designers da Arpanet veio principalmente do MIT, incluindo uma das companhias surgidas dele, a BBN (que de início trabalhou com acústica!), e do Lincoln National Laboratory, um importante centro de pesquisa de orientação militar à sombra do MIT. Membros-chave da rede (entre outros Roberts, Kleinrock, Heart e Kahn) tinham se formado no MIT. Mas acadêmicos de outros centros de pesquisa universitários ingressaram também nesse clube informal, embora exclusivo, de cientistas da computação, particularmente da Universidade da Califórnia-Los Angeles (UCLA), onde lecionava Kleinrock, um dos mais destacados teóricos do campo, bem como de Stanford, Harvard, a Universidade de Utah, a Universidade da Califórnia em Santa Barbara e a Universidade da Califórnia em Berkeley.

Esses pesquisadores/designers circulavam entre a ARPA, centros de pesquisa universitários e centros de pesquisa quase acadêmicos como a RAND, o SRI e a BBN. Eram protegidos pelos diretores visionários do IPTO, entre os quais estavam Joseph Licklider e Robert Taylor. O IPTO gozava de considerável liberdade na administração e no financiamento dessa rede porque o Departamento de Defesa dera autonomia à ARPA na avaliação das formas de estimular a pesquisa tecnológica em áreas decisivas, sem sufocar a criatividade e a independência, uma estratégia que acabou se revelando compensadora em termos de superioridade em tecnologia militar. Mas a Arpanet não foi uma dessas tecnologias militares. Foi um projeto misterioso, experimental, cujo conteúdo real nunca foi plenamente compreendido pelas comissões de fiscalização do Congresso. Uma vez que ela estava montada, e novos recrutas, mais jovens, chegaram ao IPTO na década de 1970, houve um esforço mais concentrado, deliberado, para criar o que viria a ser a Internet. Kahn e Cerf pretendiam claramente isso, e projetaram uma arquitetura, bem como protocolos correspondentes, para permitir à rede evoluir na forma de um sistema aberto de comunicação por computadores, capaz de abranger o mundo inteiro.

Portanto a Arpanet, a principal fonte do que viria a ser afinal a Internet, não foi uma consequência fortuita de um programa de pesquisa que corria em paralelo. Foi prefigurada, deliberadamente projetada e subsequentemente administrada por um grupo determinado de cientistas da computação que compartilhavam uma missão que pouco tinha a ver com estratégia militar. Enraizou-se num sonho científico de transformar o mundo através da comunicação por computador, embora alguns dos participantes do grupo se satisfizessem em simplesmente promover boa ciência computacional. Em conformidade com a tradição da pesquisa universitária, os criadores da Arpanet envolveram estudantes de pós-graduação nas funções nucleares de projeto da rede, numa atmosfera totalmente relaxada do ponto de vista da segurança. Isso incluía o uso da Arpanet para conversas pessoais de estudantes e, segundo consta, discussões sobre oportunidades para compra de maconha. A lista de correspondência eletrônica mais popular da Arpanet era SF-Lovers, dedicada aos fãs de ficção científica. Além disso, a transição para a Internet civil, e depois para sua privatização, foi administrada pela National Science Foundation, com a cooperação da comunidade acadêmica dos cientistas da computação, desenvolvida ao longo dos anos em torno do IPTO. Muitos desses cientistas acabaram trabalhando para grandes corporações na década de 1990.

No entanto, dizer que a Arpanet não foi um projeto de orientação militar não significa negar que suas origens no Departamento de Defensa tenham tido consequências para o desenvolvimento da Internet. A despeito de toda a visão e de toda a competência que manifestaram em seu projeto, esses cientistas jamais teriam podido dispor do nível de recursos necessário para construir uma rede de computadores e para projetar todas as tecnologias apropriadas. A Guerra Fria forneceu um contexto em que havia forte apoio popular e governamental para o investimento em ciência e tecnologia de ponta, particularmente depois que o desafio do programa espacial soviético tornou-se uma ameaça à segurança nacional dos EUA. Nesse sentido, a Internet não é um caso especial na história da inovação tecnológica, um processo que geralmente está associado à guerra: o esforço científico e de engenharia feito em torno da Segunda Guerra Mundial constituiu a matriz para as tecnologias da revolução da microeletrônica, e a corrida armamentista durante a Guerra Fria facilitou seu desenvolvimento.

A sorte na história da Arpanet foi que o Departamento de Defesa, num caso raro de inteligência organizacional, instituiu a ARPA como uma agência financiadora e orientadora de pesquisas dotada de considerável autonomia. A ARPA veio a se tornar um das mais inovadoras instituições de política tecnológica do mundo, e de fato o principal ator na política tecnológica dos EUA não apenas em torno da interconexão de computadores, mas em vários campos decisivos de desenvolvimento tecnológico. O quadro da agência era formado por cientistas acadêmicos, seus amigos e os alunos de seus amigos, e ela teve sucesso na montagem de uma rede de contatos confiáveis no mundo universitário, bem como nas organizações de pesquisa que brotavam da academia para trabalhar para o governo. A compreensão de como o processo de pesquisa funciona levou a ARPA a conceder considerável autonomia aos pesquisadores contratados ou financiados pela agência, condição necessária para que pesquisadores verdadeiramente inovadores aceitem se envolver num projeto. A esperança da ARPA era que, a partir de recursos substanciais e inventividade científica, fosse produzido algo de bom, de que os militares (mas também a economia dos EUA) pudessem se beneficiar.

A estratégia revelou-se correta, mesmo em termos militares. Na década de 1980, quando ficou claro que os EUA haviam alcançado superioridade tecnológica na guerra convencional, particularmente em eletrônica e comunicações, a estratégia da União Soviética ficou reduzida à opção inconcebível de uma troca nuclear maciça. Na verdade, como sustentei num estudo da União Soviética feito em colaboração com Emma Kiselyova (Castells e Kiselyova, 1995), a percepção dessa inferioridade tecnológica foi um dos principais fatores desencadeantes da *perestroika* de Gorbachev, tendo acabado por levar à desintegração de um império aparentemente poderoso. A União Soviética também havia ancorado sua ciência e tecnologia em seu complexo militar. Mas, em contraste com o que ocorreu nos Estados Unidos, a ciência soviética caiu em grande parte na armadilha do aparelho de segurança, com seu corolário de sigilo e projetos orientados para o desempenho, o que acabou por solapar a inovação tecnológica apesar da excelência da ciência soviética. A política de flexibilidade e liberdade acadêmica da ARPA foi compensadora em termos de estratégia militar, ao mesmo tempo em que deu rédea solta à criatividade de acadêmicos americanos e lhes forneceu os recursos para transformar ideias em pesquisa e pesquisa em tecnologias viáveis.

Em 1975, depois que se tornou operacional, a Arpanet foi transferida para a Defense Communication Agency, que passou a usar a rede para operações militares. Paradoxalmente, a importância da interconexão de redes para as forças armadas favoreceu a adoção precoce dos protocolos da Internet, preparando o terreno para a difusão deles. A incômoda coexistência, no uso da rede, de planejadores militares e pesquisadores acadêmicos preparou o palco para a divisão da rede na MILNET (militar) e na ARPA-INTERNET (pesquisa) em 1983, e para a criação da NSFNET em 1984. Em seguida, assim que tecnologia desenvolvida com recursos militares tornou-se disponível para uso civil, o Departamento de Defesa teve um interesse político em comercializá-la, distribuindo-a gratuitamente e de fato subsidiando sua adoção por fabricantes de computadores americanos. A história não pode ser reescrita, mas, com o roteiro que temos hoje, sem a ARPA não teria havido nenhuma Arpanet, e, sem a Arpanet, a Internet como a conhecemos hoje não existiria.

Na Europa, a tecnologia de comutação por pacote, a comunicação por computador e os protocolos de transmissão foram desenvolvidos em centros públicos de pesquisa, como o National Physical Laboratory da Grã-Bretanha, ou por programas de pesquisa patrocinados pelo governo, como o francês Cyclades.

E, embora o projeto da www tenha sido fruto da criatividade e da iniciativa individuais (Berners-Lee era um membro da equipe do CERN que supostamente trabalhava no aperfeiçoamento do sistema de documentação do centro, não na criação de software), o trabalho de Berners-Lee e Cailliau tornou-se possível graças à compreensão, em primeiro lugar, e ao apoio, em segundo, de uma instituição internacional pública de pesquisa extremamente respeitada, que por acaso trabalhava num campo completamente diferente da ciência (Berners-Lee, 1999; Gillies e Cailliau, 2000).

Em suma, todos os desenvolvimentos tecnológicos decisivos que levaram à Internet tiveram lugar em torno de instituições governamentais e importantes universidades e centros de pesquisa. A Internet não teve origem no mundo dos negócios. Era uma tecnologia ousada demais, um projeto caro demais, e uma iniciativa arriscada demais para ser assumida por organizações voltadas para o lucro. Isso foi particularmente verdadeiro na década de 1960, numa época em que as grandes corporações eram bastante conservadoras em suas estratégias industriais e financeiras, e não se dispunham a arriscar capital e pessoal em tecnologias visionárias. A ilustração mais flagrante desta afirmação é o fato de que em 1972 Larry Roberts, diretor do IPTO, tentou privatizar a Arpanet, já montada e funcionando. Propôs-se a transferir a responsabilidade operacional para a AT&T. Após considerar a proposta, com a ajuda de uma comissão de especialistas dos Laboratórios Bell, a companhia recusou. A AT&T era dependente demais da telefonia analógica para se dispor a passar para a comutação digital. E assim, para o benefício do mundo, um monopólio corporativo perdeu a Internet. Já nos anos 1990, quando o Office of Technology Assessment dos EUA promoveu uma audiência, nenhuma companhia telefônica aceitou o convite para participar. Uma delas declarou explicitamente não ter nenhum interesse nesse desenvolvimento (Steve Cisler, comunicação pessoal, 2001).

Mas se as empresas privadas não tiveram muita visão, as companhias públicas também não. Num outro exemplo significativo, os pesquisadores do National Physical Laboratory (NPL) britânico montaram duas redes de computadores, Mark I e Mark II, com base na tecnologia de comutação por pacote de Davies. Este (nomeado diretor de uma divisão de pesquisa do NPL em 1966) tentou convencer a Companhia de Correios britânica a implantar uma rede nacional de comunicações por computador. Se implementada no final da década de 1960, teria precedido a Arpanet. Mas os Correios mostraram pouco interesse em comunicação por computador, e em 1977, quando finalmente cederam à pressão do mundo empresarial para construir uma rede de transmissão de dados, usaram um sistema desenvolvido pela Telenet, uma firma norte-americana baseada na tecnologia da Arpanet. Assim, a tecnologia britânica de comutação por pacote nunca deixou as redes internas do NPL e o desenvolvimento da Internet na Grã-Bretanha teve de esperar pela expansão global das redes de computadores americanas.

O que sobressai destes relatos é que a Internet se desenvolveu num ambiente seguro, propiciado por recursos públicos e pesquisa orientada para missão, mas que não sufocava a liberdade de pensamento e inovação. As empresas não podiam se permitir fazer o longo desvio que seria necessário para estimular aplicações lucrativas de um esquema tão audacioso. Por outro lado, quando as forças armadas põem a segurança acima de todas as demais considerações, como aconteceu na União Soviética e poderia ter acontecido nos EUA, a criatividade não pode sobreviver. E quando o governo ou corporações de serviço público seguem seu instintos burocráticos básicos, como no caso dos Correios britânicos, a adaptação ganha precedência sobre a inovação. Foi na zona ambígua dos espaços ricos em recursos e relativamente livres criados pela ARPA, as universidades, centros de estudos inovadores e grandes centros de pesquisa que as sementes da Internet foram cultivadas.

A Internet e os movimentos de base

Essas sementes germinaram numa variedade de formas. A cultura da liberdade individual que floresceu nos campi universitários nas décadas de 1960 e 1970 usou a interconexão de computadores para seus próprios fins — na maioria dos casos buscando a inovação tecnológica pelo puro prazer da descoberta. As próprias universidades desempenharam papel importante ao manter redes comunitárias. Exemplos dessa conexão entre a universidade e movimentos de base foram, entre muitos outros, Boulder no Colorado; Electronic Village em Blacksburg; FreeNet em Cleveland; Chetbuco Suite em Halifax, na Nova Escócia. Sem a contribuição cultural e tecnológica dessas redes pioneiras, de bases comunitárias, a Internet teria tido uma aparência muito diferente, e provavelmente não teria abarcado o mundo inteiro. Pelo menos, não tão depressa. Afinal, a abordagem idealista de Tim Berners-Lee da tecnologia não estava muito distante dos programas de revolucionários culturais, como Nelson ou Engelbart. A rápida difusão dos protocolos de comunicação entre computadores não teria ocorrido sem a distribuição aberta, gratuita, de software e o uso cooperativo de recursos que se tornou o código de conduta dos primeiros hackers. O advento do PC ajudou consideravelmente a difusão das redes de computadores, como o demonstra a difusão global do FIDONET. A maioria das redes, contudo, exigia um *backbone* ancorado em máquinas mais potentes, e isso só foi possível graças ao contato entre redes baseadas em ciência e comunidades estudantis de hackers nas universidades. As universidades foram o terreno comum para a circulação da inovação entre redes exclusivas da *big science* e as redes contraculturais improvisadas que surgiram em todos os tipos de formato. Os dois mundos eram muito diferentes, mas tinham mais pontos de contato do que geralmente se pensa.

Estudantes de pós-graduação tiveram papel decisivo no projeto da Arpanet. No final da década de 1960, o Network Working Group, que projetou a maior parte dos protocolos da Arpanet, era intregrado sobretudo por eles, entre os quais Cerf, Crocker e Postel, que haviam estudado juntos na mesma escola secundária no sul da Califórnia, e nessa época eram orientandos de Kleinrock na UCLA. Sentindo-se inseguros quanto às suas decisões, apresentaram seu trabalho em curso à BBN e outros nós da rede de pesquisa do IPTO através de memorandos de "solicitação de comentário" (RFCs, de "*request for comment*"), que forneceram o estilo, e o nome, para a comunicação técnica informal no mundo da Internet até hoje. O caráter aberto desse formato foi e continua sendo essencial para o desenvolvimento dos protocolos de infraestrutura da Internet. Em sua maior partes, esses estudantes não estavam ligados à contracultura no sentido dos movimentos sociais ativistas da época. Cerf certamente não estava. Eles eram obcecados demais por sua extraordinária aventura tecnológica para ver muita coisa do mundo além de computadores. Certamente não viam nenhum problema em ter sua pesquisa financiada pelo Pentágono ou mesmo em ingressar na ARPA (como o fez Cerf) em plena Guerra do Vietnã. No entanto, estavam impregnados dos valores da liberdade individual, do pensamento independente e da solidariedade e cooperação com seus pares, todos eles valores que caracterizaram a cultura do campus na década de 1960. Embora os jovens que integravam a Arpanet não fizessem parte da contracultura, suas ideias, e seu software, construíram uma ponte natural entre o mundo da *big science* e a cultura estudantil mais ampla que brotou nos BBSs e na rede Usenet News. Essa cultura estudantil adotou a inteconexão de computadores como um instrumento da livre comunicação, e, no caso de suas manifestações mais políticas (Nelson, Jennings, Stallman), como um instrumento de libertação, que, junto com o computador pessoal, daria às pessoas o poder da informação, que lhes permitiria se libertar tanto dos governos quanto das corporações.

Os movimentos de base da Internet, com sua criação de redes autônomas e sistemas de conferência, influenciaram decisivamente o desenvolvimento de serviços comerciais na década de 1980, quando as empresas imitaram os sistemas de comunicação criados por redes alternativas. Por um lado, houve os serviços de e-mail desenvolvidos por companhias de telecomunicações e computadores (AT&T, MCI, DEC e outras), e redes extensas montadas por grandes corporações para seu uso interno. Por outro lado, serviços "on-line" foram oferecidos por companhias como Compuserve, America On Line (AOL) e Prodigy. Originalmente, esses serviços não eram conectados em rede, mas forneceram as bases sobre as quais os provedores de conteúdo da Internet se desenvolveriam mais tarde. Esses diversos usos da interconexão de computadores desenvolveram-se não a partir da comunidade Arpanet, mas do diversificado universo de redes alternativas que emergiram da cultura da liberdade.

O impacto das redes autônomas foi também decisivo na expansão global das redes de computadores. O controle da ARPA-INTERNET pelo governo dos EUA foi um obstáculo à sua conexão com as redes de outros países. As redes baseadas em UUCP globalizaram-se muito antes da Internet, armando assim o palco para a Internet global, uma vez que suas redes puderam se conectar. Depois que a NSF abriu o acesso da NSFNET para redes estrangeiras, de 1990 a 1995 (quando a Internet foi privatizada), a proporção de redes não americanas ligadas à Internet dobrou, passando de 20 a 40% de todas as redes conectadas.

Uma arquitetura de abertura

A partir dessas diversas contribuições, surgiu uma Internet cuja feição mais característica era a abertura, tanto em sua arquitetura técnica quando em sua organização social/institucional. Tecnicamente falando, a flexibilidade dos protocolos de comunicação permitiu a *backbones* como a Arpanet conectar-se a milhares de redes locais. A arquitetura do TCP proposta por Cerf e Kahn em seu artigo seminal de

1973, "A Protocol for Packet Network Intercommunication", publicado em 1974 e complementado em 1978 pelo protocolo IP, forneceu padrões compatíveis para diferentes sistemas de interconexão de computadores.

A abertura da arquitetura da Arpanet permitiu à futura Internet vencer o desafio mais temerário em seu processo de globalização: a difícil concordância quanto a um padrão internacional comum. Empresas de telecomunicação e sistemas de correios e telecomunicações (PTTs, sigla de Post, Telegraph and Telephone) dos principais governos europeus defendiam um padrão de comunicação diferente, o x.25, que foi aprovado em 1976 como padrão internacional comum pela International Telecommunications Union. Os protocolos x.25 não eram incompatíveis com o TCP/IP, mas, como haviam sido projetados separadamente, os dois não podiam se comunicar. O debate não foi puramente técnico. Sob circuitos virtuais x.25, o controle da rede e a responsabilidade por ela ficariam sobretudo nas mãos de provedores de rede públicos em detrimento de proprietários privados de computadores. Foi por isso que os PTTs europeus preferiram essa opção. Os protocolos da Arpanet, por outro lado, baseavam-se na diversidade das redes. Ademais, os sistemas nacionais de telecomunicações relutavam em permitir que redes privadas se ligassem às suas próprias redes. No final da década de 1970, os PTTs planejavam organizar a transmissão de dados por computador numa série de redes públicas nacionais que se conectariam nas fronteiras de suas nações. Esperava-se que os proprietários de computadores se conectassem diretamente à rede pública de seu país em vez de montar suas próprias redes privadas. De fato, o MINITEL, o serviço telemático do PTT francês, baseou-se nesse princípio de uma rede de computadores centralizada, controlada pelo governo. No nível internacional, o CCITT (a importante comissão da International Telecommunications Union) passou a atribuir endereços de rede a cada país. Como o pressuposto era que os computadores estariam geralmente ligados à rede pública, a comissão decidiu que a maioria dos países não precisaria de mais de dez endereços de rede, excepcionalmente 200 para os Estados Unidos. Essa lógica era perfeitamente compreensível num mundo em que, poucos anos antes, um estudo da IBM previra que o mercado mundial para computadores se estabilizaria no ano 2000 em cerca de cinco computadores, e em que, em 1977 (após o desenvolvimento do computador pessoal), o presidente da DEC declarara: "Não há razão alguma para alguém querer ter um computador em casa."

No final, os protocolos x.25 foram adotados por redes públicas de telecomunicações e algumas redes comerciais, ao passo que a Arpanet e maioria das redes privadas dos EUA continuaram a usar o TCP/IP. A International Organization for Standardization (ISO) interveio na matéria e, não tendo conseguido conciliar os diferentes interesses dos vários governos e dos fabricantes de computadores e operadoras de telecommunicações, aprovou o princípio dos protocolos em camadas sucessivas. O protocolo Open Systems Interconnection tornou-se o padrão internacional oficial. No entanto, incapaz de impor esse padrão, a ISO continuou a aprovar uma multiplicidade de protocolos, entre os quais o TCP e o IP. Como os protocolos da Arpanet tinham a flexibilidade de integrar diferentes sistemas em rede, o que os demais protocolos não conseguiam fazer, os padrões TCP/IP foram capazes de acomodar os protocolos baseados em x.25, e acabaram prevalecendo como os padrões comuns para a Internet global.

A evolução autônoma da Internet: a modelagem da rede pelo uso

A abertura da arquitetura da Internet foi a fonte de sua principal força: seu desenvolvimento autônomo, à medida que usuários tornaram-se produtores da tecnologia e artífices de toda a rede. Como o acréscimo de nós era simples, o custo permanecia baixo (contanto que houvesse um *backbone* disponível), e o software era aberto e acessível; na altura de meados da década de 1980 (depois que o UUCP permitiu a conexão entre a Arpanet e a Usenet) qualquer pessoa com conhecimento técnico podia se ligar à Internet. Essa múltipla contribuição resultou numa saraivada de aplicações nunca planejadas, do e-mail aos bulletin boards e às salas de chat, o MODEM e, finalmente, o hipertexto. Ninguém disse a Tim Berners-Lee que projetasse a www, e na verdade ele teve de esconder sua verdadeira intenção por algum tempo porque estava usando o tempo de seu centro de pesquisa para objetivos alheios ao trabalho que lhe fora atribuído. Mas teve condições de fazer isso porque pôde contar com o apoio generalizado da comunidade da Internet, à medida que divulgava seu trabalho na rede, e foi ajudado e estimulado por muitos hackers do mundo inteiro. É verdade que alguns desses hackers passaram depois a comercializar as ideias dele, e fizeram fortunas, enquanto Berners-Lee, por opção pessoal, continuou a trabalhar no interesse público, ultimamente como diretor do World Wide Web Consortium (W3C). Porém, ao comportar-se como um verdadeiro hacker ganhou o respeito de sua comunidade de referência, e seu lugar na história; esse também foi o caso de Ted Nelson, Douglas Engelbart, Richard Stallman, Linus Torvalds e tantos outros hackers menos famosos e usuários anônimos.

É uma lição comprovada da história da tecnologia que os usuários são os principais produtores da tecnologia, adaptando-a a seus usos e valores e acabando por transformá-la, como Claude Fischer (1992) demonstrou em sua história do telefone. Mas há algo de especial no caso da Internet. Novos usos da tecnologia, bem como as modificações reais nela introduzidas, são transmitidos de volta ao mundo inteiro, em tempo real. Assim, o intervalo entre o processo de aprendizagem pelo uso, e de produção pelo uso, é extraordinariamente abreviado, e o resultado é que nos envolvemos num processo de aprendizagem através da produção, num feedback intenso entre a difusão e o aperfeiçoamento da tecnologia. Foi por isso que a Internet cresceu, e continua crescendo, numa velocidade sem precedentes, não só no número de redes, mas no âmbito de aplicações. Para que essa sequência ocorra, três condições são necessárias: primeiro, a arquitetura de interconexão deve ser ilimitada, descentralizada, distribuída e multidirecional em sua interatividade; segundo, todos os protocolos de comunicação e suas implementações devem ser abertos, distribuídos e suscetíveis de modificação (embora os criadores de protocolos e implementações para redes conservem a propriedade de parte de seu software); terceiro, as instituições de governo da rede devem ser montadas em conformidade com os princípios, enraizados na Internet, da abertura e da cooperação. Tendo analisado a produção histórica das duas primeiras condições, volto-me agora para a terceira. É, de fato, uma história notável.

Governo da Internet

Não tratarei aqui da relação entre os governos e a Internet, que examinarei detidamente mais adiante no livro (Capítulos 5 e 6). Neste capítulo focalizo os processos que visam a assegurar a comunicação e as funções de coordenação na rede. Isso envolve, essencialmente, o desenvolvimento de protocolos compartilhados e acordos quanto a padrões e atribuições de nomes e endereços na Internet. Uma vez resolvidas estas questões, a estrutura descentralizada da Internet toma conta do resto, à medida que cada hospedeiro e cada rede estabelecem suas próprias regras. Mas o modo como as funções de coordenação foram asseguradas foi crítico para o desenvolvimento da rede e continua crucial para a sua expansão além de qualquer controle central.

Nos estágios iniciais, na década de 1960, a ARPA assumiu uma autoridade benevolente sobre a rede, e o Network Working Group (NWG) produziu os padrões técnicos por consenso, com base em documentos de "solicitação de comentário" (RFCs). Ele deu o tom para futuros trabalhos de coordenação na Internet: o ingresso baseado na competência técnica, consulta à comunidade da Internet, tomada de decisão por consenso. O NWG foi dispersado na década de 1970, depois que a Arpanet começou a operar. Seu papel passou a ser exercido dentro da ARPA, por um programa da Internet, operado por Cerf e Kahn, que assumiu a responsabilidade pelo desenvolvimento de protocolos. Eles criaram um grupo consultivo composto por especialistas em redes: o Internet Configuration Contral Board (ICCB), que estimulou a participação de toda a comunidade da Internet no aperfeiçoamento dos protocolos. Em 1984, Barry Leiner, administrador de programas da rede da ARPA decidiu ampliar esse grupo coordenador e fundou o Internet Activities Board (IAB), sob a presidência de um outro cientista da computação do MIT, Dave Clark. Esse novo conselho reuniu os mais destacados especialistas das instituições que haviam criado a Arpanet, mas recorria a outros especialistas em redes de qualquer parte do mundo. De fato, pelo menos em princípio, qualquer pessoa interessada em conhecimento técnico podia ser membro do IAB, embora eu suspeite que especialistas da Academia Soviética de Ciências não teriam sido bem-vindos na época.

Em 1989, quando contava centenas de membros, o IAB foi dividido em duas organizações, ambas estruturadas com base em grupos de trabalho abertos: a Internet Engineering Task Force (IETF), concentrada no desenvolvimento de protocolos e outros assuntos técnicos, e a Internet Research Task Force (IRTF), especializada em planejamento de longo prazo para a Internet. Além de se comunicar por e-mail, os grupos de trabalho se encontravam várias vezes por ano. Os acordos alcançados por eles eram publicados na forma de RFCs e tornavam-se padrões oficiosos da Internet, num processo de cooperação cumulativo e aberto. Mais tarde, importantes agências governamentais dos EUA, como a NSF, a NASA e o Departamento de Energia, seguiram o IETF, adotando os protocolos da Internet. Por esse canal, os protocolos da Internet tornaram-se os padrões de interconexão de computadores para o governo dos EUA em geral.

Na altura de 1992, no entanto, a Internet estava se expandindo em escala global, e a NSF planejava sua privatização. Por ambas as razões, era necessário sair do controle direto do governo americano. Assim, em janeiro de 1992, foi formada a Internet Society, uma organização sem fins lucrativos a quem foi confiada a supervisão tanto do IAB quanto da IETF. Cerf e Kahn, que gozavam da confiança geral da comunidade da Internet por seu conhecimento técnico e seu passado de compromisso com a abertura e a construção de consenso, assumiram o comando da Internet Society. Sob seu impulso, a participação internacional nas funções de coordenação cresceu substancialmente durante a década 1990. Entretanto, com a internacionalização da Internet, o status ambíguo de suas instituições (em última instância sob a supervisão do governo dos EUA, embora exercendo sua autonomia com base na probidade e no prestígio dos fundadores da Internet) tornou-se alvo de críticas por outros governos, particularmente na Europa. Além disso, o processo de privatização perturbou o equilíbrio delicado que durante anos caracterizara a atribuição de nomes de domínio.

Numa das histórias mais impressionantes no desenvolvimento da Internet, o governo dos EUA delegara autoridade para atribuição de endereços na Internet a uma organização, a Internet Assigned Numbers Authority (IANA), formada por um dos designers originais da Internet, Jon Postel, da Universidade da Califórnia do Sul, que a administrava sozinho. Postel, um cientista da computação de impecável integridade, era provavelmente o membro mais respeitado da comunidade científica da Internet. Sua administração era amplamente reconhecida como justa, consciente e neutra, de modo que, por muitos anos, atuou como um árbitro global para a atribuição de domínios na Internet, com resultados notáveis em termos da estabilidade e compatibilidade relativas do sistema. Mas Postel morreu em 1998, aos 55 anos. A confiança num homem não podia ser substituída pela confiança global numa instituição do governo americano.

De fato, desde 1997 a administração Clinton havia proposto a privatização da IANA e de outras instituições supervisoras da Internet. O último legado de Jon Postel foi seu projeto para a instituição privatizada, que ofereceu ao governo dos EUA em setembro de 1998, um mês antes de morrer. A organização que propôs, a Internet Corporation for Assigned Names and Numbers (ICANN), foi aprovada pelo governo dos EUA no final de 1998, e completou sua fase formativa em 2000. Embora sua prática real e sua estrutura organizacional ainda estejam se desenvolvendo, suas normas incorporam o espírito e abertura da comunidade da Internet, a descentralização, a formação de consenso e a autonomia que caracterizaram o governo *ad hoc* da Internet ao longo de trinta anos, acrescentando ao mesmo tempo uma orientação global à composição da organização, embora tenha como sede Marina del Rey, na Califórnia. É uma corporação privada, sem fins lucrativos, que assume a administração da alocação espacial de endereços IP, atribuição de parâmetros de protocolo, administração do sistema de nomes de domínio, e administração do sistema de servidores de raiz, todas funções previamente desempenhadas pela IANA sob contrato do governo dos EUA.

A ICANN tem quatro componentes: um conjunto geral de membros e três organizações de apoio que tratam das questões substantivas de coordenação da Internet (organização de apoio a endereços, organização de apoio a nomes de domínio e organização de apoio a protocolos). Cada uma dessas organizações é descentralizada numa diversidade de grupos de trabalho ligados entre si eletronicamente e por reuniões regulares. O conselho administrativo da ICANN é formado por 18 diretores, três designados por cada uma das organizações de apoio e nove eleitos pelo conjunto dos membros, num processo de votação eletrônica mundial. Qualquer pessoa com conhecimento técnico pode pleitear a condição de membro. Em 2000, havia 158.000 membros e foi realizada a primeira eleição geral. A eleição foi organizada com base tanto na indicação de nomes pelas comissões consultivas quanto no apoio de eleitorados locais. Para assegurar algum tipo de representação global, para cada um dos cargos a preencher foi eleito um nome de uma área diferente do mundo.

A visão romântica de uma comunidade global da Internet se autorrepresentando por meio do voto eletrônico deve ser temperada com a realidade dos *lobbies*, das potentes redes de apoio e reconhecimento de nomes em favor de certos candidatos. E não faltam críticas bem-formuladas à falta de verdadeira democracia na ICANN. De fato, nas eleições de 2000, somente 35.000 dos 158.000 membros participaram da votação. Entre os diretores eleitos estava um hacker, ex-membro do notório German Computer Chaos Club, para alarme dos representantes governamentais. Além disso, os vínculos entre a ICANN e o Departamento de Comércio dos EUA não foram realmente rompidos. Governos pelo mundo todo, em particular os europeus, são extremamente críticos do que veem como domínio americano da ICANN. Por exemplo, a ICANN recusou-se a reconhecer o endereço de domínio ".eu", que se aplicaria a todas as companhias e instituições da União Europeia. Para os representantes europeus, essa seria uma importantíssima marca para denotar companhias europeias que trabalham dentro das normas institucionais estabelecidas na União Europeia, por exemplo da proteção da privacidade na Internet. Assim, a contradição entre as raízes históricas da Internet nos Estados Unidos e seu caráter cada vez mais global parece apontar para a transformação final da ICANN numa instituição culturalmente mais ampla.

Apesar de todos esses conflitos e deficiências, é revelador que as instituições emergentes da Internet no século XXI tenham sido forçadas, para ter legitimidade, a se estabelecer na tradição da formação meritocrática de consenso que caracterizou as origens da Internet. Uma organização internacional similar, baseada no consenso, não compulsória e aberta (embora muitas vezes por uma taxa significativa), preside os protocolos e o desenvolvimento da web: o World Wide Web Consortium, ancorado nos EUA pelo MIT, na Europa pelo instituto francês INRIA, e dirigido, como seria de esperar, por Tim Berners-Lee, que agora ocupa uma cátedra no MIT.

Sem prejulgar a eficiência dessas novas instituições, o que na verdade surpreende é ter a Internet alcançado essa relativa estabilidade em seu governo sem sucumbir seja à burocracia do governo dos EUA, seja ao caos de uma estrutura descentralizada. Que isso não tenha ocorrido foi a proeza desses cavalheiros da inovação tecnológica: Cerf, Kahn, Postel, Berners-Lee e muitos outros, que realmente buscaram manter a abertura da rede para seus pares como forma de aprender e compartilhar. Nessa abordagem comunitária à tecnologia, o patriciado meritocrático encontrou-se com a contracultura utópica na invenção da Internet e na preservação do espírito de liberdade que está na sua fonte. A Internet é, acima de tudo, uma criação cultural.

Links de leitura

ABBATE, Jane (1999) *Inventing the Internet.* Cambridge, MA: MIT Press.

BERNERS-LEE, Tim, com Mark Frischetti (1999) *Weaving the Web.* São Francisco: HarperCollins.

BOTKIN, J.; Dimanescu, D. e Stata, R. (1984) *The Innovators.* Nova York: Harper and Row.

CASTELLS, Manuel e Kiselyova, Emma (1995) *The Collapse of Soviet Communism: The View from the Information Society.* Berkeley, CA: University of California International Area Studies Book Series.

CONSEIL D'ETAT (1998) *The Internet and Digital Networks.* Paris: La Documentation Française.

FISCHER, Claude (1992) *America Calling.* Berkeley, CA: University of California Press.

GILLIES, James e Cailliau, Robert (2000) *How the Web was Born: The Story of the World Wide Web.* Oxford: Oxford University Press.

HAFNER, Katie e Lyon, Matthew (1996) *Where Wizards Stay up Late: The Origins of the Internet.* Nova York: Touchstone.

HUGHES, Thomas O. (1998-2000) *Rescuing Prometheus.* Nova York: Random House.

NAUGHTON, John (1999) *A Brief History of the Future: The Origins of the Internet.* Londres: Weidenfeld and Nicolson.

STEFIK, Mark (ed.) (1996) *Internet Dreams: Archetypes, Myths, and Metaphors.* Cambridge, MA: MIT Press.

_____ (1999) *The Internet Edge: Social, Technical, and Legal Challenges for a Networked World.* Cambridge, MA: MIT Press.

TUOMI, IIkka (2002) *Participatory Innovation: Change and Meaning in the Age of the Internet* (no prelo).

e-Links

Leiner, B. M., Cerf, V. G., Clark, D. D., Kahn, R. E., Kleinrock, L., Lynch, D. C., Postel, J., Roberts, L. G., e Wolff, S. (2000) *A Brief History of the Internet* em http://www.isoc.org/internet-history/brief.html

www.icann.com
www.election.com/us/icann
www.ispo.cec.be/eif/InternetPoliciessite/DotEUMay2000/Enhtml
Vários sites sobre a ICANN e debate sobre o governo da Internet.

www.isoc.org/
O site da Internet Society, que supervisiona o desenvolvimento da Internet.

CAPÍTULO 2

A cultura da Internet

Os sistemas tecnológicos são socialmente produzidos. A produção social é estruturada culturalmente. A Internet não é exceção. A cultura dos produtores da Internet moldou o meio. Esses produtores foram, ao mesmo tempo, seus primeiros usuários. No entanto, no estágio atual de difusão global da Internet, faz sentido distinguir entre produtores/usuários e consumidores/usuários. Por produtores/usuários refiro-me àqueles cuja prática da Internet é diretamente reintroduzida no sistema tecnológico; os consumidores/usuários, por outro lado, são aqueles beneficiários de aplicações e sistemas que não interagem diretamente com o desenvolvimento da Internet, embora seus usos tenham certamente um efeito agregado sobre a evolução do sistema. Neste capítulo, trato da cultura dos produtores/usuários na origem da criação e da configuração da Internet.

A cultura da Internet é a cultura dos criadores da Internet. Por cultura entendo um conjunto de valores e crenças que formam o comportamento; padrões repetitivos de comportamento geram costumes que são repetidos por instituições, bem como por organizações sociais informais. Cultura é diferente de ideologia, psicologia ou representações individuais. Embora explícita, a cultura é uma construção coletiva que transcende preferências individuais, ao mesmo tempo em que influencia as práticas das pessoas no seu âmbito, neste caso os produtores/usuários da Internet.

A cultura da Internet caracteriza-se por uma estrutura em quatro camadas: a cultura tecnomeritocrática, a cultura hacker, a cultura comunitária virtual e a cultura empresarial. Juntas, elas contribuem para uma ideologia da liberdade que é amplamente disseminada no mundo da Internet. Essa ideologia, no entanto, não é a cultura fundadora, porque não interage diretamente com o desenvolvimento do sistema tecnológico: há muitos usos para a liberdade. Essas camadas culturais estão hierarquicamente dispostas: a cultura tecnomeritocrática especifica-se como uma cultura hacker ao incorporar normas e costumes a redes de cooperação voltadas para projetos tecnológicos. A cultura comunitária virtual acrescenta uma dimensão social ao compartilhamento tecnológico, fazendo da Internet um meio de interação social seletiva e de integração simbólica. A cultura empresarial trabalha, ao lado da cultura hacker e da cultura comunitária, para difundir práticas da Internet em todos os domínios da sociedade como meio de ganhar dinheiro. Sem a cultura tecnomeritocrática, os hackers não passariam de uma comunidade contracultural específica de *geeks* e *nerds*[*]. Sem a cultura hacker, as redes comunitárias na Internet não se distinguiriam de muitas outras comunidades alternativas. Assim como, sem a cultura hacker e os valores comunitários, a cultura empresarial não pode ser caracterizada como específica à Internet.

Um exemplo: é difícil negar que Bill Gates e a Microsoft sintetizam a cultura empresarial, pelo menos nos estágios iniciais da companhia. Mas eles não foram os criadores da Internet em termos tecnológicos. Na verdade, deixaram isso escapar. Gates, embora tivesse sido um hacker na juventude, não pertencia à cultura hacker — a bem da verdade, acusou os hackers de ladrões em sua famosa "Open letter to hobbyists" (Levy, 2001, p.229). Ao afirmar o primado dos direitos de propriedade (Gates: "Quem pode se permitir fazer um trabalho profissional a troco de nada?"), Gates pôs o ganho de dinheiro antes da inovação tecnológica. Assim, a Microsoft representou a corrente empresarial que se desenvolveu mediante a comercialização do processo de inovação tecnológica em computação, sem compartilhar seus valores fundamentais.

Por outro lado, a cultura hacker (no sentido sociológico da expressão) é uma caracterização demasiado restritiva da cultura da Internet. A Internet não só depende da atividade empresarial para se difundir na sociedade em geral, como é tributária de suas origens na comunidade acadêmica e científica, em que os critérios da excelência, do exame pelos pares, e a comunicação aberta do trabalho de pesquisa tiveram origem.

Vou me estender sobre as origens e as características de cada uma dessas quatro camadas, e depois mostrar como a articulação delas constitui a cultura da Internet. Antes de prosseguir nessas linhas, porém, quero enfatizar o vínculo direto existente entre essas expressões culturais e o desenvolvimento tecnológico da Internet. O vínculo primordial é a abertura e a livre modificação do software da Internet, particularmente do código-fonte do software. A distribuição aberta dos códigos-fonte permite a qualquer pessoa modificar o código e desenvolver novos programas e aplicações, numa espiral ascendente de inovação tecnológica, baseada na cooperação e na livre circulação de conhecimento técnico. Como indiquei no Capítulo 1, os protocolos TCP/IP sobre os quais a Arpanet foi montada eram abertos e gratuitos. Igualmente abertos e gratuitos eram, na década de 1970, o sistema operacional UNIX e os protocolos UUCP que tornaram a Usenet News possível; os pro-

---

* *Geeks* são peritos ou especialistas em computadores; *nerds* são pessoas exclusivamente voltadas para atividades científicas e, em geral, socialmente ineptas. (N.T.)

tocolos modem usados no desenvolvimento das redes de computadores pessoais; o servidor e o navegador da web; o navegador Mosaic e o primeiro software comercial do gênero, o Netscape Navigator. Com certas restrições, eram também abertas e gratuitas as linguagem Java e Jini desenvolvidas pela Sun Microsystems. E assim é o programa servidor Apache, usado em 2001 pela maioria dos servidores da web no mundo. O mesmo se pode dizer do sistema operacional GNU/Linux e seus derivativos. O software de fonte aberta, portanto, é a característica tecnológica crucial no desenvolvimento da Internet. E essa abertura é culturalmente determinada.

Tecnoelites

Em primeiro lugar, a abertura é determinada por uma cultura tecnomeritocrática enraizada na academia e na ciência. Trata-se de uma cultura da crença no bem inerente ao desenvolvimento científico e tecnológico como um elemento decisivo no progresso da humanidade. Está, portanto, numa relação de continuidade direta com o Iluminismo e a Modernidade, como o assinalou Tuomi (2000). Sua especificidade, porém, está na definição de uma comunidade de membros tecnologicamente competentes, reconhecidos como pares pela comunidade. Nessa cultura, o mérito resulta da contribuição para o avanço de um sistema tecnológico que proporciona um bem comum para a comunidade de seus descobridores. Esse sistema tecnológico é a interconexão de computadores, que é a essência da Internet. Valores acadêmicos-pdrão especificaram-se num projeto orientado para uma missão: construir e desenvolver um sistema de comunicação eletrônico global (até universal, no futuro) que una computadores e pessoas numa relação simbiótica e cresça exponencialmente por comunicação interativa. As características fundamentais dessa tecnomeritocracia são as seguintes:

- A descoberta tecnológica (sempre específica da programação de computador num ambiente em rede) é o valor supremo.
- A relevância e a posição relativa da descoberta dependem da contribuição para o campo como um todo, num contexto de objetivos de solução de problemas definidos pela comunidade dos cientistas/tecnólogos. Em outras palavras, não é o conhecimento *per se* que importa, seja qual for a importância da contribuição teórica, mas um conhecimento específico aplicado a um objetivo dado que aperfeiçoará o artefato tecnológico global (isto é, redes de comunicação de computadores ou um sistema operacional).
- A relevância da descoberta é determinada pelo exame dos pares entre os membros da comunidade. O que define quem pertence à comunidade é o desempenho individual tal como avaliado, e publicado, no processo histórico do desenvolvimento da Internet. A reputação é central tanto para o ingresso como para a promoção nas fileiras da comunidade.

- A coordenação de tarefas e projetos é assegurada por figuras de autoridade que, ao mesmo tempo, controlam recursos (essencialmente máquinas) e gozam do respeito tecnológico e da confiança ética de seus pares. Assim, Cerf e Kahn receberam do Departamento de Defesa o controle da Arpanet e, ao mesmo tempo, contavam com a confiança da maioria de seus pares na comunidade de designers da Internet.
- Para ser respeitado como membro da comunidade, e, mais ainda, como figura de autoridade, o tecnólogo deve agir de acordo com normas formais e informais da comunidade e não usar recursos comuns (conhecimento) ou recursos delegados (posições institucionais) para seu benefício exclusivo, além de partilhar bens como avanços das capacidades tecnológicas pelo aprendizado a partir da rede. Vantagem pessoal não é evitada, a menos que venha em detrimento de outros membros da comunidade.
- A pedra angular de todo o processo é a comunicação aberta do software, bem como todos os aperfeiçoamentos resultantes da colaboração em rede. Sem essa abertura, membros da comunidade levariam adiante suas estratégias competitivas individuais, e o processo de comunicação estacionaria estorvando a produtividade intelectual do esforço cooperativo. Isso não é muito diferente da regra básica da pesquisa acadêmica segundo a qual todos os achados devem ser abertos e comunicados de uma forma que permita o exame, a crítica e a eventual replicação pelos pares. Só os membros das organizações acadêmicas que se submetem a esse escrutínio são reconhecidos como autoridades por seus pares. É precisamente por isso que não há equivalência direta entre ser uma autoridade e ter um emprego universitário.

Assim, a cultura da Internet enraíza-se na tradição acadêmica do exercício da ciência, da reputação por excelência acadêmica, do exame dos pares e da abertura com relação a todos os achados de pesquisa, com o devido crédito aos autores de cada descoberta. Historicamente, a Internet foi produzida em círculos acadêmicos e em suas unidades de pesquisa auxiliares, tanto nas culminâncias das cátedras como nas trincheiras de trabalho dos estudantes de pós-graduação, a partir de onde os valores, os hábitos e o conhecimento se espalharam pela cultura hacker.

Hackers

Segundo Pekka Himanen (2001), a ética hacker é a característica cultural da sociedade informacional. Posso concordar com ele em termos gerais, mas especificarei essa análise no caso da Internet. A cultura hacker desempenha um papel axial na construção da Internet por duas razões: pode-se sustentar que é o ambiente fomentador de inovações tecnológicas capitais mediante a cooperação e a comunicação livre; e que faz a ponte entre o conhecimento originado na cultura tecnomeritocrática e os subprodutos empresariais que difundem a Internet na sociedade em geral. Antes, porém, devemos elucidar o que entendemos por cultura hacker, já que a ambiguidade do termo é uma fonte de mal-entendidos (Himanen, 2001; Levy, 2001).

Os hackers não são o que a mídia diz que são. Não são uns irresponsáveis viciados em computador empenhados em quebrar códigos, penetrar em sistemas ilegalmente, ou criar o caos no tráfego dos computadores. Os que se comportam assim são chamados "crackers", e em geral são rejeitados pela cultura hacker, embora eu pessoalmente considere que, em termos analíticos, os crackers e outros cibertipos são subculturas de um universo hacker muito mais vasto e, via de regra, não destrutivos. Eric Raymond — um dos mais destacados observadores analistas/participantes da cultura hacker, e um ícone dela — define "hacker" de maneira um tanto tautológica: hackers são aqueles que a cultura hacker reconhece como tais. Quanto à cultura hacker: "Há uma comunidade, uma cultura compartilhada, de peritos em programação e bruxos da interconexão cuja história remonta, através de décadas, aos primeiros minicomputadores de tempo compartilhado e aos primeiros experimentos da Arpanet" (Raymond, 1999, p.231). Ele narra o primeiro uso do termo "hacker" no Tech Model Rail Road Club e no Laboratório de Inteligência Artificial do MIT. Esta é, porém, uma definição demasiado ampla, segundo a qual todos os peritos em programação de computador ligados à construção da Arpanet e ao desenvolvimento da Internet seriam hackers. Precisamos de um conceito mais específico de hacker para identificar os atores na transição de um ambiente de inovação acadêmica, institucionalmente construído, para o surgimento de redes auto-organizadas que escapam a um controle organizacional.

Nesse sentido restrito, a cultura hacker, a meu ver, diz respeito ao conjunto de valores e crenças que emergiu das redes de programadores de computador que interagiam on-line em torno de sua colaboração em projetos autonomamente definidos de programação criativa (Levy, 2001). Duas características críticas devem ser enfatizadas: por um lado, a autonomia dos projetos em relação às atribuições de tarefas por instituições ou corporações; por outro, o uso da interconexão de computadores como a base material, tecnológica da autonomia institucional. Nesse sentido, a Internet foi originalmente a criação da cultura tecnomeritocrática; depois tornou-se a base para sua própria atualização tecnológica através do *input* fornecido pela cultura hacker, interagindo na Internet.

A melhor maneira de compreender os valores específicos e a organização social da cultura hacker é considerar o processo de desenvolvimento do movimento da fonte aberta como uma extensão do movimento original do software gratuito. Em certo sentido, a fonte aberta foi um traço estrutural no desenvolvimento da Internet, como afirmei antes, já que todos os seus desenvolvimentos técnicos cruciais foram comunicados a universidades e depois compartilhados na Net. Mas o movimento do software gratuito, como prática deliberada, nas raízes do movimento da fonte aberta, deriva das lutas em defesa da abertura do código-fonte do UNIX.

O UNIX foi um sistema operacional potente e inovador criado em 1969 por Ken Thompson, nos Laboratórios Bell da AT&T, com base num sistema operacional de tempo compartilhado, o MULTICS. Dennis Ritchie, outro hacker do Bell (formado em Berkeley, como Thompson), inventou uma nova linguagem, chamada C, para uso no UNIX de Thompson. Os dois trabalharam nesses desenvolvimentos sem instruções específicas dos Laboratórios Bell. O UNIX tornou-se um ambiente de software para todo tipo de sistema, libertando assim os programadores da necessidade de inventar linguagens específicas para cada máquina: o software tornou-se portátil, o que permitiu a comunicação entre computadores e programação de computador cumulativa.

Em 1974, vendo-se obrigada pelo governo dos EUA a difundir os resultados das pesquisas do Bell, a AT&T distribuiu o UNIX, incluindo seu código-fonte, pelas universidades, mediante um pagamento nominal. Em 1977, em cooperação com Ken Thompson e o Bell, um grupo de estudantes de ciência dos computadores de Berkeley, liderado por Bill Joy e Chuck Halley, criou o Berkeley Software Distribution (BSD), uma versão aperfeiçoada do UNIX. Estudantes de ciência dos computadores, nos EUA e em outros países, adotaram o UNIX como sua linguagem preferida, usando computadores PDP-II e VAX. Como foi descrito no Capítulo 1, a equipe do UNIX de Berkeley (Computer System Research Group) projetou o suporte UNIX para os protocolos da Arpanet, solucionando os problemas de interconexão do UUCP e permitindo a comunicação entre Arpanet e Usenet, expandindo assim a Internet.

No início da década de 1980, havia três culturas do computador, agrupadas na interseção entre tipos de máquinas e programas de linguagem preferidos: a cultura da Arpanet, baseada em máquinas PDP10, da DEC, com preferência pela linguagem LISP; a cultura do UNIX, que usava a linguagem C; e a cultura do computador pessoal, que usava microcomputadores e trabalhava com a linguagem BASIC, num nível tecnológico muito inferior ao das outras duas culturas. Depois, em poucos anos, as três culturas sofreram um grande choque tecnológico/institucional e subsequente transformação. A ARPA decidiu patrocinar o desenvolvimento de um sistema operacional que pudesse ser comum à comunidade dos pesquisadores, e a maioria das universidades envolvidas em contratos com a agência não queria ficar na dependência da DEC e de suas máquinas. O resultado dessas discussões foi a decisão da ARPA de patrocinar o desenvolvimento do UNIX como um sistema operacional comum confiável, capaz de rodar em máquinas diferentes. O BSD, a variante do UNIX de Berkeley, que rodava no VAX e usava a linguagem C, tornou-se o mais avançado sistema operacional. O UNIX da AT&T e o UNIX de Berkeley envolveram-se em batalhas legais intermináveis, uma vez que a AT&T tentou impor direitos de propriedade sobre o sistema, mas os dois acabaram por aprender um com o outro, a tal ponto que, no início da década 1990, seus programas eram muito similares. Em 1994, chegaram a um acordo legal, que permitiu a difusão gratuita do UNIX em coexistência com sistemas patenteados baseados no UNIX. Nesse processo, contudo, o grupo de Berkeley esgotou seus recursos e perdeu suas fontes de financiamento. Várias versões do BSD (Net BSD, Free BSD, Open BSD) surgiram desses desdobramentos à medida que diferentes grupos de hackers desenvolveram seu próprio software nas linhas da tradição do UNIX.

Avanços na microeletrônica também transformaram o mundo da computação. Em 1983, o microchip 68000 da Motorola permitiu o desenvolvimento de microcomputadores com potência sem precedentes. Um grupo de jovens cientistas de Stanford, com participações de Berkeley, que incluía Bill Joy, fundou a Sun Microsystems (Sun de Stanford University Networks), com o UNIX rodando com microchips 68000, o que permitia estações de trabalho de preço acessível. Mais tarde, suas máquinas passaram a rodar com Solaris, uma versão patenteada do sistema operacional UNIX.

A cultura do computador pessoal, formada pelos programadores do MS-DOS e do Mac, era muito mais numerosa que a cultura da "rede" dos usuários do UNIX. Apesar desses usuários de DOS/Mac nunca terem se tornado uma cultura consciente de si própria. A ausência de uma rede realmente difusa, comparável ao UUCP ou à Internet impediu isso. O trabalho cooperativo entre hackers era limitado pela ausência de interconexão. Segundo Raymond (1999, p.21): "A ação preponderante dos hackers, (des)organizada em torno da Internet, e até esse momento amplamente identificada com a cultura técnica do UNIX, não se preocupava com serviços comerciais. Queriam melhores ferramentas e mais Internet, e PCs baratos de 32 bits prometiam pôr uma coisa e outra ao alcance de todos."

A exigência capital para a expansão da nova fronteira computacional era um software novo e potente, capaz de rodar em todos os tipos de máquina e conectar servidores da Internet. O UNIX fornecia um ambiente compartilhado que permitia a pesquisadores avançados comunicarem-se no desenvolvimento de programas para redes de servidores. Entretanto, o desmembramento da AT&T em 1984 permitiu aos Laboratórios Bell reivindicar legalmente seus direitos de propriedade sobre o UNIX. Como foi relatado no Capítulo 1, Richard Stallman, um programador do Laboratório de Inteligência Artificial do MIT, se encarregou com um grupo fechado de colaboradores, do gigantesco trabalho de escrever um novo sistema, inspirado no UNIX mas não submetido ao seu copyright: o GNU (significando "GNU is not UNIX"). Stallman transformou seu esforço numa cruzada política pela liberdade de expressão na era do computador, criando a Free Software Foundation (FSF) e proclamando o princípio da livre comunicação e do livre uso do software como um direito fundamental. Criou sozinho o movimento do software gratuito, e tornou-se um dos ícones da cultura hacker. Mas seu envolvimento político, por si só, não lhe permitiu remover os imensos obstáculos técnicos que encontrou na criação de um novo sistema operacional, equivalente ao UNIX, mas diferente dele. Embora a divulgação que ele e sua equipe faziam dos seus esforços pela Net tenha aberto o caminho para o futuro software de fonte aberta, seu sistema (HURD) não funcionou efetivamente até 1996. Ao que tudo indica, isso não decorreu de suas limitações técnicas, já que ele era (e é) um gigante da programação de software, como o prova o emacs, seu excelente programa de editoração. Mas ele não percebeu plenamente o poder da rede. Só uma rede de centenas, milhares de cérebros trabalhando cooperativamente, com divisão de trabalho espontânea, e coordenação maleável, mas eficiente, poderia levar a cabo a tarefa extraordinária de criar um sistema operacional capaz de lidar com a complexidade de computadores cada vez mais potentes interagindo por meio da Internet.

Nesse meio tempo, os sistemas UNIX patenteados estavam bloqueando a comunicação aberta do desenvolvimento de software. O grupo UNIX de Berkeley foi dissolvido em 1994. Nesse contexto, a Microsoft açambarcou o mercado de software de sistema operacional, apesar da inferioridade de sua tecnologia, porque não enfrentava nenhuma concorrência. A alternativa surgiu com o sistema operacional GNU/Linux, que se desenvolveu a partir do trabalho de Stallman, mas com uma metodologia fundamentalmente diferente, descoberta por um feliz acaso por Linus Torvalds. Usando os termos de Raymond (1999), a aproximação do "bazar" ao software teve êxito ali onde os princípios de projeto da "construção de catedral" (fosse comercial ou conduzida por hackers) fracassaram.

Como foi descrito no Capítulo 1, Linus Torvalds, um estudante na Universidade de Helsinki, conseguiu seu primeiro PC 386 Intel em 1991, e quis dotá-lo de um sistema operacional UNIX. Não tendo recursos, dedicou vários meses ao projeto de seu próprio núcleo UNIX para máquinas 386, usando, para implementá-lo, o compilador GCC (para linguagem C). Chamou-o Freix, mas o administrador do servidor chamou-o Linux. Precisando de ajuda, e querendo que outros participassem do desenvolvimento, Linus divulgou o código-fonte na Internet, e pediu cooperação. Ele continuou a divulgar frequentes aperfeiçoamentos. O mesmo fazem centenas de hackers que aderiram ao projeto. Divulgações rápidas, ampla cooperação e total abertura da informação permitiram a testagem extensiva e a depuração do código, de tal forma que, em 1993, o Linux era um sistema operacional melhor que os sistemas UNIX patenteados. Com o tempo, os sistemas UNIX comerciais mais competitivos passaram a ser os que incluem o Linux em seu pacote, respeitando ao mesmo tempo as regras de sua fonte aberta.

O Linux é amplamente reconhecido como um dos sistemas operacionais mais confiáveis, em particular para computadores que trabalham na Internet. Em 2001, havia, pelo menos cerca de 30 milhões de usuários do Linux no mundo. Em 2001, vários governos (inclusive os do Brasil, México, Índia, China e França) estavam adotando o Linux e promovendo seu uso. É verdade que a maioria esmagadora dos sistemas operacionais Linux é usada em servidores da web e em grandes computadores que servem grandes redes. Assim, para a maioria dos usuários individuais, o sistema é de uso excessivamente complicado e não fornece uma interface de usuário simples. Apesar disso, nada em seu núcleo ou software derivado impede que se desenvolvam aplicações de fácil aprendizado e uso que poderiam ganhar popularidade no mercado central da Microsoft. De fato, parece que o principal obstáculo ao aparecimento de aplicações do Linux para usuários/consumidores sem sofisticação é a falta de interesse de programadores de computador, eles mesmos sofisticados, em desenvolvê-las. É por isso que a comercialização orientada para o usuário do Linux, sempre respeitando suas regras de fonte aberta, parece ser a próxima fronteira de desenvolvimento da fonte aberta.

Quais são as características da cultura hacker, e como se relacionam com o desenvolvimento da Internet? Antes de mais nada, ela se baseia no que chamei a cultura tecnomeritocrática, que, se posso usar uma metáfora de software, é o código-fonte da cultura hacker. Assim, todas as características apresentadas acima são aplicáveis à cultura hacker. Particularmente importante é a meta abrangente de excelência, no desempenho e na tecnologia, porque é isso que determina a necessidade comum de compartilhamento e de manutenção do código-fonte aberto. Nas palavras de Raymond (1999, p.170), "O exame da fonte aberta pelos pares é o único método 'escalável' para se chegar à alta confiabilidade e qualidade". Embora muitos especialistas pareçam concordar com ele nesse ponto, a precisão da afirmativa é menos importante que seus efeitos sobre a cultura hacker: se os hackers acreditam que é assim que deve ser, construirão uma comunidade em torno da fonte para ter um melhor desempenho. Mas um melhor desempenho, quando desvinculado de instituições compensatórias, requer a adesão a um conjunto de valores que combina a alegria da criatividade com a reputação entre os pares.

Suprema nesse conjunto de valores é a liberdade. Liberdade para criar, liberdade para apropriar todo conhecimento disponível e liberdade para redistribuir esse conhecimento sob qualquer forma ou por qualquer canal escolhido pelo hacker. De fato, Richard Stallman construiu sua Free Software Foundation sobre esse princípio da liberdade, independentemente da qualidade do software produzido como resultado da liberdade e da cooperação. Para a maioria dos outros hackers, a liberdade não é o único valor (a inovação tecnológica é a meta principal e o deleite pessoal da criatividade é ainda mais importante que a liberdade), mas é sem dúvida um componente essencial de sua visão de mundo e de sua prática como hackers. Paradoxalmente, é em razão desse princípio da liberdade que muitos hackers também reivindicam o direito de escolher o desenvolvimento comercial de suas aplicações. Sob a condição de não trair aquele que é o princípio mais fundamental de todos: acesso aberto a toda a informação do programa, com a liberdade de modificá-lo.

A liberdade combina-se com cooperação através da prática da cultura do dom, que acaba por levar a uma economia do dom. Um hacker divulga sua contribuição para o desenvolvimento do software pela Net na expectativa de reciprocidade. A cultura do dom no mundo hacker distingue-se de outras análogas. Prestígio, reputação e estima social estão ligados à relevância da doação feita à comunidade.

Assim, não se trata apenas da retribuição esperada pela generosidade, mas da satisfação imediata que o hacker tem ao exibir sua engenhosidade para todos. Além disso, há a gratificação envolvida no objeto ofertado. Ele não tem apenas valor de troca, tem também valor de uso. O reconhecimento vem não só do ato de doar, como da produção de um objeto de valor (software inovador).

Além da satisfação de alcançar status na comunidade, a alegria inerente à da criação foi muitas vezes identificada como um atributo da cultura hacker. Ela a aproxima do mundo da arte e do impulso psicológico de criar, identificado por Csikszentmihalyi (1997). Começa-se a ser um hacker a partir do ímpeto individual de criar, independentemente do cenário institucional dessa criação. É por isso que há hackers na academia, em escolas secundárias, em grandes empresas e nas margens da sociedade. Eles não dependem de instituições para sua existência intelectual, mas dependem, efetivamente, de sua comunidade autodefinida, construída em torno de redes de computadores.

Há na cultura hacker um sentimento comunitário, baseado na integração ativa a uma comunidade, que se estrutura em torno de costumes e princípios de organização social informal. As culturas não são feitas de valores nebulosos. São enraizadas em instituições e organizações. Há uma organização desse tipo na cultura hacker, mas ela é informal; isto é, não é imposta pelas instituições da sociedade. Na comunidade Linux, por exemplo, há "veteranos tribais" (a maioria com menos de 30 anos), sendo Linus Torvalds a autoridade suprema. Eles são proprietários/mantenedores de cada projeto; por exemplo, Linus possui e mantém o núcleo do Linux, porque criou sua origem. Em outros casos, há uma autoridade coletiva, com rotação de mantenedores, como na comunidade dos servidores Apache. Comantenedores ajudam a manter subsistemas em torno de projetos derivados do projeto original.

A estrutura modular do software Linux permite que dele se ramifique grande diversidade de projetos sem perda da compatibilidade. Cofomentadores empreendem novos projetos por iniciativa própria, ao passo que colaboradores comuns participam da comunidade ajudando na testagem e depuração de novos programas, e na discussão de problemas que surgem de sua própria prática de programação. O decisivo para a comunidade é evitar, tanto quanto possível, a "bifurcação", isto é, a divisão da energia da comunidade em um número excessivo de linhas de trabalho. Mas isso é aceitável quando todas as outras formas de resolução de conflito falham.

Naturalmente, dinheiro, direitos formais de propriedade ou poder institucional são excluídos como fontes de autoridade e reputação. A autoridade baseada na excelência tecnológica, ou em contribuição precoce para o código, só é respeitada se não for vista como predominantemente interesseira. Em outras palavras, a comunidade aceita a hierarquia da excelência e da superioridade somente na medida em que essa autoridade é exercida para o bem-estar da comunidade como um todo, o que significa que, muitas vezes, novas tribos surgem e se enfrentam. Mas as cisões fundamentais não são pessoais ou ideológicas: são tecnológicas. Isso não significa que os conflitos sejam menos agudos. Subculturas tecnológicas podem usar todos os recursos à sua disposição para solapar a posição das tecnocomunidades rivais. Assim, a principal divisão no mundo do software aberto é a que separa a tradição do BSD e a do GNU/Linux. Esses costumes e normas sociais são praticados e impostos coletivamente na Net. As sanções à transgressão assumem a forma de mensagens iradas abertas, censura pública e, se os pecados forem graves, exclusão da comunidade e, assim, da rede de criação coletiva de software inovador.

A Internet é o alicerce organizacional dessa cultura. A comunidade hacker, em geral, é global e virtual. Embora haja momentos de encontro físico, conferências e feiras, a maior parte da comunicação é eletrônica. Em geral os hackers só se conhecem pelo nome que usam na Internet. Não porque ocultem sua identidade. O que ocorre é que a identidade deles como hackers é o nome divulgado na Net. Embora o grau mais elevado de reconhecimento costume ser associado à identificação por nomes reais, via de regra a informalidade e a virtualidade são características essenciais da cultura hacker — características que a diferenciam nitidamente da cultura acadêmica e de outra manifestações da cultura meritocrática. É por isso que os pesquisadores da ARPA, embora praticassem o *hacking* (programação criativa, de fonte aberta) e tenham sido os criadores da Internet, não eram hackers no sentido cultural.

Há alguns mitos em torno da cultura que vale a pena dissipar. Um está em sua marginalidade psicológica. É verdade que há entre os hackers um sentimento generalizado de superioridade em relação ao resto do mundo analfabeto em computadores e uma tendência a se comunicar com o computador, ou com outros seres humanos, via computadores, centrando-se essencialmente em questões de software incompreensíveis para o comum dos mortais. Um fechamento para os mundos da música, arte ou literatura também pode ser visto aí: a tentação permanente dos hackers de cortar seus vínculos de comunicação com a sociedade e fugir para as estruturas formais da computação. É justo dizer, porém, que a maioria deles vive vidas normais, pelo menos tão normais quanto a da maioria das pessoas, o que não significa necessariamente que se encaixem (alguém se encaixa?) no tipo ideal de normalidade, em conformidade com a ideologia dominante de nossas sociedades. Linus Torvalds, entre muitos outros, é um homem de família dedicado, que vive uma vida regular com a mulher e os filhos num subúrbio no Vale do Silício. Sim, se você for a uma conferência de hackers, verá muitas pessoas vestidas de preto, algumas de barba (se têm idade suficiente para cultivá-las), a maioria exibindo camisetas provocativas (p.ex., "BURN Venture Capital BURN"). Com frequência, poderá encontrar referências a seus filmes favoritos, emblemáticos, dependendo da faixa etária dos participante: "Star Wars", "The Matrix", "Enemy of the State". Mas esse folclore não é exclusivo dos hackers: é uma das muitas expressões da cultura da juventude no tempo e nos lugares em que eles vivem. Na verdade, os hackers sérios existem fundamentalmente on-line. Se antropólogos pós-modernos aterrissassem num encontro de hackers e tentassem identificar clãs tribais com base nesses símbolos, deixariam de perceber a essência da cultura. Porque, como Wayner (2000) enfatiza, a cultura hacker e suas distinções internas dizem respeito inteiramente a construções mentais e opções por diferentes tecnologias.

Um outro mito poderoso, muitas vezes propalado por ícones dos próprios hackers, é que a cooperação, a liberdade e a cultura do dom só podem se desenvolver sob as condições do novo e imaterial sistema de produção que se cria numa sociedade da pós-escassez. Segundo essa visão, é somente quando têm suas necessidades básicas atendidas que as pessoas podem se dar ao luxo de dedicar suas vidas à criatividade intelectual, e só então podem praticar a cultura do dom. Na verdade, isso contradiz a experiência dos hackers em países pobres como a Rússia, ou os da América Latina. É precisamente em situações de pobreza extrema, quando não têm acesso a nenhum recurso, que as pessoas criativas são obrigadas a inventar suas próprias soluções, e elas o fazem. As avenidas sociais da inovação são muito diversas, e não podem ser reduzidas às condições materiais de vida. Mas o que é comum à cultura hacker, em todos os contextos sociais, é a premência de reinventar maneiras de se comunicar com computadores e por meio deles, construindo um sistema simbiótico de pessoas e computadores em interação na Internet. A cultura hacker é, em essência, uma cultura de convergência entre seres humanos e suas máquinas num processo de interação liberta. É uma cultura de criatividade intelectual fundada na liberdade, na cooperação, na reciprocidade e na informalidade.

Há, no entanto, subculturas hacker construídas sobre princípios políticos, bem como sobre revolta pessoal. Richard Stallman considera a busca de excelência tecnológica secundária ao princípio fundamental do software gratuito, que, para ele, é um componente essencial da liberdade de expressão na Era da Informação. De fato, ele foi um ativo participante no movimento pela liberdade de expressão em seus anos de estudante em Berkeley. Sua Free Software Foundation dedica-se a proteger os direitos dos programadores aos produtos de seu trabalho, e a mobilizar a comunidade dos hackers para que se una num esforço por manter sua criação coletiva fora do alcance de governos e corporações. Outros agrupamentos de hackers formam-se em torno de princípios políticos libertários, como a defesa da liberdade de expressão e privacidade na Internet. Um exemplo ilustrativo é a Electronic Frontier Foundation criada em 1990 por John Perry Barlow e Mitch Kapor para combater o controle do governo sobre a Internet. Eles tiveram importante papel na ampla mobilização que levou à derrota do Communications Decency Act nos tribunais norte-americanos em 1995 (ver Capítulo 6). Barlow e Kapor simbolizam ambos uma interessante conexão entre algumas das subculturas sociais do período pós-década de 1960 e a cultura hacker. Barlow costuma ser lembrado como o letrista da banda de rock Grateful Dead, mas é também um criador de gado em Montana, e atualmente passa grande parte do seu tempo ziguezagueando pelo mundo para pregar a liberdade e a Internet. Quanto a Kapor, além de ser um programador brilhante (inventou o Lotus), e de ganhar rios de dinheiro, foi um instrutor de meditação, imerso no espiritualismo.

Outros hackers reconhecem-se nos personagens "cyberpunk" da literatura de ficção científica. Fundam sua autonomia social na Internet, lutando para preservar sua liberdade contra a intrusão de quaisquer tipos de poderes, inclusive a tomada de controle de seus provedores de serviços de Internet pelas corporações da mídia. Nas margens dessa subcultura hacker rebelde, emergem os crackers. Em sua maioria, são indivíduos, com frequência muito jovens, que tentam provar sua perícia, em geral com conhecimento técnico limitado. Outros, como Kevin Mitnik, misturam habilidade técnica com uma estratégia de sabotagem política em seus esforços para vigiar o mundo que os vigia. Esse comportamento deve ser diferenciado do cibercrime — a prática de roubos na Internet para lucro pessoal —, o velho hábito do "crime do colarinho branco" executado mediante novos meios tecnológicos. Os crackers mais políticos constroem redes de cooperação e informação, com todas as devidas precauções, muitas vezes difundindo o código de tecnologia de criptografia que permitiria a formação dessas redes fora do alcance das agências de vigilância. As linhas de batalha estão se deslocando do direito que têm as pessoas de codificar (contra o governo) para o direito que elas têm de decodificar (contra as corporações) (Levy, 2001; Patrice Riemens, comunicação pessoal, 2001).

A cultura hacker dominante vê os crackers com muita apreensão, uma vez que eles denigrem toda a comunidade com o estigma da irresponsibilidade, amplificado pela mídia. De uma perspectiva analítica, porém, devemos reconhecer a diversidade do mundo dos hackers enfatizando ao mesmo tempo o que une todos os seus membros acima de divisões ideológicas e comportamento pessoal: a crença compartilhada no poder da interconexão de computadores e a determinação de manter esse poder tecnológico como um bem comum — pelo menos para a comunidade dos hackers.

Comunidades virtuais

As fontes culturais da Internet não podem ser reduzidas, porém, aos valores dos inovadores tecnológicos. Os primeiros usuários de redes de computadores criaram comunidades virtuais, para usar a expressão popularizada por Howard Rheingold (1993/2000), e essas comunidades foram fontes de valores que moldaram comportamento e organização social. Pessoas envolvidas nas redes da Usenet News, na FIDONET, e nos BBS, desenvolveram e difundiram formas e usos na rede: envio de mensagens, lista de correspondência, salas de chat, jogos para múltiplos usuários (expandindo os MUDs — acrônimo de *multi-user dungeon* — pioneiros), conferências e sistemas de conferência.

Alguns usuários envolvidos nessa interação social eram tecnologicamente sofisticados, como os pesquisadores da Arpanet que criaram uma das primeiras listas de correspondência temáticas, a SF-Lovers (para amantes da ficção científica), com a tolerância do Departamento de Defesa. Nos primeiros tempos, muitos usuários do UUCP eram também membros da cultura hacker. Da década de 1980 em diante, porém, os usuários da maioria das redes não eram em geral necessariamente exímios em programação. E quando a web explodiu na década de 1990, milhões de usuários levaram para a Net suas inovações sociais com a ajuda de um conhecimento técnico limitado. No entanto, a contribuição que deram na configuração e na evolução da Internet, inclusive na forma de muitas das suas manifestações comerciais, foi decisiva. Por exemplo, um dos primeiros BBSs na área da Baía de São Francisco foi o Kinky Komputer, um sistema orientado para o sexo: ele liderou o que seria por muitos anos uma forma florescente de prática on-line, tanto privada quanto comercial. Por outro lado, o Institute for Global Communication (IGC), também fundado em São Francisco, articulou algumas das primeiras redes de computadores dedicadas à promoção de causas socialmente relevantes como a defesa do meio ambiente e a preservação da paz mundial. O IGC contribuiu para a implantação da rede feminina de computadores (La Neta) usada pelos zapatistas mexicanos para obter solidariedade internacional para sua luta em prol de minorias indígenas exploradas. Redes comunitárias, como a criada em Seattle por Douglas Schuler ou a Cidade Digital de Amsterdã, renovaram e fomentaram a participação de cidadãos (ver Capítulo 5). Nos últimos anos da União Soviética, redes pioneiras de computadores, organizadas por acadêmicos de maneira independente, como a RELCOM, foram muito importantes na luta pela democracia e a liberdade de expressão nos momentos críticos da *perestroika.*

Assim, enquanto a cultura hacker forneceu os fundamentos tecnológicos da Internet, a cultura comunitária moldou suas formas sociais, processos e usos. Mas que cultura é essa? Tratarei em detalhe, mais adiante, dos usos sociais da Internet e dos hábitos e padrões sociais que emergem da prática de comunidades virtuais (ver Capítulo 4). Aqui, estou focalizando a especificidade dos valores culturais e normas sociais resultantes dessas práticas na medida em que se relacionam com a estruturação da Internet (Hiltz e Turoff, 1995; Rheingold, 1993/2000).

As comunidades on-line tiveram origens muito semelhantes às dos movimentos contraculturais e dos modos de vida alternativos que despontaram na esteira da década de 1960. A área da Baía de São Francisco abrigou na década de 1970 o desenvolvimento de várias comunidades on-line que faziam experimentos com comunicação por computadores, entre eles projetos como o legendário Homebrew Computer Club e a Community Memory. Em 1985, o WELL, um dos mais inovadores entre os primeiros sistemas de conferência, foi iniciado na área da Baía de São Francisco por Stewart Brand (biólogo, pintor e aficionado do computador que criou o Whole Earth Catalog, a publicação que revigorou a contracultura da década de 1970) e Larry Brilliant (membro do grupo Hog Farm e um dos organizadores de Woodstock). Entre os primeiros administradores, hospedeiros e patrocinadores do WELL estavam pessoas que haviam tentado a vida em comunidades rurais, hackers de computadores pessoais, e um grande contingente de *deadheads*, fãs da banda de rock Grateful Dead. Como foi mencionado no Capítulo 1, a FIDONET foi inaugurada em 1983 por Tom Jennings com um vago programa anarquista. A Cidade Digital de Amsterdã, desenvolveu-se no rastro dos movimentos dos *squatters* da década de 1970, e pelo menos um de seus fundadores tivera estreita ligação com eles. Muitas das primeiras conferências on-line e BBS parecem ter surgido da necessidade de dar corpo a um sentimento comunitário após o fracasso dos experimentos contraculturais no mundo físico.

Apesar de tudo, à medida que as comunidades virtuais se expandiram em tamanho e alcance, suas conexões originais com a contracultura enfraqueceram. Empiricamente falando, não existe algo como uma cultura comunitária unificada da Internet. A maioria dos observadores, de Howard Rheingold a Steve Jones, enfatiza a extrema diversidade das comunidades virtuais. Além disso, suas características sociais tendem a especificar sua cultura virtual. Assim, para deleite dos teóricos pós-modernos, os MUDs são o domínio privilegiado para a representação de papéis e as identidades falsas. Até onde podemos perceber, porém, os jogadores de MUD em sua maioria eram/são adolescentes, ou estudantes de graduação, exibindo on-line o comportamento de encenação típico da fase da vida em que estão, quando fazem experimentos frequentes com sua personalidade. Os usuários tendem a adaptar novas tecnologias para satisfazer seus interesses e desejos. Na França, o Minitel oficial, extremamente burocrático, popularizou-se com base num de seus sistemas, as Messageries Roses, orientadas para o sexo. Movimentos sociais de todo tipo, de grupos ambientais a ideologias extremistas de direita (p.ex., nazismo, racismo), tiraram proveito da flexibilidade da Net para divulgar suas ideias e articular-se através do país e do globo. O mundo social da Internet é tão diverso e contraditório quanto a própria sociedade. Assim, a cacofonia das comunidades virtuais não representa um sistema relativamente coerente de valores e normas sociais, como é o caso da cultura hacker.

Apesar disso, essas comunidades trabalham com base em duas características fundamentais comuns. A primeira é o valor da comunicação livre, horizontal. A prática das comunidades virtuais sintetiza a prática da livre expressão global, numa era dominada por conglomerados de mídia e burocracias governamentais censoras. Como John Gilmore o expressou, "a Net interpreta a censura como dano e encontra rotas para contorná-la" (citado por Rheingold, 1993, p.7). Essa liberdade de expressão de muitos para muitos foi compartilhada por usuários da Net desde os primeiros estágios da comunicação on-line, e tornou-se um dos valores que se estendem por toda a Internet. O segundo valor compartilhado que surge das comunidades virtuais é o que eu chamaria formação autônoma de redes. Isto é, a possibilidade dada a qualquer pessoa de encontrar sua própria destinação na Net, e, não a encontrando, de criar e divulgar sua própria informação, induzindo assim a formação de uma rede. Desde os BBSs primitivos da década de 1980 aos mais sofisticados sistemas interativos da virada do século, a publicação autônoma, a auto-organização e autopublicação, bem como a formação autônoma de redes constitui um padrão de comportamento que permeia a Internet e se difunde a partir dela para todo o domínio social. Assim, embora extremamente diversa em seu conteúdo, a fonte comunitária da Internet a caracteriza de fato como um meio tecnológico para a comunicação horizontal e uma nova forma de livre expressão. Assenta também as bases para a formação autônoma de redes como um instrumento de organização, ação coletiva e construção de significado.

Empresários

A difusão da Internet a partir de círculos fechados de tecnólogos e pessoas organizadas em comunidades para a sociedade em geral foi levada a cabo por empresários. Só aconteceu na década de 1990, com a velocidade do raio. Como firmas comerciais foram a força propulsora de sua expansão, a Internet foi moldada em grande parte em torno desses usos comerciais. Mas como estes tiveram por base formas e processos inventados pela cultura comunitária, os hackers e as elites tecnológicas, o resultado real é que a Internet não é mais determinada pelos negócios que outros domínios da vida em nossas sociedades. Nem mais, nem menos também. De fato, mais significativo que a dominação da Internet pelos negócios por volta da virada do século é o tipo de empresa que a Internet ajudou a desenvolver. Não seria fantasioso dizer que a Internet transformou as empresas do mesmo modo, se não mais, que as empresas transformaram a Internet.

A Internet foi o meio indispensável e a força propulsora na formação da nova economia, erigida em torno de normas e processos novos de produção, administração e cálculo econômico. Analisarei em detalhe a relação entre a Internet e a nova economia no Capítulo 3. Aqui, quero focalizar a dimensão cultural dos empresários da Internet, uma vez que a cultura é a fonte do significado. Sem intenções as pessoas não agem, e sem a ação desses empresários, orientados por um conjunto específico de valores, não teria havido nenhuma nova economia, e a Internet teria se difundido num ritmo muito mais lento e com um elenco diferente de aplicações.

Se refletimos sobre a formação das companhias da Internet no Vale do Silício, o viveiro da nova indústria, várias características culturais da prática dos empresários que criaram essas firmas em torno de projetos tecnológicos e comerciais sobressaem. O ponto-chave é que eles ganharam dinheiro com ideias, numa época em que a que a falta de novas ideias levava empresas estabelecidas a perdas financeiras. Assim, a inovação empresarial, e não o capital, foi a força propulsora da economia da Internet. O mais das vezes, esses empresários não investiram o próprio dinheiro. Não arriscaram muito, talvez apenas seus sonhos, ou o dinheiro seminal que obtiveram de seus sonhos — com exceção de algumas hipotecas executadas. Quando fracassavam, podiam sempre voltar para suas garagens, para suas escolas, ou para seus empregos bem-remunerados numa empresa — e para um novo sonho. Não eram, portanto, os empresários aventureiros do relato histórico de Sombart. Não eram tampouco os inovadores tecnológicos da versão schumpeteriana da atividade empresarial. Alguns eram, alguns não. Alguns eram excelentes vendedores e não grandes engenheiros. Mas todos foram capazes de transformar sua capacidade de imaginar novos processos e novos produtos em projetos comerciais adaptados ao mundo da Internet — um mundo que não tinham imaginado, muito menos inventado.

A realização do potencial de transformar poder mental em dinheiro tornou-se a pedra angular da cultura empresarial do Vale do Silício e da indústria da Internet em geral. Ideias eram vendidas a capitalistas de risco, permitindo assim investimentos que as transformavam em negócios. E essas ideias, corporificadas como companhias (com ou sem produtos, com ou sem lucros), eram vendidas a investidores através de ofertas públicas (IPOs, de oferta pública inicial de ações) na bolsa de valores. Ao mesmo tempo em que tem consequências extraordinárias para a nova lógica econômica, esse mecanismo determina o tipo de cultura que está na fonte da inovação empresarial. É uma cultura em que a soma de dinheiro a ganhar e a velocidade em que isso ocorrerá são os valores supremos. Isso vai além da cobiça humana usual. O ganho de dinheiro torna-se parâmetro do sucesso e, o que é igualmente importante, da liberdade em relação ao mundo empresarial tradicional. Para empresários, a única maneira de se libertar do capital é ser capaz de atraí-lo por si mesmos, e fazê-lo de maneira a poder controlar uma parcela suficientemente grande da riqueza futura a vir dos investidores. É por isso que ações da bolsa são o principal mecanismo de conexão entre a liberdade individual e a atividade empresarial.

Além disso, num mundo efervescente de inovação, o único meio de aferir a concorrência e ganhar o respeito dos pares, bem como o temor do establishment corporativo, é o dinheiro. Mas o modo como o dinheiro é ganho nas empresas da Internet especifica sua cultura empresarial em relação a outras culturas de caça ao dinheiro, digamos Wall Street. Enquanto os investidores financeiros tentam ganhar dinheiro prevendo o comportamento futuro do mercado, ou simplesmente apostando nele, os empresários da Internet vendem o futuro porque acreditam poder fazê-lo. Confiam em seu know-how tecnológico para criar produtos e processos que, estão convencidos, conquistarão o mercado. Então o ponto crítico é, primeiro, convencer os mercados financeiros de que o futuro está ali e depois tentar vender a tecnologia aos usuários — de qualquer maneira — fazendo a previsão funcionar. A estratégia é mudar o mundo através da tecnologia, e depois ser recompensado com dinheiro e poder, por meio das operações do mercados financeiros. O fundamento dessa cultura empresarial é a capacidade de transformar know-how tecnológico e visão comercial em valor financeiro, depois embolsar parte desse valor para tornar a visão, de alguma maneira, realidade.

Em sua corporificação real, o empresário da Internet é uma criatura de duas cabeças. Os empresários dos tecnonegócios não poderiam alcançar nenhum de seus sonhos sem os capitalistas de risco. Estes precisam dos criadores para ter sucesso como capitalistas, de modo a poder negociar no mundo financeiro mais amplo, como guardiões das fontes da nova criação de riqueza. Muitas vezes eles se odeiam mutuamente. Mas não podem escapar de sua relação simbiótica, de tal modo que o empresário da Internet, em termos sociais, não é uma pessoa, apesar da mitologia que cerca em geral os heróis da economia da Net. É um compósito de pessoas e organizações integrado por inventores, tecnólogos e capitalistas de risco. Unem-se no processo de produção e inovação que, ao fim e ao cabo, cria companhias, ganha dinheiro e, como um subproduto, fornece tecnologia, bens e serviços. Nesse processo, a relação entre capital e inovação é internalizada. O capitalista de risco é parte importante do processo real de inovação que identificou como promissor. Alimenta a inovação, molda-a, ajusta-a à imagem do mercado. Por outro lado, os inovadores/produtores tecnológicos internalizam o capital em suas maneiras de funcionar, através de ações da bolsa, e seu plano comercial é direcionado para seu impacto na capitalização de mercado. A qualidade de produção e o projeto inovador continuam sendo cruciais nessa economia, como vou sustentar no próximo capítulo, mas a excelência da pesquisa e o orgulho da manufatura coexistem com a orientação consciente para o mercado financeiro como o juiz final do desempenho da companhia.

Essa cultura empresarial é, acima de tudo, uma cultura do dinheiro. E de dinheiro em quantidades tão assombrosas (assim reza o mito empresarial) que qualquer esforço vale a pena. Mas é também uma cultura do trabalho, trabalho compulsivo e incessante. Nesse sentido, vincula-se à ética do trabalho dos empresários industriais tradicionais. No entanto, o fato de a compensação ser externa (dinheiro) e não interna (ética puritana do autoaperfeiçoamento por meio do trabalho honesto) tem consequências consideráveis para a cultura. Poupanças pessoais são menos importantes que investimento em ações, de tal modo que ideias, trabalho e a acumulação pessoal de riqueza tendem a ser associados no mesmo movimento. É a fabricação do futuro, e não sua troca por poupanças precavidas, que fornece segurança para a vida. Nessas condições, o consumo é organizado em torno de um padrão de gratificação imediata, em vez do padrão de gratificação a posteriori da cultura empresarial burguesa. ("Estude, meu filho, continue trabalhando, meu filho, e a vida o recompensará na velhice"). Esse padrão de gratificação imediata materializa-se em bens e serviços inacessíveis à maioria dos mortais. Em vez de consumo conspícuo, observamos um padrão de consumo supérfluo; trata-se da aquisição de itens de consumo que têm pouco uso para seu dono, mas fornecem satisfação nos breves momentos de sua vida útil. Mansões, uma variedade de veículos de transporte, tão exóticos quanto possível, férias extravagantes, festas bizarras (embora raras), *spas* sofisticados e *personal trainers* de meditação. Esse consumo supérfluo vai de par com a alegria da informalidade, no trabalho e na vida, o que inclui hábitos individuais de vestimenta e penteado, ou seja, a quebra de códigos associados ao mundo corporativo tradicional. Os empresários da Internet parecem, portanto, ser ao mesmo tempo iconoclastas pessoais e adoradores do bezerro de ouro — em que veem o sinal de seu triunfo pessoal.

Esse tipo de cultura empresarial atravessa linhas étnicas, uma vez que é precisamente mais multiétnica e global que qualquer cultura empresarial na história. Muitas vezes vai de par com uma vida pessoal empobrecida, já que famílias e cônjuges são necessariamente sacrificados a esse anseio extraordinário de tecnologia, dinheiro e poder. Trata-se, predominantemente, de um mundo de pessoas solteiras, sem tempo para encontrar um companheiro compatível, apenas corpos acessíveis ocasionalmente. Em contraste com as esposas dos empresários burgueses do século XIX, a maioria das mulheres segue seu próprio caminho, sendo elas próprias empresárias, ou, quando casadas com empresários, adaptando-se às normas pelo desenvolvimento de carreiras profissionais próprias e o cultivo de um estilo de vida igualmente frenético. Parcerias pessoais são mais instrumentais que expressivas. O nível de envolvimento cívico é significativamente mais baixo que no conjunto dos Estados Unidos. A socialização com colegas de trabalho nos EUA em geral é 22% mais alta que no Vale do Silício. A principal razão alegada tanto para a baixa socialização quanto para a baixo envolvimento cívico é a falta de tempo livre, já que o trabalho consome todo o tempo e energia disponíveis (Koch e Miller, 2001). O individualismo é a regra; assim, deixados sozinhos consigo mesmos, os empresários usam sua dose extra de adrenalina para acelerar seu impulso de destruição criativa, que acaba por levar à criação destrutiva. Isto é, a uma criação de riqueza em dinheiro e tecnologia que prospera nas ruínas das vidas sociais e pessoais consumidas no processo.

A atividade empresarial, como dimensão essencial da cultura da Internet, chega com uma nova distorção histórica: cria dinheiro a partir de ideias, e mercadoria a partir de dinheiro, tornando tanto o capital quanto a produção dependentes do poder da mente. Os empresários da Internet são antes criadores que homens de negócios, mais próximos da cultura do artista que da cultura corporativa tradicional. Sua arte, no entanto, é unidimensional: eles fogem da sociedade, à medida que prosperam na tecnologia, e adoram o dinheiro, recebendo um feedback cada vez menor do mundo como ele é. Afinal, para que prestar atenção ao mundo se o estão refazendo à sua própria imagem? Os empresários da Internet são, ao mesmo tempo, artistas, profetas e ambiciosos, uma vez que escondem seu autismo social por trás de suas proezas tecnológicas. Por si mesmos, a partir de sua cultura específica, jamais poderiam ter criado um mundo baseado na interconexão e na comunicação. Mas sua contribuição foi/é indispensável à dinâmica cultural de múltiplas camadas gerada pelo mundo da Internet.

A cultura da Internet

Passo agora a especificar a articulação das quatro camadas da cultura que, juntas, produziram e moldaram a Internet. No topo do construto cultural que levou à criação da Internet está a cultura tecnomeritocrática da excelência científica e tecnológica, que advém essencialmente da *big science* e do mundo acadêmico. Essa tecnomeritocracia foi inscrita numa missão de dominação (ou contradominação) do mundo pelo poder de conhecimento, mas conservou sua autonomia e confiou numa comunidade de pares como a fonte de sua legitimidade autodefinida.

A cultura hacker especificou a meritocracia ao fortalecer os limites internos da comunidade dos tecnologicamente iniciados e torná-la independente dos poderes existentes. Só hackers podem julgar hackers. Só a capacidade de criar tecnologia (a partir de qualquer contexto) e de compartilhá-la com a comunidade são valores respeitados. Para os hackers, a liberdade é um valor fundamental, particularmente a liberdade de acesso à sua tecnologia e a de usá-la como bem entendem.

A apropriação da capacidade de interconexão por redes sociais de todos os tipos levou à formação de comunidades on-line que reinventaram a sociedade e, nesse processo, expandiram espetacularmente a interconexão de computadores, em seu alcance e em seus usos. Elas adotaram os valores tecnológicos da meritocracia, e esposaram a crença dos hackers no valor da liberdade, da comunicação horizontal e da interconexão interativa, mas usaram-na para sua vida social, em vez de praticar a tecnologia pela tecnologia.

Por fim, os empresários da Internet descobriram um novo planeta, povoado por inovações tecnológicas extraordinárias, novas formas de vida social e indivíduos autônomos, cuja capacidade tecnológica lhes dava substancial poder de barganha *vis-à-vis* regras e instituições sociais dominantes. Deram um passo adiante. Em vez de se entrincheirar nas comunidades formadas em torno da tecnologia da Internet, iriam assumir o controle do mundo usando o poder que vinha com essa tecnologia. Em nosso tipo de mundo, isso significa, essencialmente, ter dinheiro, mais dinheiro do que todos os outros. Assim, a cultura empresarial orientada para o dinheiro partiu para a conquista do mundo e, nesse processo, fez da Internet a espinha dorsal de nossas vidas.

A cultura da Internet é uma cultura feita de uma crença tecnocrática no progresso dos seres humanos através da tecnologia, levado a cabo por comunidades de hackers que prosperam na criatividade tecnológica livre e aberta, incrustada em redes virtuais que pretendem reinventar a sociedade, e materializada por empresários movidos a dinheiro nas engrenagens da nova economia.

Links de leitura

CSIKSZENTMIHALYI, Mihaly (1997) *Creativity: Flow and the psychology of Discovery and Invention.* Nova York: HarperCollins.

DIBONA, Chris; Ockman, Sam e Stone, Mark (orgs.) (1999) *Open Sources: Voices from the Open Source Revolution.* Sebastopol, CA: O'Reilly.

HAFNER, Katie e Markoff, John (1995) *Cyberpunks: Outlaws and Hackers in the Computer Frontier.* Nova York: Touchstone.

HILTZ, S.R. e Turoff, M. (1995) *Network Nation,* ed. rev. Cambridge, MA: MIT Press.

HIMANEN, Pekka (2001) *The Hacker Ethic and the Spirit of the Information Age.* Nova York: Random House.

KISELYOVA, Emma e Castells, Manuel (2000) "Russia in the Information Age", in Viciaria Bonnell e George Breslauer (orgs.), *Russia in the New Century,* p.126-57. Boulder, CO: Westview.

KOCH, James e Miller, Ross (2001) "Building community: social connections and civic involvement in Silicon Valley", Santa Clara University California, Center for Science, Technology, and Society, relatório de pesquisa.

LEVY, Steve (2001) *Hackers: Heroes of the Computer Revolution,* ed. rev. (pub. orig. 1984). Nova York: Penguin-USA.

LEWIS, Michael (2000) *The New New Thing: A Silicon Valley Story.* Nova York: W.W. Norton.

MOINEAU, Laurent e Papatheodorou, Aris (2000) "Coopération et production immatérielle dans le logiciel libre", *Multitudes,* 1, março, p.144-60.

RAYMOND, Eric (1999) *The Cathedral and the Bazaar: Musings on Linux and Open Source by an Accidental Revolutionary.* Sebastopol, CA: O'Reilly.

REID, Robert H. (1997) *Architects of the Web: 1,000 Days that Built the Future of Business.* Nova York: John Wiley.

RHEINGOLD, Howard (1993-2000) *The Virtual Community: Homesteading on the Electronic Frontier.* Cambridge, MA: MIT Press.

SAXENIAN, Anna L. (1999) *Immigrant Entrepreneurs in Silicon Valley.* São Francisco: Public Policy Institute of California.

SCHULER, Douglas (1996) *New Community Networks.* Reading, MA: Addison Wesley.

SOUTHWICK, Karen (1999) *High Noon: The Inside Story of Scott McNealy and the Rise of Sun Microsystems.* Nova York: John Wiley.

TUOMI, Ilkka (2000) "Internet, innovation, and open source: actors in the network", artigo apresentado na Primeira Conferência da Association of Internet Researchers, Lawrence, University of Kansas, setembro, p.14-7.

WAYNER, Peter (2000) *Free for All: How Linux and the Free Software Movement Undercut the High Tech Titans.* Nova York: HarperBusiness.

e-Links

www.SiliconValley.com

Website de culturas do Silicon Valley.

www.hackerethic.org
Fontes sobre a cultura hacker, com base no livro de Pekka Himanen, *The Haeker Ethic and the Spirit of the Information Age* (Nova York: Random House, 2001).

www.nettime
Rede das culturas alternativas da Internet baseada em Amsterdã.

CAPÍTULO 3

Negócios eletrônicos e a nova economia

Numa sociedade em que firmas privadas são a principal fonte de criação de riqueza não é de surpreender que, depois que a tecnologia da Internet tornou-se disponível na década de 1990, a difusão mais rápida, mais abrangente de seus usos tenha ocorrido no domínio dos negócios. A Internet está transformando a prática das empresas em sua relação com fornecedores e compradores, em sua administração, em seu processo de produção e em sua cooperação com outras firmas, em seu financiamento e na avaliação de ações em mercados financeiros. Os usos adequados da Internet tornaram-se uma fonte decisiva de produtividade e competitividade para negócios de todo tipo. A despeito de toda a publicidade exagerada que as envolve, as empresas ponto.com representam apenas uma pequena vanguarda empresarial do novo mundo econômico. E, como em todos os empreendimentos ousados, a paisagem dos negócios está atulhada de ruínas de fantasias sem fundamento. Há também, contudo, projetos de negócios semelhantes a fênix, muitos dos quais renascem de suas cinzas muitas e muitas vezes, aprendendo com seus erros a tentar de novo, numa espiral produtiva de destruição criativa. No ano de 2000, nos Estados Unidos, os negócios transacionaram cerca de 400 bilhões de dólares na web. Projeções publicadas em março de 2001 pelo Gartner Group, uma companhia de pesquisa de mercado, situaram o número para 2003 em torno de 3,7 trilhões. Além disso, o rápido crescimento do comércio eletrônico no mundo poderia significar que em 2004, segundo as projeções da International Data Corporation, o comércio eletrônico baseado nos EUA poderia representar menos de 50% do valor total transacionado na Net, em contraste com a participação de 74% que os EUA tinham em 1999 — uma indicação do crescimento mais rápido do comércio eletrônico projetado para a Europa em relação aos Estados Unidos nos primeiros anos do século XXI. O Gartner Group estimou que, mesmo se levando em conta a desaceleração da economia da Internet, as transações globais de empresa-para-empresa (B2B, de *business-to-business*) em 2003 poderiam alcançar cerca de seis trilhões de dólares. Uma projeção da Forrester Research estimou uma cifra de 6,8 trilhões de dólares para o comércio eletrônico global em 2004, dos quais 90% seriam B2B (*Business Week*, 2001, p.128).

A importância dos negócios eletrônicos, porém, vai muito além de seu valor quantitativo. Isto porque, como em 2001, cerca de 80% das transações feitas na web são B2B, o que implica uma profunda reorganização da maneira como os negócios operam. Redes internas, pelas quais empregados se comunicam entre si e com a administração, são críticas para o desempenho da firma. Toda a organização do negócio precisa adequar-se à tecnologia baseada na Internet, através da qual se relaciona com compradores e fornecedores. Além disso, à medida que empresários individuais florescem nesse tipo de economia, ligações entre consultores, subcontratadores e firmas na web tornam-se tão importantes quanto as operações da própria firma. O que está surgindo não é uma economia ponto.com, mas uma economia interconectada com um sistema nervoso eletrônico.

Isso não quer dizer que firmas sejam meramente uma anedota passageira dos primeiros momentos da Era da Informação. AOL, Yahoo!, Amazon, e-Bay, e*Trade, e-Toy e tantas outras novas empresas ousadas inventaram sem dúvida um novo modelo de negócio, utilizando as oportunidades oferecidas pela Internet e aprendendo com a prática. De fato, os mercados financeiros acreditaram em suas pretensões de estar inventando o futuro, recompensando sua audácia com um valor assombroso de capitalização em bolsa — por algum tempo. E capitalistas de risco sentiram-se atraídos por suas perspectivas, fornecendo investimento suficiente para propelir um setor econômico inteiramente novo e, com ele, uma nova economia, antes que a poeira baixasse.

Do redemoinho das empresas ponto.com resultou uma nova paisagem econômica, com as empresas eletrônicas em seu núcleo. Por empresas eletrônicas entendo qualquer atividade de negócio cujas operações-chave de administração, financiamento, inovação, produção, distribuição, vendas, relações com empregados e relações com clientes tenham lugar predominantemente pela/na Internet ou outras redes de computadores, seja qual for o tipo de conexão entre as dimensões virtuais e físicas da firma. Ao usar a Internet como um meio fundamental de comunicação e processamento de informação, a empresa adota a rede como sua forma organizacional. Essa transformação sociotécnica permeia o sistema econômico em sua totalidade, e afeta todos os processos de criação, de troca e de distribuição de valor. Assim, capital e trabalho, os componentes-chave de todos os processos de negócios, são modificados em suas características, bem como no modo como operam. Sem dúvida as leis da economia de mercado continuam a vigorar nessa economia interconectada, mas o fazem de uma maneira específica, cuja compreensão é crucial para se viver, sobreviver e prosperar nesse admirável mundo novo econômico.

Assim sendo, analisarei em ordem sequencial: a transformação da prática da firma; a relação entre a Internet e os mercados de capital; o papel do trabalho e de práticas de emprego flexíveis no modelo de empresa interconectada; e a especificidade da inovação na economia eletrônica, na fonte do crescimento da produtividade do trabalho. Esses fios analíticos serão reunidos numa caracterização sintética do significado real do que veio a ser conhecido como nova economia. Esta não é a terra da fantasia do crescimento econômico ilimitado, capaz de substituir ciclos comerciais e ser imune a crises. Se há uma nova economia, há e haverá também novas formas de ciclo comercial, e, por fim, crises econômicas moldadas pelos processos específicos que caracterizam a nova economia. Assim, na conclusão deste capítulo, vou sugerir algumas hipóteses concernentes às características do novo ciclo comercial e de crises potenciais, estimuladas por uma acentuada baixa no valor das ações de empresas de tecnologia em mercados financeiros, com base na observação do período de março de 2000 a março de 2001.

Negócios eletrônicos como um modelo organizacional: a empresa de rede

Como aconteceu com a adoção de outras tecnologias por companhias no passado, a Internet se difundiu rapidamente no mundo dos negócios durante a década de 1990 porque é o instrumento apropriado para o modelo de negócio resultante da prática das empresas mais produtivas e competitivas desde, pelo menos, a década de 1980. Com base na observação, conceituei esse modelo, alguns anos atrás, como a empresa de rede (Castells, 1996-2000). Entendo por isso a forma organizacional construída em torno de projetos de empresas que resultam da cooperação entre diferentes componentes de diferentes firmas, que se interconectam no tempo de duração de dado projeto empresarial, reconfigurando suas redes para a implementação de cada projeto. A empresa de rede evoluiu a partir da combinação de várias estratégias de interconexão. Em primeiro lugar, a descentralização interna de grandes corporações, que adotaram estruturas enxutas, horizontais de cooperação e competição, coordenadas em torno de metas estratégicas para a firma como um todo. Em segundo lugar, a cooperação entre empresas pequenas e médias, reunindo seus recursos para alcançar uma massa crítica. Em terceiro, a conexão entre essas redes de pequenas e médias empresas e os componentes diversificados das grandes corporações. E, por fim, as alianças e parcerias estratégicas entre grandes corporações e suas redes subsidiárias. Tomadas em conjunto, essas tendências transformaram a administração de negócios numa geometria variável de cooperação e competição segundo o tempo, o lugar, o processo e o produto.

A empresa de rede não é, portanto, nem uma rede de empresas nem uma organização em rede intrafirma. Trata-se de uma agência enxuta de atividade econômica, construída em torno de projetos empresariais específicos, que são levados a cabo por redes de composição e origem variada: *a rede é a empresa*. Embora a firma continue sendo a unidade de acumulação de capital, direitos de propriedade (em geral) e administração estratégica, a prática empresarial é executada por redes *ad hoc*. Essas redes têm a flexibilidade e a adaptabilidade requeridas por uma economia global sujeita a incessante inovação tecnológica e estimulada por uma demanda em rápida modificação.

Não teria sido possível manejar a complexidade dessa estrutura em rede além de certo tamanho sem redes de informação e comunicação baseadas na microeletrônica. É por isso que, desde meados da década de 1980, redes de comunicação, como intercâmbio eletrônico de dados (EDI, de *electronic data interchange*), e redes mais primitivas compostas por faxes ou ligações telefônicas, foram decisivas na reestruturação organizacional que varreu o mundo dos negócios. A necessidade de tempo escolhido*, alta capacidade, alta velocidade, comunicação interativa, através da transmissão de dados, foi atendida por redes de comunicação por computador, inclusive a Internet. Companhias on-line, bem como as mais inovadoras companhias de equipamentos para computadores e telecomunicações, cientes do potencial da Internet, foram as primeiras a lançar mão da oportunidade de se estabelecerem inteiramente com base em redes de computadores que abririam a informação e as operações da companhia tanto aos compradores quanto aos fornecedores. Montaram também redes internas para criar canais de comunicação eletrônica entre seus empregados e entre a administração e os empregados. Nesse ponto da análise, alguns exemplos da prática empresarial poderiam ajudar a exprimir a importância e a originalidade da transformação organizacional levada a cabo com a ajuda da Internet e outras redes de computadores.

A Cisco Systems é provavelmente a pioneira do modelo de empresa que caracteriza a economia da Internet. Apesar de minha relutância em destacar qualquer empresa particular, penso que uma descrição sumária do "modelo de empresa de rede" da Cisco pode fornecer uma imagem concreta da transformação que está em curso, com a maior parte dos dados referindo-se a meados de 2000, exceto os números para o declínio da Cisco em rendimentos e valor do estoque, que datam de abril de 2001.

A Cisco Systems, sediada em San Jose, no Vale do Silício, é o maior fabricante de equipamento de *backbone* para a Internet, detendo uma fatia de cerca de 85% do mercado global de roteadores, os computadores que organizam e dirigem o tráfego na Internet. Formada originalmente em 1984 como um subproduto de um caso de amor entre um cientista da computação e uma mulher que trabalhava na escola de

* Uma interação ou comunicação entre pessoas e firmas na Internet pode ser simultânea quando ambos estão on-line — em tempo real, pois os parceiros estão distantes, como acontece em programas como ICQ ou MSN Messenger — ou de acordo com o momento onde cada parte do processo de comunicação escolhe enviar a mensagem ou interagir, como acontece no e-mail. (N.R.T.)

administração de empresas da Stanford University, no pico de sua valorização, em março de 2000, atingiu um valor de capitalização em bolsa de 555 bilhões de dólares, o maior do mundo. A queda brusca das ações de empresas de tecnologia em 2000-2001 reduziu drasticamente o valor das ações da Cisco. Após ter uma média de retorno anual de 100% no período 1996-2000 (março), entre março de 2000 e abril de 2001 o valor da ação da Cisco caiu 78%. E em abril de 2001, após ver seu rendimento cair 30% em três meses, a Cisco despediu 8.500 de seus 44.000 trabalhadores, embora estes fossem em sua maioria trabalhadores temporários, e outros fizessem parte da taxa de 5% que a companhia costumava perder por ano por motivos como aposentadoria, demissão voluntária e morte. Analisarei a súbita reviravolta da sorte da Cisco na última seção deste capítulo porque ela tem de ser inserida na estrutura da crise geral da nova economia.

Os reveses que a empresa sofreu em 2001 não anulam, porém, seu desempenho extraordinário na década de 1990. Na segunda metade da década da 1990, as vendas da Cisco aumentaram entre 50% e 70% ao ano, e seus rendimentos para o ano fiscal de 2000, de 18,9 bilhões de dólares, foram mais de quatro vezes os alcançados quatro anos antes. Assim, não considere a Cisco uma carta fora do baralho (particularmente se ela conseguir atualizar sua arquitetura de software e melhorar sua tecnologia em redes ópticas). A menos que mergulhemos numa "Depressão da Internet", a Cisco parece estar posicionada para continuar sendo a companhia mais destacada no projeto e manufatura de redes da Internet — um comércio em óbvia expansão numa perspectiva global. Portanto, continua sendo relevante analisar o modelo empresarial de uma das principais companhias de tecnologia no mundo para compreender a relação entre a produção da Internet e os usos da Internet na produção.

Embora o desempenho da Cisco se devesse em grande parte a boa engenharia, assim como a senso de oportunidade (estava pronta a fornecer os "sistemas de encanamento" para a Internet no momento preciso em que esta explodiu), outras companhias, tão poderosas quanto a Lucent Technologies, também estavam no mesmo mercado. No entanto, os rendimentos por empregado da Cisco em 2000 foram três vezes os da Lucent Technologies, e sua fatia do mercado cresceu ao longo do tempo.

Há um consenso geral nos círculos dos negócios que grande parte da produtividade e competitividade alcançadas pela Cisco deriva de seu modelo empresarial. A Cisco é organizada em torno de uma rede aberta tanto para fornecedores quanto para compradores: a Cisco's Connection Online (CCO) teve em 2000 cerca de 150.000 usuários registrados e foi acessada mensalmente 1,5 milhão de vezes. Ao entrar no sistema através do webside da Cisco, os compradores especificam suas necessidades e são ajudados por agentes que estipulam preços e configurações, permitindo a milhares de representantes autorizados de compradores e parceiros definir e fixar on-line o preço de produtos Cisco. Quando o processo interativo entre compradores e fornecedores leva a um acordo, os fornecedores da Cisco fabricam a maior parte dos produtos e os despacham diretamente para o comprador. O atendimento ao comprador e a ajuda técnica são em grande parte automatizados, estando a maior parte da informação técnica disponível on-line. A Cisco fornece também consulta e treinamento gratuitos sobre a instalação, a manutenção e o reparo de redes de comunicação por computador. Usando esse sistema na primeira metade do ano 2000, a Cisco vendeu 40 milhões de dólares por dia on-line, o que correspondeu a 90% de suas encomendas. Dessas encomendas, cerca de 60% são inteiramente automatizadas, não exigindo nenhuma ação do pessoal da Cisco. Cerca de 80% dos pedidos de serviços feitos por compradores também são operados na web.

Além disso, a Cisco também organiza sua produção on-line, um ambiente de fabricação em rede montado na forma de uma extranet, Manufacturing Connection Online (MCO), inaugurado em junho de 1999 e acessado por fornecedores, empregados da empresa e parceiros logísticos. Sendo uma das companhias industriais mais ricas do mundo, ela fabrica muito pouco por si mesma, tendo terceirizado mais de 90% de sua produção para uma rede de fornecedores autorizados. Mas a Cisco controla rigorosamente sua rede de fornecimento, integrando fornecedores-chave a seus sistemas de produção, automatizando o roteamento de transferência de dados através de EDIs, automatizando a coleta de informação sobre dados de produto a partir dos fornecedores e descentralizando os procedimentos de testagem no ponto da produção, sob padrões e métodos rigorosamente controlados por engenheiros da Cisco. Assim, a Cisco é realmente um fabricante, mas baseado numa fábrica virtual, global, pela qual tem a responsabilidade final em termos de pesquisa e desenvolvimento, engenharia de protótipo, controle de qualidade e marca. A Cisco automatizou também seu sistema de estoque, com um sistema dinâmico de informação que evitou grandes problemas de abastecimentos em várias ocasiões. Além disso, a Cisco Employee Connection é uma intranet que permite comunicação instantânea com milhares de empregados, através do prédio da companhia ou através do globo. Da engenharia cooperativa ao marketing e ao treinamento, a informação flui diretamente em tempo escolhido pela rede, segundo as necessidades de cada departamento e empregado. Os processos de contabilidade são simplificados e conduzidos por uma intranet, o que permite à companhia, por exemplo, fechar seus livros contábeis ao fim de um quadrimestre em dois dias.

A pedra angular desse modelo de empresa de rede é o feedback em tempo real entre compradores e produção. John Chambers, diretor executivo e inovador da Cisco, era, fundamentalmente um vendedor, e isso transparece. Ao registrar e personalizar pedidos de compradores via Internet, e transmiti-los à cadeia de produção em tempo real, a Cisco é capaz de corrigir grandes falhas de produção em tempo recorde e com precisão.

Finalmente, a estrutura de rede também permite à Cisco desenvolver um modelo eficiente de inovação tecnológica, a fonte primordial da competitividade. Como muitas outras companhias do Vale do Silício, a Cisco investe pesadamente em pesquisa e desenvolvimento, cerca de 13% de seus rendimentos em 1999-2000. Mas sua principal estratégia para conservar sua posição de vanguarda foi uma política ativa de aquisições, com a compra de companhias com tecnologia e talento nas áreas que lhes eram necessárias e que não tinha. Usando seu valioso estoque no momento em que estava altamente valorizado, a Cisco comprou 70 companhias entre 1993 e 2000. Assim, em agosto de 1999, pagou 6,9 bilhões de dólares pela Cerent, uma nova e promissora companhia da Califórnia com vendas anuais de apenas dez milhões de dólares, mas detentora de tecnologia crítica em redes ópticas. Essa e muitas outras aquisições, contudo, poderiam ter sido uma iniciativa esbanjadora se, no processo de integração entre a Cisco e essas companhias, a química da inovação tivesse sido interrompida. É aqui que o modelo em rede permite à Cisco deixar que as companhias adquiridas continuem fazendo o que vinham fazendo antes de serem compradas, e ainda assim vincular seus esforços, pesquisa e estratégias empresariais ao plano empresarial global da Cisco. Internalizando recursos de uma maneira flexível, a Cisco se constitui como o nó e a marca de uma vasta rede de empresas de rede que projeta nos mercados financeiros a imagem de seu desempenho.

Não resta dúvida de que a Cisco é um competidor implacável, e embora a satisfação dos empregados pareça ser elevada (como o indica uma baixa rotatividade de pessoal), nem tudo é cor-de-rosa na prática empresarial da companhia. Se você conversar com os faxineiros latinos que mantêm em ordem suas salas (naturalmente empregados através de subcontratadores), eles dirão que não acham grande coisa ganhar oito dólares por hora e morar em bairros miseráveis em meio à afluência do Vale do Silício. Apesar disso, a aventura sintetizada pelo modelo empresarial da Cisco durante a década da 1990 inovou no tocante às condições de criação de riqueza em nosso mundo reunindo a interconexão em redes e a Internet num círculo intenso de inovação distribuída e feedbacks positivos entre administração, produtores e consumidores.

A Cisco não é um caso especial. Trata-se antes de um entre vários criadores de tendências. De fato, alguns analistas consideram que o verdadeiro pioneiro do modelo da empresa de rede on-line é a líder mundial na fabricação de laptops, a Dell. A Dell também trabalha com base num website de excelente projeto, atualizado em tempo real, que compradores usam para projetar eles próprios o computador que desejam, valendo-se de uma variedade de opções. Em 2000, 90% das encomendas da Dell foram processadas on-line. Como a Cisco, a Dell também terceiriza a maior parte de sua produção numa rede global de fabricantes conectados pela Internet.

O modelo da empresa de rede está se tornando rapidamente a forma predominante de organização na indústria eletrônica, com a Nokia, a Hewlett Packard, a IBM, a Sun Microsystems e a Oracle despontando entre as firmas que foram mais longe em sua reorganização em torno da Internet, tanto em produto quanto em processo.

A Nokia, em particular, reestruturou-se como empresa de rede na década de 1990, montando uma rede em camadas de centenas de fabricantes na Finlândia e no mundo todo, com quem se mantém em estreita interação funcional, desenvolvendo produtos conjuntamente e aperfeiçoando o processo de produção. Tem também estreitas parcerias com companhias de vulto, inclusive seus concorrentes diretos, em pesquisa e desenvolvimento e na elaboração de novas tecnologias, como a promissora tecnologia de comunicação de curto alcance "Blue tooth", e o protocolo de comunicação IPv6, desenvolvido pela Internet Engineering Task Force (Ali-Yrkko, 2001).

Em 2000, a companhia se lançou no que seus líderes, Jorma Ollila e Pekka Ala-Pietila, definem como um processo de transformação da Nokia numa empresa eletrônica global movida por um processo de capacitação no âmbito de toda a companhia, para passar de um "cadeia estática de valor a uma rede de valor". Nas palavras deles: "Não estamos criando simplesmente uma organização eletrônica nos moldes das antigas, estamos reinventando e nos reciclando, preparando-nos para uma maneira totalmente nova." Esperava-se que esse processo, em andamento em 2000-2001, alcançasse em 2003 um nível tal de penetração de toda rede Nokia que "substancialmente todos os rendimentos da companhia seriam gerados por modo eletrônico" (Nokia/Insight, 2001, p.4). Usando um modelo de interconexão por computadores, a Nokia, uma companhia que estava à beira da extinção em 1991, tornou-se a líder em comunicações móveis e, em 2001, aumentou sua fatia do mercado global de aparelhos de telefone móvel para 35%, muito à frente da Motorola (14%) e da Ericsson (9%). Em 2000 os rendimentos da Nokia foram superiores a 30 bilhões de euros (um aumento de 54% desde 1999), e seus lucros operacionais foram de quase 6 bilhões de euros (um aumento de 48% desde 2000). No primeiro quarto de 2001, apesar do declínio geral da tecnologia, as vendas da Nokia aumentaram em 22% em relação ao mesmo período em 2000, e seus lucros cresceram em 9,4%. Podemos esperar ver os concorrentes da Nokia envolverem-se com estratégias similares de interconexão eletrônica nos próximos anos.

O modelo de empresa de rede, propelido pela Internet, não se restringe à indústria tecnológica. Está se expandindo rapidamente em todos os setores de atividade. Eu poderia mencionar formas semelhantes de administração, produção e distribuição descrevendo a Valeo, um fabricante francês de componentes de automóveis, que atende 50% de suas encomendas on-line; ou a Webcor, uma construtora de San Mateo, na Califórnia, que se tornou líder na indústria da construção exibindo em seu website todas as informações relevantes para cada projeto, permitindo assim a arquitetos, operários, fornecedores e compradores interagir e se ajustar ao longo do processo de construção; ou ainda a Weyerhauser, um fabricante de portas metálicas de Wisconsin, que automatizou toda a sua empresa numa rede interativa, diminuindo os custos de entrega e distribuição, reduzindo erros e duplicando seus lucros; ou o esquema de colaboração entre a General Motors, a Ford Motor Company e a Daimler Chrysler para montar em conjunto um centro de trocas on-line para fornecedores de componentes, no que poderá vir a ser o maior dos negócios eletrônicos, com rendimentos projetados de 6,9 bilhões de dólares em 2002; ou a John Deere, a companhia multinacional de máquinas agrícolas, que também está montando conexões em rede com seus fornecedores e compradores, ou Merita Nordbanken, um conglomerado bancário finlandês-sueco, que administrou o maior sistema bancário on-line em 2000, com 1,2 milhão de clientes, que podem fazer operações bancárias de seus telefones móveis e pagar eletronicamente com cartões inteligentes e telefones, virtualizando inteiramente o dinheiro. Ou a AAB, a maior companhia de engenharia do mundo, que no início de 2001 se reorganizou completamente para montar, com base na Internet, um modelo de "comércio colaborador" entre fornecedores, fabricantes e compradores, no que seu diretor executivo chamou de um sistema de produção "extremamente flexível de adaptação às necessidades do comprador".

A ilustração mais impressionante da emergência do modelo da empresa de rede em todo o espectro das empresas vem, no entanto, de um dos setores de atividades mais tradicionais: o vestuário. A Zara é uma companhia familiar espanhola, sediada em La Coruña (Galícia), que desenha, produz e vende, em sua cadeia autorizada de lojas, roupas prêt-à porter a preços módicos. Em poucos anos, no final da década de 1990, a Zara saiu do nada para competir com outras grandes cadeias de lojas de roupas, como a Gap: no final de 2000, a Zara tinha centenas de lojas em 34 países, inclusive várias em Nova York, Londres e Paris e estava avançando para vender on-line nos Estados Unidos. A matriz alcançara um valor de capitalização em bolsa de dois bilhões de dólares. A quantia não impressiona no Vale do Silício, mas é certamente respeitável na indústria varejista de roupas. O segredo de seu sucesso, afora bons figurinos na notável tradição da moda galega, reside em sua estrutura em rede computadorizada. Nos pontos de venda, os vendedores registram todas as transações num aparelho manual programado com um modelo de criação de perfis. Os dados são processados diariamente pelo gerente da loja e enviados ao centro de criação em La Coruña, onde 200 estilistas trabalham com as respostas do mercado e redesenham seus produtos em tempo real. Os novos modelos são transmitidos a máquinas de cortar a laser computadorizadas na principal fábrica na Galícia, depois o tecido é montado segundo os modelos em fábricas próximas. Usando esse sistema em rede, a Zara produz 12.000 modelos por ano, e reabastece suas lojas pelo mundo todo duas vezes por semana. A flexibilidade desse sistema de produção baseado em rede permite à companhia levar um novo modelo à loja, a partir do desenho, em duas semanas. Na década de 1980, o pioneiro do modelo em rede na indústria do vestuário, a Benetton, tinha um ciclo de desenho/produção/distribuição de seis meses. Foi superada pela Gap quando a firma americana reduziu o ciclo para dois meses. Agora, a Zara o faz em duas semanas: é a rapidez da Internet.

As companhias puramente on-line, como os portais, provedores de conteúdo de Internet em geral ou as firmas exclusivamente de comércio eletrônico, valem-se ainda mais, previsivelmente, da possibilidade de organizar a administração, a produção e a distribuição na Internet (Vlamis e Smith, 2001). Na verdade, há uma mudança na cadeia de valor da indústria do comércio eletrônico para os sistemas de distribuição de informação em detrimento do valor da própria informação. Mas seria equivocado confinar seus negócios puramente ao domínio virtual. A Amazon, o vendedor on-line, primeiro de livros e discos, depois de uma crescente gama de bens e serviços, está também no centro de um grande sistema de armazenamento e transporte, a maior parte dele terceirizada para outras companhias, como a UPS. Além disso, um novo setor está se desenvolvendo, o das companhias chamadas *click and mortar**, firmas tradicionais que passam a atender on-line para assegurar uma relação direta com seus clientes, tanto para receber encomendas quanto para melhorar os serviços prestados. Exemplos são a decoratetoday.com, uma extensão da americana Blind and Wallpaper; ou performancebike.com, a subsidiária da Performance Technologies, um grande fornecedor americano de peças para bicicleta; ou o centro varejista de vendas na Internet, montado em conjunto pela Sears Roebuck e o Carrefour, para transacionar 80 bilhões de dólares por ano em mercadorias. Mercados eletrônicos, de fato shopping centers virtuais, estão crescendo com tal velocidade que, segundo uma pesquisa conduzida por Forrester Research em 2000, dois terços de todos os compradores e vendedores on-line estavam planejando usar mercados eletrônicos, isto é, centros de vendas eletrônicos especializados até 2002. Outro levantamento da Forrester Research no início de 2001 relatou que 35% de mil grandes companhias norte-americanas estavam vendendo produtos on-line, seja a consumidores ou a outras empresas, e outras 46% estavam planejando fazer o mesmo.

A essência do negócio eletrônico está na conexão em rede, interativa, baseada na Internet, entre produtores, consumidores e prestadores de serviços. Aqui, mais uma vez, a rede é a mensagem. É a capacidade de interagir, recuperar e distribuir globalmente, de maneira personalizada, que está na fonte da redução de custo, da qualidade, eficiência e satisfação do comprador — a menos que a administração da complexidade derrube o sistema, como tantas vezes acontece, indignando os consumidores que compreendem que, provavelmente, são as cobaias desse novo modelo de empresa.

Entretanto, se a empresa de rede precedeu a difusão da Internet, qual é a contribuição específica desse meio tecnológico para o novo modelo de negócios? A

* Por oposição a *brick and mortar* — tijolo e argamassa, isto é, armazéns tradicionais. (N.R.T.).

resposta é: *ele permite escalabilidade, interatividade, administração da flexibilidade, uso de marca e customização num mundo empresarial em rede.*

Escalabilidade: a rede pode incluir tantos ou tão poucos componentes, local ou globalmente, quantos sejam exigidos para cada operação e cada transação. Para a rede, ser local ou global não representa um obstáculo técnico, e ela pode desenvolver-se, expandir-se ou reduzir-se segundo a geometria variável da estratégia empresarial, sem maiores custos com capacidade de produção ociosa, já que o sistema de produção pode ser reprogramado ou redirecionado com um procedimento simples.

Interatividade, em tempo real ou escolhido, com fornecedores, compradores, subcontratadores e empregados, num sistema multidirecional que contorna os canais verticais de comunicação sem perder a pista da transação. O resultado é informação de melhor qualidade e melhor ajustamento entre parceiros no processo empresarial.

Administração da flexibilidade: permite manter o controle do projeto empresarial ao mesmo tempo em que se amplia seu alcance e se diversifica sua composição segundo as necessidades de cada projeto. Essa possibilidade de combinar direção estratégica com interação múltipla e descentralizada com os parceiros é decisiva para a consecução das metas estabelecidas pela firma para si mesma. A Internet fornece a tecnologia necessária para a integração de outras firmas numa economia em que a administração bem-sucedida de aquisições e fusões determina a vida ou a morte dos conglomerados resultantes dessas fusões estratégicas.

A marca é essencial como um sinal reconhecido de valor num mundo empresarial em que os compradores têm múltiplas escolhas, e em que os investidores precisam de um símbolo de capacidade reconhecida de criação de valor. Mas como usar uma marca na prática de uma economia em que cada projeto empresarial é resultado de um esforço amplo, multilateral? A firma nominalmente encarregada por cada projeto obtém sucesso ou fracasso, e acumula valor simbólico em sua marca. Mas para ser capaz de usá-la sem maior risco de perder a reputação, a firma precisa assegurar que o controle de qualidade seja efetuado ao longo de toda a cadeia de valor. Assim, "Intel inside" foi uma estratégia de marketing genial para obter reconhecimento do produto e qualidade da marca. Foi fácil realizar isso num mercado oligopolista, como o representado por PCs baseados em Intel. Mas num mundo de produção complexa e redes de distribuição, o uso da marca pode ser exercido principalmente com base no controle da inovação e no controle rigoroso do resultado final do produto. Sistemas de informação baseados na Internet permitem feedback positivo de todos os componentes da rede no tocante aos processos de produção e vendas, bem como detecção e correção de erro, sob a responsabilidade do coordenador de toda a sequência, o proprietário da marca.

Customização: esta é a chave para a nova forma de condução de negócios. A mudança cultural e a diversidade da demanda global tornam cada vez mais difícil lançar mão da produção em massa padronizada para satisfazer o mercado. Por um lado, economias de escala ainda são importantes, estimulando a necessidade de produção em grande volume como forma de baixar custos marginais por unidade. Pode-se alcançar a mistura certa entre volume e produção customizada operando uma rede de produção de grande escala, mas adaptando o produto final (seja bem ou serviço) ao consumidor individual. Consegue-se isso mediante interação on-line iterativa, personalizada. Também pode ser útil uma criação de perfis incorporada ao modelo das transações on-line, que permita à empresa ter em mira preferências específicas dos consumidores. Como analisarei no Capítulo 6, essa criação de perfis suscita importantes questões sobre privacidade e direitos do consumidor. Mas é um método eficiente para estabelecer metas em publicidade e vendas, montando um banco de dados para a constante adaptação da produção à demanda do mercado. Se a adaptação aos requisitos do comprador é a chave para a competitividade na nova economia global, a Internet é a ferramenta essencial para assegurá-la num contexto de produção e distribuição em grande volume.

Assim, o que a Internet acrescenta ao modelo de negócio da empresa de rede é uma capacidade de se desenvolver organicamente com inovação, sistemas de produção e demanda de mercado, mantendo ao mesmo tempo a atenção focada na meta suprema de qualquer negócio: ganhar dinheiro. O problema, no entanto, é que a maneira de ganhar dinheiro não é tão direta quanto costumava ser na era industrial. Isso porque as redes de computador transformaram também os mercados financeiros, o lugar em que o valor de todos os negócios é estipulado em última instância.

Capital eletrônico e avaliação de mercado na Era da Internet

A transformação dos mercados de capitais está na fonte do desenvolvimento das firmas da Internet, e, aliás, de toda a nova economia. Sem o financiamento de novas empresas inovadoras por firmas de capital de risco não teria havido nenhum crescimento econômico capitaneado pela Internet. E capitalistas de risco foram capazes de se entregar a uma orgia de financiamentos de risco, apesar da elevada taxa de mortalidade de suas iniciativas (cerca de um terço dos projetos nos EUA), por causa das elevadas compensações proporcionadas por uma avaliação sem precedentes de capitalização em bolsa assegurada pelos mercados financeiros a esses projetos empresariais inovadores. A brusca desvalorização das ações de empresas de tecnologia, que teve início em 10 de março de 2000, não pôde anular a extraordinária valorização das firmas de tecnologia, inclusive as companhias ponto.com que sobreviveram ao longo da última década. Apesar das liquidações, pelo mundo todo, de muitas novas empresas de Internet que eram frágeis demais em seus planos de negócios para sobreviverem à mudança de humor do mercado, o montante de capital atraído pelos altos rendimentos no setor da tecnologia, durante a década de 1990 e depois, foi o combustível da nova economia. Numa perspectiva de cinco anos, entre 1996 e o início de 2001, em meio a um mercado financeiro volátil, e mesmo depois de ingressar em território baixista em 2000-1, todas as grandes firmas de tecnologia, bem como um número considerável de novas empresas de Internet, tiveram seu valor de mercado substancialmente elevado. De fato, após seu declínio espetacular em 2000-1, o índice Nasdaq situava-se, em fevereiro de 2001, mais de três vezes acima de seu nível em 1996. É possível que ele caia mais, por razões que analisarei abaixo, mas o longo período de crescimento elevado na década de 1990 já transformou a economia dos EUA e o núcleo da economia global.

Vou sustentar que esse crescimento, em sua maior parte, não foi especulativo ou excessivo, e que a avaliação elevada das ações de empresas de tecnologia não foi uma bolha financeira, apesar da óbvia supervalorização de muitas firmas individuais. Mas rejeito também a ideia de que estamos numa economia que desafia as leis da gravidade. O registro histórico e a teoria econômica mostram que valores que sobem acabam por cair, como caíram em 2000-1 — e podem voltar a subir. As questões — as verdadeiras questões — são quando, quanto e por quê. Para responder a elas precisamos considerar a transformação dos mercados financeiros na última década, em decorrência da desregulação, da liberação, da tecnologia e da reestruturação das empresas.

O que estamos testemunhando é o desenvolvimento gradual de um mercado financeiro global, independente, operado por redes de computadores, com um novo conjunto de regras para o investimento de capital e a avaliação de ações e de títulos em geral. À medida que a tecnologia da informação se torna mais poderosa e flexível, e à medida que as regulações nacionais são atropeladas por fluxos de capital e comércio eletrônico, os mercados financeiros vão se tornando integrados, acabando por operar como uma unidade em tempo real por todo o globo. Assim, a capacidade de interconexão por computador de sistemas de comércio está transformando os mercados financeiros, e as novas regras destes estão fornecendo o capital necessário para o financiamento da economia da Internet. Sigamos, passo a passo, essa argumentação fundamental, embora complexa.

Primeiro descreverei o mecanismo pelo qual os mercados financeiros financiam a inovação nos negócios eletrônicos. Uma típica sequência do Vale do Silício no final de 1990 teve início com um ousado plano empresarial, e algum conhecimento de como a tecnologia da Internet poderia contribuir para ele, embora o foco estivesse mais na inovação empresarial do que na inovação tecnológica. Afinal, a maior parte das tecnologias naquela época era de fonte aberta ou "disponível no balcão": o problema real era saber o que fazer com ela, e para isso o item essencial era talento. Talento pode ser adquirido com dinheiro, muito dinheiro — ou, como é mais frequente, com a promessa dele. O plano empresarial é então vendido a uma firma de capital de risco. Os capitalistas de risco no Vale do Silício podem ser encontrados na porta ao lado. De fato, um terço de todo o capital de risco nos Estados Unidos está investido na área da Baía de São Francisco. Na maioria dos casos, essas não são firmas puramente financeiras. Muitas vezes nasceram a partir da indústria de alta tecnologia. Por vezes empresários ricos do setor high-tech (anjos) investem individualmente em projetos de negócios promissores. Na maioria dos casos, investidores com conhecimento da indústria criam uma firma de capital de risco e se unem a firmas de investimento de fora ansiosas por entrar num mercado promissor. As firmas de capital de risco trabalham em estreita associação com suas novas empresas, orientando seus projetos empresariais, promovendo sua atividade enquanto são consideradas um investimento promissor.

Muitos projetos, no entanto, fracassam. Não chegam ao estágio operacional, ou são malsucedidas no mercado. Mas o lucro dos empreendimentos bem-sucedidos é tamanho que os capitalistas de risco têm rendimentos muito compensadores, muito acima do fornecido por investimentos financeiros alternativos (Gupta, 2000; Zook, 2001). É exatamente por isso que continuam nessa atividade, embora endureçam seus controles quando o mercado baixa. Porque, em última análise, o sucesso de um projeto depende do julgamento do mercado financeiro. Com o dinheiro germinal obtido de capitalistas de risco, os empresários criam uma firma, contratam talento, e pagam-no sobretudo com ações da bolsa; isto é, com rendimento futuro (ou a expectativa dele), e trabalham o suficiente para poder ir ao mercado com uma primeira oferta pública. O modo como essa oferta funciona — isto é, como os investidores julgam o projeto no mercado financeiro — determina a vida ou a morte do projeto. Se ele for suficientemente bem-sucedido, a firma usa o valor da capitalização em bolsa para obter mais capital e entra então em negócio sério: não esperando obter lucros cedo, mas esperando gerar expectativas suficientes de modo a se tornar uma companhia viável, ou, no processo, ser adquirida por uma companhia mais rica, que geralmente paga com suas ações. Mas, em vez de se tornarem verdadeiros bilionários, os empresários que vendem seu negócio tornam-se ricos no papel, parceiros de um sonho maior, com maiores oportunidades de impressionar o mercado financeiro a longo prazo. Em princípio, o mercado reagirá basicamente segundo as regras fundamentais na economia; isto é, a capacidade da companhia de gerar rendimentos e ganhar lucros. Mas o momento em que esse julgamento se dá é extremamente variável. Expectativas de grandes retornos podem esticar a paciência dos investidores, dando à inovação oportunidades para gerar resultados.

Esse modelo de crescimento elevado combina inovação tecnológica, criatividade empresarial e financiamento pelo mercado com base em expectativas. Não se limita a novas empresas de Internet ou a companhias puramente on-line, como AOL, Yahoo!, e-Bar e Amazon. Está subjacente também ao sucesso de novas companhias de tecnologia de vulto (Intel, Cisco, Sun Microsystems, Dell, Oracle, EMC, e até Hewlett Packard e Microsoft em seus tempos pioneiros). O destino de companhias tradicionais que se reinventam na nova economia (como Nokia ou IBM) depende também de sua capacidade de atrair investidores no mercado financeiro com base em sua avaliação. E essa avaliação é uma função de inovação tecnológica, inovação empresarial e criação de imagem no mundo financeiro. Por exemplo, a bem-sucedida expansão global da Nokia fundou-se na inovação tecnológica (telefone celular em gerações sequenciais, com uma variedade de aplicações, inclusive acesso móvel à Internet e nova tecnologia em infraestrutura de redes), um modelo de administração eficiente (integração no núcleo, interconexão na periferia, estrutura corporativa plana), e alto desempenho nos mercados de valores (até que o valor de suas ações seguiu a derrocada geral das ações de empresas tecnológicas) (Ali-Yrkko et al., 2000). O novo mercado financeiro é a chave da nova economia. Passo a caracterizar seus traços principais.

Em primeiro lugar, há um processo de crescente globalização e interdependência entre mercados financeiros. Embora as regulações nacionais ainda importem (de fato, diferenças em ambientes regulatórios propiciam oportunidade para especulação), a capacidade do capital de fluir para títulos e moedas e abandoná-los através dos mercados, bem como a natureza híbrida dos derivados financeiros, muitas vezes compostos de títulos de diversas origens, estão entrelaçando os mercados num ritmo acelerado. Essa interdependência financeira é tecnologicamente viabilizada por uma rede de redes de computadores que assegura a capacidade de transacionar e decidir globalmente em tempo real. Estritamente falando, essas redes não são a Internet porque não se baseiam em protocolos da Internet. A integração global dos mercados financeiros está tornando sua regulação por organismos nacionais, e até internacionais, cada vez mais difícil. Com os mercados de moeda transacionando em média em 2000 bem mais de dois trilhões de dólares ao dia, é fácil compreender por que a intervenção conjunta dos bancos centrais da União Europeia, dos Estados Unidos e do Japão em apoio ao euro em setembro de 2000 não pôde reverter seu declínio até que os mercados decidiram de outra forma. Disto se segue que movimentos financeiros que têm origem em qualquer mercado, em qualquer parte do mundo, têm o potencial de se difundir por outros mercados, a despeito de diferenças entre economias nacionais e mercados de valores. Esse efeito de contágio caracterizou a crise nos mercados financeiros emergentes em 1997-9, quando as crises asiática, russa e brasileira se alimentaram mutuamente apesar da dessemelhança das economias nessas três áreas do mundo. Apesar de alguns temores, essas crises não se propagaram pelos mercados dos EUA e da Europa ocidental pela simples razão de que, apesar de tudo que se dizia dos mercados emergentes, eles correspondiam apenas, na época, a 7% do valor financeiro global, e sua integração com mercados de capital centrais ainda era limitada. À medida que mercados emergentes ganham importância, e à medida que redes eletrônicas os ligam mais estreitamente a mercados financeiros globais, a extensão e a velocidade da difusão de movimentos financeiros tendem a crescer, o que resulta em maior interdependência de mercados e em multiplicação das fontes de volatilidade.

Em segundo lugar, a transação eletrônica está transformando os mercados financeiros. As redes eletrônicas de comunicação (ECNs, de *electronic communications networks*) cresceram com base em transações da Nasdaq. Criada em 1971 e fundida à bolsa de valores norte-americana em 1998, a Nasdaq é, como a bolsa de valores de Nova York, uma associação sem fins lucrativos que organiza as transações de ações. Mas ela não tem uma sede; é um mercado eletrônico, baseado em redes de computadores. A Nasdaq foi essencial para o desenvolvimento da nova economia, uma vez que foi nela que companhias inovadoras fizeram suas ofertas públicas, beneficiando-se de sua maior flexibilidade. As ECNs, montadas por firmas corretoras, como a Instinet (uma subsidiária, baseada nos EUA, do Reuters Group, companhia pública limitada britânica) proporciona a investidores individuais a possibilidade de obter informação e investir on-line. Companhias corretoras como Charles Schwabb e e*Trade aumentaram substancialmente sua fatia de mercado montando uma rede de contas individuais baseada na Internet. Firmas corretoras e financeiras tradicionais, como a Merrill Lynch, após jurar que resistiriam à tendência, acabaram por abrir suas próprias redes eletrônicas de investimento, uma vez que a ação e o dinheiro estavam rumando claramente para o acesso à informação e à transação baseado na Internet.

Investidores individuais que compravam e vendiam no mesmo dia, usando seus próprios instrumentos de informação e comunicação, povoaram o palco financeiro norte-americano no final da década de 1990, fazendo depois algumas incursões pela Europa, antes de serem abalados e finalmente dizimados pela crescente volatilidade do mercado — para a qual haviam contribuído. As ECNs tiveram um crescimento mais lento na Europa em razão da fragmentação nacional e regulações mais estritas. Ainda assim, com a chegada do euro, a mudança tecnológica e a desregulação, a transação eletrônica expandiu-se na segunda metade da década de 1990. A Easdaq, a Tradepoint e a Jiway, entre outras, tornaram-se importantes sistemas de transação em mercados europeus. Em março de 2000, foi criada em Londres a e-Crossnet, um sistema de emparelhamento de vendedores e compradores de ações financiado por firmas globais de administração de fundos.

Os próprios mercados de câmbio estão se tornando eletrônicos. No mercado de futuros, a bolsa eletrônica germano-suíça, Eurex, superou o Chicago Board of Trade em 1999 como maior mercado de futuros do mundo. Depois, em 2001, o Chicago Board of Trade finalmente se atualizou e entrou em aliança com a Eurex. MATIF e LIFFE, as bolsas de futuros francesa e britânica, adotaram também um sistema eletrônico em 1998-2000. Em Nova York, Cantor Fitzgerald Broker, o maior corretor de títulos do mundo, inaugurou uma bolsa eletrônica em 1998 para transacionar contratos futuros com títulos do tesouro. A ameaça da transação eletrônica levou a projetos de fusão entre bolsas de valores europeias. Em 2000, a bolsas de valores de Londres e Frankfurt pactuaram uma fusão temporária, com um mercado baseado em Londres para valores estabelecidos, e outro em Frankfurt, numa parceria com a Nasdaq, para valores futuros. O acordo fracassou, em grande parte em decorrência da tentativa da bolsa sueca OM de assumir o controle da bolsa de valores de Londres, mas o agouro está claro para os mercados financeiros. As bolsas de valores francesas, holandesa e belga decidiram se unir na forma da Euronext, e espera-se que as bolsas de valores espanhola e italiana gravitem para um dos dois ou três megaprojetos que estão se formando na Europa. Num movimento significativo, na projetada parceria entre a Nasdaq e as bolsas de valores de Londres e Frankfurt, o esquema incluiu a bolsa de valores de Tóquio, com base num sistema eletrônico de transação, o que armaria o cenário para o desenvolvimento de uma Nasdaq global. A bolsa de valores de Nova York também está planejando um sistema misto de transação eletrônica e de pregão. Além disso, sob pressão competitiva, a Nasdaq e as bolsas de valores de Nova York, Londres, Estocolmo e outras estão passando para um status de coacionistas, acrescentando flexibilidade, aumentando sua competitividade e minimizando regulações. Em geral, a tendência aponta um papel essencial para a transação eletrônica como núcleo do mercado financeiro e para a consolidação das bolsas de valores em todo o mundo num pequeno número de nós capazes de atrair investidores em razão de sua massa crítica e flexibilidade de transação. Isso significará maior interdependência dos mercados financeiros globais e maior volume de transações, com maior velocidade.

Por que a tecnologia das transações é importante? Ela reduz o custo das transações pelo menos em 50%, atraindo assim mais investidores e gerando mais transações. Abre oportunidade para investimentos on-line, com quatro consequências. Em primeiro lugar, aumenta o volume do mercado para valores sem precedentes porque o mercado se torna capaz de mobilizar poupanças de qualquer lugar para investir em qualquer lugar, ao mesmo tempo em que acelera a rotatividade do investimento. Por exemplo, a US Depository of Trust and Clearance Corporation (DTCC), principal carteira de compensação de ações e títulos dos EUA, processou títulos no valor de 70 trilhões de dólares em 1999, ao passo que no primeiro semestre de 2000 o volume de transações cresceu 66% em relação a igual período de 1999 (representando, em bases anualizadas de volume de transação, mais de dez vezes o valor do PIB dos EUA na época). Em segundo lugar, a informação on-line torna-se um fator crítico nas decisões dos investidores. Em terceiro, há maior possibilidade de ausência de intermediação, à medida que investidores individuais e corretores on-line contornam corretores tradicionais e firmas de investimentos. Finalmente, os investidores reagem instantaneamente a mudanças das tendências de mercado, uma vez que devem ficar alertas aos movimentos de um mercado complexo que se move em alta velocidade, e estão equipados com a capacidade tecnológica para tomar decisões financeiras em tempo real.

Portanto, a transação eletrônica aumenta o número de investidores, com estratégias extremamente diversificadas, operando através de uma rede descentralizada de fontes de investimento num mercado interdependente, global, que opera em alta velocidade. O resultado geral leva um aumento exponencial da volatilidade do mercado — pois complexidade, tamanho e velocidade induzem um padrão de comportamento de reação rápida entre investidores que fazem uso da Internet, gerando uma dinâmica caótica e tentativas de adivinhar o mercado em tempo real. Assim, as transformações tanto das finanças quanto da tecnologia de transação convergem para a volatilidade do mercado como uma tendência sistêmica.

É nesse novo contexto financeiro/tecnológico que o mercado avalia firmas e, aliás, qualquer outro objeto, uma vez que o novo cálculo financeiro, equipado com modelos computacionais potentes, conduziu a um processo de securitização de quase tudo: de países inteiros (a doutrina do "teto soberano" da avaliação financeira) a títulos emitidos por igrejas, programas ambientais, instituições culturais e educacionais, governos locais e regionais, ou derivados financeiros (papéis sintéticos que combinam o valor presente e futuro de ações, títulos, commodities e moedas).

A avaliação no mercado financeiro é o processo decisivo de nossa economia. Sem dúvida, de um ponto de vista estrutural, o que conta para o crescimento econômico é a produtividade. Do ponto de vista da firma, o essencial é gerar rendimento e lucros. Mas o processo de crescimento econômico começa com investimento. E, para os investidores, o que realmente importa é o retorno do seu dinheiro. Isso é determinado pela avaliação das ações que representam seu investimento no mercado financeiro. Isto é, o investimento é conduzido pelo aumento de valor das ações, não por ganhos ou lucros. É possível que haja uma relação direta entre lucros e crescimento de valor, e, nesse caso, os critérios de avaliação no mercado financeiro deveriam ser diretos, dependendo inteiramente do desempenho mensurável da firma em termos de rendimentos e lucros.

Não é isso, porém, o que observamos empiricamente no início do século XXI: por um período de quase uma década, a disparidade entre o valor das ações e os ganhos por ação cresceu constantemente. Os dados empíricos mostram que a avaliação das firmas pelo mercado de valores divergiu cada vez mais de seu valor nominal. Os mercados financeiros consideram sem dúvida lucros e ganhos ao avaliar o valor de ações. Mas estes não são de maneira alguma os únicos critérios. Fatores intangíveis contam: segundo alguns estudos, cada dólar de computador instalado numa firma está associado com pelo menos cinco dólares de valor de mercado, depois de controlados os demais ativos. A avaliação da firma é ainda mais favorável quando o investimento em tecnologia da informação se combina com mudança organizacional (Brynjolfsson, Hitt e Yang, 2000). Outros fatores intangíveis importantes para a avaliação de mercado são marca, imagem corporativa, eficiência administrativa e setor de atividade. É por isso que, depois que os mercados decidiram que a Internet era a tecnologia do futuro, toda ação relacionada com a Internet teve um prêmio instantâneo a despeito de seu alto risco e, com demasiada frequência, de suas perspectivas empresariais irrealistas. E quando, a partir de março de 2000, os mercados reagiram negativamente ao que era percebido como uma supervalorização das ações de empresas de tecnologia, a desvalorização de muitas dessas ações ocorreu em grande parte sem correspondência com o desempenho real de firmas específicas.

Mas os mercados reagem também a condições macroeconômicas, e a decisões políticas — ou em antecipação a elas. Ou à disparidade entre a antecipação e o evento real. Os mercados reagem também com base em critérios não econômicos. São influenciados pelo que chamo de *turbulências de informação* vindas de várias fontes, como incerteza política, desenvolvimentos legais/judiciais (por exemplo, o processo antitruste contra a Microsoft), antecipações tecnológicas (o fim do computador pessoal e a ascensão da Internet móvel), ou mesmo humores pessoais e declarações de autoridades relevantes (Greenspan, Duisenberg). Como Paul Volcker (2000, p.78) escreveu, analisando a transformação dos mercados financeiros globais, "fluxos de dinheiro e sua avaliação em mercados financeiros livres são influenciados tanto por percepções quanto por realidade objetiva — ou talvez, mais precisamente, a percepção seja a realidade".

Isso não é realmente novo. Mas, como no caso de outros processos de informação, há uma mudança qualitativa na Era da Internet. Em primeiro lugar, há uma proliferação de rumores e notícias a que todos têm fácil acesso. Gurus financeiros de vários tipos publicam on-line os boletins de informação privilegiada que costumavam endereçar a seus clientes corporativos. Firmas especializadas, como Whisper.com, divulgam na Internet rumores e vazamentos que, no passado, não se difundiam além de círculos iniciados. Manipulações financeiras e declarações feitas com fins de autopromoção, alguma sérias, outras não, mas a maioria entre uma coisa e outra (quem sabe?), criam um ambiente de informação incerta. Nesse ambiente os investidores têm de reagir em tempo real, antes que a velocidade do mercado os faça pagar por sua hesitação. Os investidores individuais, por seu número, aumentam as fontes de volatilidade. Mas os grandes investidores institucionais, também reagindo à velocidade da Internet e controlando fundos colossais, podem dar guinadas e curvar as tendências do mercado num padrão imprevisível de interação entre decisões individuais e tendências sistêmicas.

Em geral, os mercados financeiros escapam ao controle de quem quer se seja. Tornaram-se como que autômatos, com movimentos súbitos que seguem não uma lógica econômica rigorosa, mas uma lógica de complexidade caótica, resultado da interação de milhões de decisões reagindo em tempo real, num âmbito global, em meio a turbulências de informação de várias origens — inclusive notícias econômicas sobre lucros e ganhos. Ou antecipação de lucros e ganhos. Ou o contrário de que se esperava.

Essa checagem do funcionamento real dos mercados financeiros na era da Internet ajuda a pôr em perspectiva o famoso debate sobre a superavaliação das firmas da Internet e, aliás, da nova economia como um todo. Sem dúvida houve, e ainda há, mesmo na baixa, superavaliações substanciais com relação às perspectivas que têm muitas firmas de se tornarem negócios lucrativos. No entanto, a antecipação de lucros a partir de grandes avanços tecnológicos ou inovações empresariais não parece ser uma prova de extravagância irracional, como disse Shiller (1999) numa conhecida crítica à avaliação financeira da nova economia. De fato, algumas das "bolhas" financeiras mais famosas na história (tantas vezes mencionadas por mentes econômicas conservadoras em nossos dias) não parecem, em retrospecto, ter sido tão especulativas quanto geralmente se pensa (Garber, 2000). Considerar que a Internet ou a engenharia genética são os motores tecnológicos que propulsionam a economia do século XXI, e investir em firmas que produzem essas inovações tecnológicas, ou são pioneiras em seu uso, seja qual for sua lucratividade a curto prazo, não parece de todo irracional. Parece menos extravagante que apostar que os negócios poderão continuar como sempre foram em meio a uma revolução tecnológica centrada no processamento da informação, numa economia em que bem mais que metade dos trabalhadores processa informação.

Assim talvez algumas ações tenham sido, ou estejam sendo, superavaliadas. Mas quanto é demais? A resposta óbvia ("o mercado decidirá") é puramente tautológica, porque foi o mercado que atribuiu, para começar, um valor alto, acima do que padrões tradicionais teriam autorizado. Portanto a noção implícita é que o mercado acabará fixando o "valor correto". Mas em que ponto no tempo? A longo prazo? Mas longos prazos são resultado do destino: são feitos da sucessão de curtos prazos. Não são prescritos, estão encerrados em trajetórias *ad hoc* que sucedem eventos *ad hoc*. Além disso, se consideramos o comportamento dos mercados financeiros, no início de 2001 eles pareciam ter vindo a calhar para os valores da nova economia. Entretanto, a superavaliação ia de par com a subestimação, usando critérios tradicionais de desempenho empresarial sólido. Sim, muitas novas empresas da Internet não eram viáveis, e o teste dos mercados financeiros pode ter sido necessário para uma correção darwiniana de modo a fortalecer a economia da Internet. Ao mesmo tempo, porém, grandes companhias de tecnologia, na vanguarda da inovação, administradas com eficiência, gerando rendimentos e anunciando lucros foram castigadas por mercados financeiros desproporcionalmente às causas aparentes de seu declínio. Assim, em agosto de 2000, as ações da Nokia sofreram uma grande perda, apesar de bons resultados empresariais, por causa do adiamento anunciado no recebimento do novo modelo de telefone móvel e de seu anúncio de que os ganhos do trimestre seguinte cresceriam num ritmo mais lento que os do anterior. A Dell, líder na fabricação de laptops, e a Intel, líder reconhecida na indústria da microeletrônica, perderam 50% de seu valor porque os ganhos não foram tão altos quanto se previra. A Yahoo! consolidou sua posição como o principal portal do mundo, continuou a ter rendimentos crescentes, anunciou lucros, e não obstante suas ações perderam 80% de seu valor — o que forçou a demissão de seu diretor executivo em março de 2001. A Microsoft, ameaçada de ser dividida e detendo o monopólio de um mercado em extinção (o dos computadores pessoais) também perdeu, mas menos que outras companhias que não enfrentavam a mesma conjuntura crítica, e seu valor subiu no primeiro trimestre de 2001. As ações da Amazon despencaram 60% no verão de 2000, embora as vendas tenham tido o aumento espetacular de 84% no segundo trimestre de 2000, alcançando um total de quase três bilhões de dólares para o ano. É verdade que a Amazon ainda não gerara nenhum lucro. Mas, apesar disso, desde a sua criação, atraíra investidores com sua própria convicção de que a primeira empresa bem-sucedida no negócio de venda de livros e discos on-line construiria uma base substancial para lucros futuros como parte de uma curva de aprendizado. Não parecia despropositado. Mas os humores se azedaram pelo contágio com a decepção com novas empresas da Internet mais aventureiras — e a Amazon foi forçada a fazer demissões e fechar duas instalações no início de 2002.

Em suma: o cataclismo de 2000-1 não afetou apenas, nem mesmo sobretudo, as companhias da Internet que ainda estavam engatinhando. Afetou praticamente todas as companhias de tecnologia, e mais ainda o mercado de valores em geral, em toda a sua extensão. Companhias de som, com todas as suas credenciais em termos de avaliação tradicional, desabaram junto com o bando das novas empresas rebeldes. Apenas um pequeno número de companhias escapou da desvalorização na bolsa de valores, particularmente companhias de utilitários, bem conhecidas entre os californianos por suas práticas empresariais impecáveis. Por outro lado, uma melhor capacidade de tecer redes, ou de formação da imagem da empresa, revelou-se útil na redução do ritmo do declínio do valor das ações. Um caso notável é a Nokia. Tendo aprendido duramente a lição dos anúncios fora de hora quando suas ações baixaram no verão de 2000, no dia 19 de outubro de 2000 a companhia anunciou ganhos promissores para o fim do trimestre: o valor de suas ações subiu 27% em um dia, elevando o índice Nasdaq (embora a Nokia não fosse transacionada na Nasdaq!).

Assim, em vez de um retorno aos critérios tradicionais de avaliação, o que o grave declínio do mercado das empresas de tecnologia ocorrido em 2000-1 mostrou foi a extensão da volatilidade dos mercados financeiros, particularmente em mercados de grande crescimento, em que os investidores se movem com a velocidade da Internet. O que temos não parece ser uma lição de extravagância irracional seguida por outra de súbita sobriedade, mas, ao contrário, de comportamento nervoso estruturalmente determinado por globalização, desregulação e comércio eletrônico. O que o registro mostra não é o retorno do ciclo comercial tradicional, mas o surgimento de um novo tipo de ciclo comercial, de fato de um novo padrão de negócios, marcado pela volatilidade e uma alternância de altas e quedas bruscas das avaliações de mercado, em decorrência de turbulências da informação que combinam critérios econômicos com outras fontes de avaliação (Mandel, 2000). Na Era da Internet, caracterizada por mercados financeiros sistematicamente voláteis, movidos a informação, a capacidade de viver perigosamente torna-se parte do estilo de vida empresarial.

O trabalho na economia eletrônica

Se a avaliação no mercado financeiro indica o resultado final do desempenho da companhia, é o trabalho que continua sendo a fonte de produtividade, inovação e competitividade. Além disso, o trabalho é mais importante que nunca numa economia que depende da capacidade de descobrir, processar e aplicar informação, cada vez mais on-line. Na verdade, estamos em meio a uma explosão da informação. Segundo um estudo da Universidade da Califórnia em Berkeley (Lyman e Varian, 2000), há na web cerca de 550 bilhões de documentos (95% publicamente acessíveis), e a informação on-line está crescendo à taxa de 7,3 milhões de páginas da web por dia. A produção de e-mails por ano é quinhentas vezes maior que a de páginas da web. A produção de informação anual do mundo, sob diferentes formas, eleva-se a 1,5 bilhão de gigabytes, dos quais, em 1999, 93% foram produzidos em forma digital. Assim, por um lado as firmas comerciais têm acesso a um extraordinário volume de informação que — com a ajuda de armazenamento magnético, processamento digital e a Internet — podem recombinar e aplicar para todos os fins e em todos os contextos. Por outro lado, isso põe uma pressão extraordinária sobre o trabalho. A economia eletrônica não pode funcionar sem profissionais capazes de navegar, tanto tecnicamente quanto em termos de conteúdo, nesse profundo mar de informação, organizando-o, focalizando-o e transformando-o em conhecimento específico, apropriado para a tarefa e o objetivo do processo de trabalho.

Profissionais desse tipo devem ter alto nível de instrução e iniciativa. Companhias, pequenas ou grandes, dependem da qualidade e da autonomia de seus trabalhadores. A qualidade não é medida simplesmente em anos de educação, mas em tipo de educação. Na economia eletrônica, os profissionais devem ser capazes de se reprogramar em habilidades, conhecimento e pensamento segundo tarefas mutáveis num ambiente empresarial em evolução. Um corpo de profissionais autoprogramáveis requer certo tipo de educação, de tal modo que o manancial de conhecimento e informação acumulado na mente do profissional possa se expandir e se modificar ao longo de toda a sua vida. Isso tem consequências extraordinárias para as demandas feitas ao sistema educacional, tanto durante os anos formativos quanto durante os constantes processos de reciclagem e reaprendizado que perduram por toda a vida adulta. Entre outras consequências, uma economia eletrônica requer o desenvolvimento de um aprendizado eletrônico como companheiro permanente da vida profissional. As características mais importantes desse processo de aprendizado são, em primeiro lugar, aprender a aprender, já que a informação mais específica tende a ficar obsoleta em poucos anos, pois operamos numa economia que muda com a velocidade da Internet; em segundo lugar, a capacidade de transformar a informação obtida a partir do processo de aprendizado em conhecimento específico.

Profissionais autoprogramáveis não podem, contudo, desenvolver sua capacidade num ambiente empresarial tradicional, rígido. Bresnahan, Brynjolffson e Hitt (2000) mostraram empiricamente os circuitos de feedback positivo entre tecnologia da influência, flexibilidade organizacional e um corpo de profissionais altamente qualificado no nível da firma. A firma eletrônica, on-line ou off-line, baseia-se numa hierarquia plana, num sistema de trabalho de equipe, e em interação aberta, fácil, entre profissionais e administradores, entre departamentos e níveis da firma. A empresa de rede é movida por profissionais em rede, usando a capacidade da Internet e equipados com seu próprio capital intelectual.

Talento é a chave da produção em negócios eletrônicos. Literalmente tudo se baseia na capacidade de atrair, conservar e usar profissionais talentosos com eficiência. Num mercado de profissionais autoprogramáveis tão competitivo, estreito, as firmas recorrem a vários incentivos para conservar seus melhores empregados. Afora os estratagemas anedóticos (gratificações, doações, bônus), a estratégia mais importante para prender empregados à firma é o pagamento parcial em ações da bolsa, o compartilhamento dos resultados da firma. Isso vincula o destino do empregado ao sucesso da firma — pelo menos por algum tempo, até que ele ganhe dinheiro suficiente para ser independente. Casos de avaliação extraordinária de capitalização em bolsa atuam como ímãs para atrair os melhores e os mais brilhantes para a aventura promissora seguinte: em 1999, surgiram cerca de 65 novos "milionários de papel" por dia no Vale do Silício. Nem a ducha de água fria da queda do mercado em 2000 eliminou a motivação, apenas levou a maior cautela na mistura de opções de vida com ações.

O uso de ações como forma de pagamento é, de fato, extremamente benéfico para as firmas, não só porque ajuda a conservar empregados, mas porque as deixa menos oneradas por salários. Além disso, nos EUA as companhias podem deduzir o valor das ações de seus impostos: em alguns casos, grandes companhias não pagam nenhum imposto corporativo graças e esse subterfúgio fiscal, um resquício do tempo em que as ações eram uma ocorrência excepcional, reservada a um pequeno número de altos executivos. Para os empregados, o pagamento em ações revive, de maneira um tanto irônica, a velha ideologia anarquista da autogestão da companhia, já que, com elas, tornam-se coproprietários, coprodutores e cogestores da firma.

Autonomia, envolvimento e uma forma diluída de propriedade cooperativa têm um preço: total comprometimento com o projeto da empresa, muito além do estipulado pelos dispositivos contratuais. Para profissionais que trabalham em companhias do Vale do Silício, ou nos arredores, trabalhar mais de 65 horas por semana é a norma. E não há noites de repouso às vésperas da entrega de um projeto importante. Horários de trabalho similares parecem ser generalizados na indústria da Internet em Barcelona, Paris e Helsinki.

O ressurgimento histórico da autonomia no trabalho, após a burocratização da era industrial, é ainda mais evidente no desenvolvimento das pequenas empresas, com frequência compostas por indivíduos que trabalham como consultores ou subcontratadores. Esses empresários possuem seus meios de produção (um computador, uma linha telefônica, um telefone móvel, um local em algum lugar, muitas vezes em casa, sua formação, sua experiência e, o ativo principal, suas cabeças). Eles acumulam seu próprio capital, que em geral investem em ações das companhias para que trabalham. Esse duplo movimento de agregação de capital e desagregação do trabalho parece ser uma das surpresas históricas da economia eletrônica.

O papel essencial desempenhado pelos profissionais autoprogramáveis nos negócios eletrônicos gerou uma escassez desse tipo de profissional nas indústrias e nas áreas mais dinâmicas do mundo. Do Vale do Silício a Estocolmo e da Inglaterra à Finlândia, o problema mais premente para as principais companhias tornou-se encontrar engenheiros, programadores de computador, profissionais de negócios eletrônicos, analistas financeiros ou, de fato, qualquer pessoa com a capacidade de desenvolver novas habilidades da maneira requerida por um mercado mutável. No entanto, o número crescente de mulheres que cursam a Universidade e sua entrada maciça na força de trabalho remunerada estão fornecendo um importante suprimento de profissionais habilitados, flexíveis e autônomos, tal como a economia eletrônica exige. Apesar da persistência da discriminação de gênero no mundo corporativo, as mulheres fizeram avanços substanciais em níveis da estrutura ocupacional e, sob pressão delas, a defasagem salarial em relação a seus parceiros masculinos foi reduzida durante a década de 1990. A incorporação estrutural de mulheres ao mercado de trabalho foi a base indispensável para o desenvolvimento da nova economia, com consequências duradouras para a vida familiar e para o conjunto da estrutura social.

A outra fonte importante de oferta de talento, particularmente nos Estados Unidos, foi a imigração. Em 2000-1, os Estados Unidos absorviam mais de 200.000 profissionais altamente qualificados por ano, com vistos especiais, além de empregar outras dezenas de milhares de pessoas on-line, trabalhando a partir de seus países de origem ou em "centros de desenvolvimento" *off-shore*, particularmente no Caribe. Muitos desses imigrantes fundam suas próprias companhias após obter residência permanente. Segundo um estudo de Saxenian (1999), na década de 1990, de todas as novas companhias criadas no Vale do Silício, cerca de 30% tinham um diretor executivo imigrante, originário da China ou da Índia. Não estão incluídos aí os numerosos casos de empresários imigrantes de outras nacionalidades, particularmente da Rússia, de Israel e do México. A Europa, apesar da xenofobia crescente, acordou para a realidade da necessidade de trabalho profissional imigrante, quando projeções para 2004 indicaram que mais de 25% da demanda de profissionais em tecnologia da informação não poderia ser suprida por mercados de profissionais europeus. Em 2000, o Reino Unido aprovou legislação para a concessão de 100.000 vistos especiais para imigrantes por ano e a Alemanha fez o mesmo, em meio a protestos públicos, para 20.000 vistos. Na Finlândia, a Nokia pressionou o governo para obter uma redução do imposto de renda, muito elevado, com uma tributação máxima de 30% para empregados que trabalhem no país por um período limitado: uma condição necessária para ela conseguir atrair o tipo de profissional de que precisa para acompanhar a nova rodada de inovação tecnológica.

De maneira bastante curiosa, estudos de Saxenian e outros indicam que os imigrantes que vão para o Vale do Silício não representam necessariamente uma perda para seus países de origem (Saxenian, 1999; Balaji, 2000). Muitos deles, assim que se estabelecem num centro avançado de tecnologia/negócios, criam companhias em seus próprios países e fazem uma ponte entre a Califórnia e a Índia, Taiwan, Israel, o México e outros. As companhias recém-fundadas estendem suas próprias redes em direção ao país, de modo que novos empresários migram para o Vale do Silício e reproduzem o processo. Assim, no cômputo geral, em vez de um caso de sorvedouro de cérebros, vemos o surgimento de um sistema de circulação de cérebros.

Claro que nem toda a mão de obra, seja na economia eletrônica ou nos negócios eletrônicos, é mão de obra autoprogramável. Propus em meus escritos anteriores a distinção entre mão de obra autoprogramável e mão de obra genérica. A mão de obra genérica é corporificada por trabalhadores que não têm habilidades especiais, ou habilidade especial de adquirir habilidades no processo de produção, além daquelas necessárias para o cumprimento de instruções dadas pela administração. A mão de obra genérica pode ser substituída por máquinas, ou por mão de obra genérica de qualquer outro lugar do mundo, e a combinação precisa entre máquinas, mão de obra on-line e mão de obra distante depende de cálculos empresariais *ad hoc*. Naturalmente, não é por falta de qualidades que uma pessoa integra a mão de obra genérica. Isso ocorre porque investimento, social e pessoal, de capital intelectual deixou de ser feito nela. Além disso, os serviços realizados pela mão de obra genérica são necessários para o conjunto da economia, e não são necessariamente não qualificados por natureza. É o julgamento da organização social que torna esses serviços não qualificados. Por exemplo, um dos serviços de baixa qualificação que mais crescem em todos os países é o de seguranças particulares. Em si mesma, a atividade deveria ser extremamente qualificada. O porte de uma arma, com licença para usá-la, deveria requerer treinamento apropriado não só em tiro e artes marciais, como em conhecimento jurídico, avaliação psicológica e desempenho em situações de estresse elevado. Todas essas qualidades deveriam requerer uma formação em nível de graduação, bem como uma capacidade geral de programar as próprias habilidades segundo os contextos e a evolução tecnológica. As instituições sociais, no entanto, atribuem baixa prioridade a esse serviço, em termos de pagamento, formação e procedimentos de recrutamento, de modo que ele é exercido por mão de obra genérica, muitas vezes com desempenho de baixa qualidade. À medida que conhecimento e informação se difundem através do mundo, toda a força de trabalho poderia e deveria se tornar autoprogramável. Mas enquanto as instituições sociais, as prioridades empresariais e os padrões de desigualdade continuarem desiguais, a mão de obra genérica é uma quantidade necessária e não uma qualidade específica na contribuição decisiva do trabalho para a produtividade e a inovação na economia eletrônica.

Uma transformação fundamental das relações de trabalho é comum tanto à mão de obra autoprogramável quanto à genérica: a flexibilidade. A forma interconectada dos negócios, o ritmo acelerado da economia global e a capacidade tecnológica para trabalhar on-line, para indivíduos e para firmas, levam ao surgimento de um padrão flexível de emprego. A ideia de um padrão de carreira previsível, com trabalho em tempo integral numa firma ou no setor público, por um longo período de tempo, e sob definição contratual, precisa, de direitos e obrigações comuns a toda a força de trabalho, está desaparecendo da prática empresarial — embora persista em mercados de trabalho extremamente regulados e no cada vez mais reduzido setor público. Martin Carnoy (2000) documentou, em seu livro precursor sobre a transformação do trabalho na nova economia, como a autonomia, o emprego em meio expediente, o emprego temporário, a subcontratação e a consultoria estão se expandindo em todas as economias avançadas. Em economias menos desenvolvidas, atividades informais, inteiramente desreguladas e baseadas em padrões *ad hoc* de emprego respondem pela maioria da força de trabalho urbana na maioria desses países. Como tendência geral, o "homem da organização" está em baixa, a "mulher flexível" está em alta. Assim, pesquisa realizada por Chris Benner (2001) demonstrou como práticas flexíveis de emprego, possibilitadas por intermediários da mão de obra e políticas flexíveis de contratação, são a característica distintiva da economia do Vale do Silício. Um levantamento feito pelo UCSF/Field Institute (1999) com uma amostra representativa da mão de obra californiana em 1999 forneceu dados empíricos da proporção declinante dos padrões tradicionais de emprego. Definindo um emprego tradicional como uma atividade única, em tempo integral, diária, ao longo do ano todo, na condição de empregado permanente, pago pela firma para a qual se trabalha, em que não se trabalha a partir de casa ou como um contratador independente, o estudo constatou que apenas 33% dos trabalhadores californianos se encaixam nesse padrão. Se acrescentarmos a esse status "tradicional" a exigência de permanência por três anos ou mais na mesma companhia, a proporção de californianos em idade de trabalhar que preenche esses critérios cai para 22%.

Embora os mercados de trabalho europeus exibam menor flexibilidade, a tendência geral aponta na mesma direção, como foi documentado por Carnoy (2000). O que varia de um país para outro, dependendo da legislação trabalhista e das leis tributárias, é a forma dessa flexibilidade. Assim, a Itália e o Reino Unido têm a mais alta proporção de trabalhadores autônomos na OECD (Organização para Cooperação Econômica e Desenvolvimento) ao passo que a Holanda passou de um considerável problema de desemprego na década de 1980 para a mais baixa taxa de desemprego na Europa em 2000 mediante a criação de numerosos empregos de meio expediente (ocupados sobretudo por mulheres) sob a cobertura de benefícios sociais totais assegurados pelo governo.

Flexibilidade no trabalho, padrões variáveis de emprego, diversidade das condições de trabalho e individualização das relações de trabalho são características sistêmicas dos negócios eletrônicos. A partir desse núcleo da nova economia, práticas de trabalho flexíveis tendem a se difundir por todo o mercado de trabalho, contribuindo para a nova forma de estrutura social que caracterizei sob o conceito da sociedade de rede.

Produtividade, inovação e a nova economia

Se há uma nova economia é porque há um impulso substancial de crescimento da produtividade. Sem uma curva em acentuada elevação do crescimento da produtividade, ainda poderíamos afirmar a existência de uma revolução tecnológica, mas não necessariamente de uma nova economia. Em consequência, economistas discutiram acaloradamente durante anos sobre a evolução real da taxa de produtividade, bem como sobre suas fontes. A mensuração da produtividade é sempre difícil, e particularmente complicada na nossa economia por três razões principais: a maioria das pessoas trabalha no setor de serviços, em que é extremamente difícil medir a produtividade do trabalho; categorias estatísticas produzidas durante a era industrial são calamitosamente inadequadas para a medição da economia da informação (por exemplo, a prática do Departamento do Trabalho dos EUA, até 1998, de computar gasto com software como consumo e não como investimento); como as empresas operam em redes globais de produção e distribuição, a contabilidade da produtividade deveria, de fato, levar em conta a contribuição para a produtividade ao longo de toda a cadeia de valor, o que está fora do alcance dos métodos atuais de escrituração. Se acrescentarmos a esses fatores a defasagem de tempo observada por historiadores econômicos entre as revoluções tecnológicas e o momento de seu impacto no nível da firma, poderemos entender melhor o "paradoxo da produtividade" que desconcertou os economistas durante anos.

No entanto, mudanças recentes nas categorias estatísticas nos EUA, e melhores procedimentos de contabilidade parecem indicar substancial aumento da produtividade em decorrência de investimento maciço em tecnologia da informação, conjugado com mudança organizacional baseada em rede. Afinal, em termos de teoria econômica, só um aumento da produtividade pode explicar uma economia capaz de crescer a uma taxa elevada e sustentada, perto do pleno emprego, com aumento dos ganhos e baixa inflação, por um longo período, como fez a economia dos Estados Unidos entre 1993 e 2000. Enquanto durante 1985-95 a produtividade do trabalho nos EUA cresceu numa taxa média anual de 1,4%, de 1996 a 2000 essa taxa dobrou, passando a 2,8%. Nos doze meses entre o segundo trimestre de 1999 e o segundo trimestre de 2000, essa produtividade cresceu à taxa assombrosa de 5,2%. Várias estimativas situaram o crescimento projetado da produtividade para a década 2000-10 em algo entre 2,3 e 4% ao ano, embora o declínio dos preços das ações em 2000-1 e a partir daí possa alterar significativamente essa previsão, desacelerando o investimento e, com isso, a inovação, o crescimento da produtividade e o crescimento econômico. Contudo, no último trimestre de 2000, em meio a uma desaceleração significativa da economia dos EUA, a produtividade do trabalho cresceu numa taxa anual de 2,4%, mais baixa que a do trimestre anterior, mas ainda suficiente para elevar o crescimento anual da produtividade para todo o ano de 2000 a 4,3%. Portanto, mesmo usando o limiar mais baixo das estimativas de crescimento futuro da produtividade, por volta de 2,3% ao ano, isso melhoraria substancialmente o desempenho da produtividade dos EUA nas duas décadas anteriores, fornecendo a base para o surgimento de uma nova economia, cuja forma e lógica ainda estão se delineando.

Estudos de Stephen Oliner e Daniel Sichel no Federal Reserve Bank em Washington, de Dale Jorgenson em Harvard, e Kevin Stiroh no New York Federal, entre outros, concluíram que o investimento em tecnologia da informação e a alta produtividade na indústria de computadores foram fatores decisivos no estímulo ao crescimento da produtividade (Oliner e Sichel, 1994; Sichel, 1997; Jorgenson e Stiroh, 2000; Jorgenson e Vir, 2000). De fato, o setor da tecnologia da informação elevou sua produtividade numa taxa anual de 24% durante a década de 1990. Segundo os registros históricos, os inovadores e produtores de novas tecnologias são os primeiros a utilizá-las, bem como os primeiros a treinar sua mão de obra e mudar sua organização de maneira condizente. Assim, os primeiros usuários se beneficiam primeiro do crescimento da produtividade. Mas à medida que seu modelo empresarial se difunde, juntamente com a nova tecnologia, para outros setores, o crescimento da produtividade aumenta também. Isso foi observado por Brynjolfsson e Hitt (2000) em seu estudo de 600 firmas americanas entre 1987 e 1994: eles demonstraram que a descentralização interna da firma e a adoção de formas de organização em rede eram as condições necessárias para que a tecnologia da informação aumentasse a produtividade. Lucas (1999) mostrou também, com base numa série de estudos de caso, que os benefícios do investimento em tecnologia da informação para a firma, embora sempre presentes, são de diferentes tipos. Não são todos mensuráveis em termos de retorno por investimento, mas a tecnologia é em geral um fator essencial no posicionamento da firma em produto, processo e mercado.

Em suma, nos EUA, na segunda metade da década de 1990, houve um aumento substancial do investimento em equipamento e software de tecnologia da informação, que, em 2000, correspondeu a 50% do investimento total em negócios. Esse investimento, juntamente com a reestruturação organizacional, em particular com a difusão de uma interconexão baseada na Internet como prática empresarial generalizada, parecem ser fatores críticos para explicar o crescimento da produtividade do trabalho — que é a fonte última da criação de valor e o fundamento da nova economia.

Em outras áreas do mundo, tanto o investimento em tecnologia da informação quanto a difusão da interconexão por computadores estão também avançando rapidamente, em particular na Escandinávia, na Europa ocidental e nos países industrializados da Ásia. No entanto, os efeitos dessas mudanças sobre a produtividade do trabalho, medida no nível das economias nacionais, ainda não são observáveis, exceto na Finlândia e na Suécia. Isso pode ser explicado por uma combinação de fatores: a inadequação das categorias estatísticas, ainda mais ultrapassadas que nos EUA; uma menor proporção de tecnologia da informação no estoque total de capital, cerca de 3% na Alemanha e no Japão, comparados a 7% nos EUA; o fato de que as firmas europeias ficaram substancialmente defasadas em mudança organizacional e flexibilidade da mão de obra. Contudo, estudos de caso de negócios eletrônicos, bem como estatísticas de produtividade e proporções rendimento/empregado em setores de tecnologia da informação, parecem apontar na mesma direção verificada nos Estados Unidos. De fato, como a nova economia é uma economia global, se os negócios eletrônicos viessem a ficar confinados entre as fronteiras dos Estados Unidos, sua expansão acabaria por estancar, já que o crescimento de sua produtividade suplantaria o crescimento dos mercados globais, levando a uma crise de superprodução. A emergência da Do-Co-Mo no Japão, as novas redes empresariais em indústrias de alta tecnologia em Taiwan e na Coreia do Sul, o rápido crescimento de indústrias de serviços de telecomunicação móvel na Escandinávia, a reestruturação das indústrias automobilísticas francesa e alemã em torno do modelo de empresas em rede, o reequipamento das indústrias de microeletrônica holandesa e alemã e a criação de serviços financeiros on-line competitivos em Londres e Frankfurt são ilustrações de uma profunda transformação da economia global, nas linhas do crescimento da produtividade movido pela tecnologia, primeiro observada nos Estados Unidos. Se, como acredito, essas tendências realmente se enraízam numa transformação do modelo empresarial e na difusão da tecnologia da informação, elas deveriam superar o declínio do final de 2000-1. Mas isso exigiria a administração de um novo tipo de ciclo comercial, como analisarei na última seção deste capítulo.

A nova economia, tendo os negócios eletrônicos como ponta de lança, não é uma economia on-line, mas uma economia movida pela tecnologia da informação, dependente de profissionais autoprogramáveis, e organizada em torno de redes de computadores. Essas parecem ser as fontes do crescimento da produtividade do trabalho, e portanto da criação de riqueza, na Era da Informação. No entanto, se os profissionais são a fonte da produtividade, seu poder criativo e a eficiência da organização empresarial dependem em última análise da inovação. A inovação é uma função de trabalho altamente especializado e da existência de organizações de criação de conhecimento. E o processo de inovação é também transformado na economia eletrônica, já que os usos da Internet desempenham um papel fundamental no modo como ela é alcançada.

Inovação na economia eletrônica

Numa economia eletrônica baseada no conhecimento, na informação e em fatores intangíveis (como imagem e conexões), a inovação é a função primordial. A inovação depende de geração de conhecimento facilitada por livre acesso à informação. E a informação está on-line. Minha análise do movimento de fonte aberta no capítulo anterior mostra o papel essencial da cooperação e do livre acesso no processo de inovação. A relação entre cooperação e inovação pode ser analisada, segundo a teoria econômica formal de Brian Arthur (1994), como um resultado de efeitos de rede, dependência de caminho e retornos crescentes na economia da informação.

Efeitos de rede: quanto mais nós há na rede, maiores os benefícios da rede para cada nó individual.

Dependência de caminho: uma vez que dada inovação é alcançada, as trajetórias tecnológicas tenderão a seguir o caminho marcado por ela, dando uma vantagem decisiva aos descobridores da inovação e aos primeiros a adotá-la — é o sistema do vencedor-leva-tudo que caracteriza a competição empresarial na nova economia eletrônica.

Retornos crescentes: numa economia baseada na inovação, o maior custo de investimento situa-se nos primeiros estágios do processo, ao passo que os custos marginais decrescem rapidamente à medida que a inovação é incorporada em produtos. Por exemplo, na produção de um novo programa de software, ou de um novo medicamento, os custos de pesquisa e desenvolvimento são geralmente muito elevados. Assim, o primeiro disco ou a primeira pílula podem custar bilhões. O custo do segundo disco, ou da primeira embalagem de pílulas, pode ser desprezível.

Apliquemos agora esses mecanismos a um processo de inovação que ocorre num sistema de fonte aberta e é facilitado por interação on-line. Um produto de qualidade superior (por exemplo, um programa de software) é gerado pelo esforço coletivo de uma rede, um esforço em que cada participante encontra uma compensação no esforço livremente empenhado por outros. Assim, a inovação continua sendo o produto de trabalho inteligente, mas de um intelecto coletivo. Nenhum departamento de pesquisa e desenvolvimento é capaz de rivalizar com o poder de uma rede global, cooperativa — na verdade, é assim que a ciência básica se desenvolve, com retornos extraordinários. Uma vez gerada a inovação, a dependência de caminho característica de sua aplicação confere uma vantagem aos que participaram no processo de inovação em rede: eles são os primeiros a adotar, os primeiros a usar, os primeiros a aprender, e sabem melhor que tipos de produtos e processos podem ser desenvolvidos a partir desse caminho de inovação. Assim, o processo de inovação na economia eletrônica está migrando gradualmente para redes de cooperação de fonte aberta, formadas não só por indivíduos *freelance* como por empresários e empregados de empresas, já que é do interesse das firmas contribuir para a inovação e beneficiar-se precocemente dos resultados do esforço cooperativo. Como podem empresar auferir lucros com essa inovação cooperativamente produzida? Projetando aplicações, vendendo serviços, formando pacotes e customizando, como a Red Hat faz com o Linux, como a IBM faz com o Apache. Ou então vendendo equipamentos que funcionam bem com tecnologia de fonte aberta, como a Sun Microsystems faz com o Java e o Jini.

A lógica da cooperação e da fonte aberta como a prova de fogo da inovação não se limita ao software. Ela é a lógica que permeia toda a indústria de serviços on-line, uma vez que os portais dão acesso a informação e serviços, como uma maneira de vender publicidade e obter informação que possa ser reutilizada para fins de marketing. Nessa lógica, os compradores são produtores, já que podem fornecer informação crítica por seu comportamento, e por suas demandas, ajudando constantemente as companhias eletrônicas a modificar seus produtos e serviços. Na prática empresarial orientada para os compradores, a capacidade de interagir com compradores como fontes de informação crítica torna-se um componente essencial do modelo empresarial. Assim, cooperação na inovação e competição em aplicações e serviços parecem ser a divisão do trabalho na nova economia. Essa lógica está presente também nos funcionamentos internos dos negócios eletrônicos. Engenharia on-line e sistemas de administração de acesso aberto permitem aos profissionais organizar sistemas de cooperação *ad hoc* à medida que suas tarefas o determinem. Quando informação e interação são organizadas em extranets, compradores e fornecedores (e até concorrentes) entram na rede. Discuti acima os benefícios econômicos desse modelo em rede. Mas há mais alguma coisa: ao assegurar feedback em tempo real de todos os envolvidos num processo de produção/administração, a inovação é testada de saída: produto e processo se inovam constantemente, no interesse comum de retornos crescentes para todos os que participam da rede.

Esses desenvolvimentos estão gerando um novo modelo de relacionamento entre relações de propriedade e relações de produção na geração e apropriação de riqueza. Há áreas de cooperação, e apropriação comum, ligadas a áreas de competição e apropriação privada. Embora ainda sejam embrionárias, talvez essas tendências prenunciem uma profunda transformação da lógica social da inovação, da produtividade e do crescimento econômico

A nova economia e sua crise

Negócio eletrônico não é negócio conduzido exclusivamente on-line, mas uma nova forma de condução de negócios, todo tipo de negócio, pela, com e na Internet, e outras redes de computadores — com várias formas de conexão com processos locais de produção e transações físicas. O negócio eletrônico está no cerne da emergência de uma nova economia que se caracteriza pelo papel crítico dos profissionais autoprogramáveis, da inovação tecnológica e da avaliação do mercado financeiro como propulsores da economia. Como em todas as economias, a produtividade do trabalho é o motor do desenvolvimento, e a inovação está na fonte da produtividade. Cada um desses processos é levado a cabo e transformado pelo uso da Internet como meio indispensável de organização em rede, processamento de informação e geração de conhecimento. A economia eletrônica transforma gradualmente a velha economia numa nova economia, que alcança o planeta inteiro, embora num padrão extremamente desigual. Temos agora os fios que, juntos, constituem a nova economia. A exploração da configuração da estrutura desses fios, e da dinâmica de sua interação, pode levar também à compreensão de mecanismos de recessão e crise na nova economia como expressão de novas formas do ciclo comercial.

Em sua estreia histórica, a nova economia parece caracterizar-se por um longo período de crescimento elevado conduzido pela tecnologia, com emprego quase pleno e baixa inflação, seguido por um brusco declínio que, sob certas condições, poderia levar a recessão e até a uma crise econômica generalizada (Mandel, 2000). A nova economia surgiu nos EUA em meados da década de 1990, gerando o mais longo período de crescimento ininterrupto do último meio século. No final da década de 1990, começou a se espalhar pelos setores dinâmicos de outras economia pelo mundo, em particular na Europa. No dia 10 de março de 2000, as ações das empresas de tecnologia tiveram seu valor bruscamente reduzido, e continuaram escorregando desde então, provocando uma desaceleração do crescimento econômico que continuava um ano depois.

A existência de uma nova economia pode ser afirmada com base no aumento da produtividade do trabalho e na maior competitividade das empresas em decorrência de inovação. Essa inovação diz respeito a tecnologia, processo e produto. Novas tecnologias de informação e comunicação, e particularmente a Internet e a interconexão de computadores em geral, são críticas em economias essencialmente fundadas em processamento de informação e comunicação. O processo é transformado pela interconexão em rede como uma forma eficiente e flexível de administração e organização. A formação de redes é extremamente dependente de tecnologia da comunicação. Como em revoluções tecnológicas anteriores, essa transformação sociotécnica abre caminho para uma enxurrada de novos produtos — havendo graus variados de adequação entre estes, a demanda do mercado e as necessidades sociais. Por exemplo, o telefone móvel, que parecia ser uma inovação de produto sem importância, tornou-se o aparelho de comunicação de maior interesse no planeta, enquanto a tão propalada TV interativa ainda espera por capacidade de transmissão e conteúdo atraente para se tornar um negócio lucrativo.

A inovação é ela própria função de três fatores principais. O primeiro é a criação de novos conhecimentos, na ciência, na tecnologia e na administração. Isso diz respeito à existência de um sistema bem-desenvolvido de pesquisa e desenvolvimento (tanto público quanto privado), capaz de fornecer os fundamentos da inovação. O segundo é a disponibilidade de profissionais de alto nível de educação, autoprogramáveis, capazes de usar conhecimento novo para aumentar a produtividade. Em geral profissionais desse tipo são resultado direto da qualidade e quantidade dos formados pelo sistema educacional. No caso nos Estados Unidos, a imigração de profissionais técnicos foi um elemento igualmente importante no desenvolvimento da nova economia. O terceiro fator é a existência de empresários, capazes e dispostos a assumir os riscos de transformar projetos empresariais inovadores em desempenho empresarial. Isto se relaciona em parte com a existência de uma cultura empresarial, mas também com a abertura das instituições da sociedade para a iniciativa empresarial. Assim, no caso dos Estados Unidos, a abertura de suas instituições para a imigração, e a facilidade com que novas companhias podem ser criadas, fizeram do país, e em particular de algumas regiões, como a Califórnia e Nova York, polos de atração para todo empresário disposto de qualquer parte do mundo. Mas a ideia de empreendimento de risco não pode ficar limitada a empresas nascentes ou a imigrantes em busca de sonhos. Quando Jorma Ollila e sua equipe reestruturaram o Grupo Nokia em 1992, a companhia estava à beira de ser vendida, tolhida por seus diversos investimentos em mercados múltiplos, velhos e de baixa lucratividade. A decisão de vender a maior parte dos ativos da companhia e concentrar todo o negócio em telefones móveis e infraestrutura de redes foi, naquela época, arriscada: um empreendimento de risco.

Mesmo os empresários mais ousados, porém, valendo-se da melhor tecnologia e concebendo um plano empresarial seguro, não podem fazer muito sem dinheiro. É por isso que o financiamento da nova economia é a pedra angular de sua existência. E esse financiamento depende essencialmente do mercado de valores e de capital de risco, segundo os mecanismos analisados acima neste capítulo. Portanto, enquanto a produtividade e a competitividade são os fatores subjacentes ao crescimento econômico elevado sem inflação, e a inovação é o propulsor da nova economia, as finanças são a fonte de tudo. A avaliação elevada da inovação potencial na bolsa de valores e sua antecipação pelo capital de risco foram os mecanismos que mobilizaram capital de todas as fontes (e em particular de grandes investidores institucionais, como fundos de pensão) e o canalizaram para a inovação.

A questão-chave é, portanto, por que a avaliação das ações atingiu níveis tão altos, sem precedentes. Expliquei antes neste capítulo o mecanismo da avaliação financeira, muito dependente das turbulências da informação que incluem, além de critérios econômicos tradicionais, muitas outras fontes que se combinam entre si para afetar o comportamento do investidor. Mas quero enfatizar o que parece ser um fator essencial no processo de avaliação: expectativas, antecipação de valor maior a longo prazo. De fato, os investidores estavam apostando na revolução tecnológica. Não era uma ideia tola. A noção de que os primeiros a produzir e adotar novas tecnologias e modelos empresariais estariam entre os vencedores no mercado futuro não é especulação. Trata-se de investimento de risco associado ao desenvolvimento da inovação na economia, aos efeitos potenciais em rede sobre o crescimento de novas formas de empresa e à antecipação de retornos crescentes do investimento. De fato, o maior crescimento da produtividade e o crescimento econômico sustentado, com baixa inflação, justificavam essa pretensão. Mas para que a nova economia continuasse crescendo, a inovação e a produtividade tinham de continuar a crescer num ritmo rápido, e isso exigia um fluxo constante de investimento, o que dependia da continuidade das expectativas de compensações elevadas para novos investidores. Como essas expectativas não discriminavam entre projetos arriscados mas sólidos, e aventuras insensatas, estavam propensas a uma brusca inversão tão logo casos de fracasso óbvio viessem à tona. Mesmo assim, ainda não é claro por que o mercado mergulhou de cabeça em 2000-1 sem muita diferenciação entre uma variedade de ações de empresas de tecnologia com perspectivas diferentes. As ações ponto.com (obviamente os projetos mais arriscados) desabaram primeiro, mas todas as ações de empresas de tecnologia as acompanharam ao longo do ano seguinte, o que teve um impacto no valor das ações na maioria das outras indústrias. Em relação a seu pico no início de 2000, o índice Nasdaq caíra 60% em março de 2001, o Standard & Poor 500 caíra 23% e o Dow Jones, 12%. No mercado de capitais dos EUA, desapareceram cerca de 4,6 trilhões de dólares em riqueza nominal, o equivalente a cerca de 50% do PIB dos EUA, ou quatro vezes o montante das perdas sofridas na quebra do mercado em outubro de 1987. No Reino Unido e na Alemanha, o valor médio das ações em 2000-1 baixou 10% (*Business Week*, 2001).

Para alguns analistas, esse "ajustamento do mercado" foi a explosão atrasada de uma bolha financeira especulativa. Penso que a metáfora da "bolha" é enganosa, porque se refere a uma noção implícita de equilíbrio natural do mercado, que parece estar superada no mundo de mercados financeiros globais e interdependentes operando em alta velocidade, e processando turbulências de informação complexa em tempo real. O que observamos empiricamente no período 1996-2000 foi que o mercado recompensou, sem muita discriminação, todos os tipos de ações de empresas de tecnologia, e o mesmo mercado em 2000-1 puniu essas mesmas ações, desvalorizando-as de maneira igualmente indiscriminada. Isso se deu sem relação com o desempenho das companhias, como ilustrei acima com alguns exemplos de companhias de tecnologia. Sendo assim, o que aconteceu? Ao tentar abrir a caixa-preta das turbulências de informação que atingiram o mercado em 2000, invertendo expectativas, encontramos uma mistura disparatada.

A maior parte das companhias ponto.com se desviava de seu modelo empresarial. O comércio eletrônico de empresa-para-consumidor (B2C, de *business-to-consumer*) subestimou o custo e a complexidade da entrega física de produtos aos compradores. O comércio virtual descobriu a realidade dos negócios *click and mortar* que exigiam muito mais investimento, logística e habilidades de administração do que se previra. Apesar de todas as garantias quanto à segurança no uso de cartão de crédito, os compradores ficavam temerosos de dar suas informações on-line, e com razão. A publicidade como forma predominante de financiar fornecimento gratuito de conteúdo na web revelou-se um fiasco monumental: foi o resultado do não entendimento da especificidade da Internet em relação à televisão. A publicidade dirigida (que desconsidera a privacidade do consumidor) também foi parcialmente rejeitada por pessoas que se recusavam a ser cadastradas. Até certo ponto, a rápida comercialização da Internet traiu a promessa de acesso gratuito, de modo que muitos compradores potenciais decidiram passar ao largo de websites que cobravam taxas, com exceção dos que atendiam diretamente às suas necessidades. O outrora florescente mercado on-line de artigos para bichos de estimação ficou rapidamente saturado.

A reestruturação tecnológica da indústria da tecnologia da informação elevou o nível de incerteza. O fim previsto da era do computador pessoal, e o atual declínio em suas encomendas, atingiu a Intel, a Hewlett Packard e a Microsoft. O processo contra a Microsoft, embora festejado por muitos no Vale do Silício, lançou uma nuvem de desconfiança sobre o futuro de poderosas companhias de tecnologia. As elevadas expectativas em torno da "Internet móvel", embora justificadas a longo prazo na minha opinião, transformaram-se num desapontamento a curto prazo diante das dificuldades técnicas e empresariais para cumprir a promessa a tempo, particularmente no mercado norte-americano. Na Europa, as somas assombrosas que as companhias pagam aos governos por licenças de telefonia móvel deixam todos os mercados nervosos, preocupados com a posição financeira das grandes companhias de telecomunicações.

Houve também, em 2000, um declínio significativo na taxa de crescimento do gasto em tecnologia da informação pelas companhias, em particular nos Estados Unidos. Talvez essa tenha sido a única vítima real da crise do "*bug* do milênio" (Y2K). Diante da necessidade (ou crença na necessidade) de atualizar seus sistemas envelhecidos antes de Y2K, muitas companhias e serviços públicos decidiram correr para nova tecnologia de interconexão de computadores e software de ponta.

Isso levou a um *boom* do investimento em institutos de tecnologias de computadores em 1998 e 1999, que incluiu níveis de substituição geralmente programados para uma data posterior, reduzindo a necessidade de novo equipamento em 2000-1. Em meio a um mercado tenso, qualquer anúncio por grandes companhias de tecnologia (como a Cisco) de ganhos menores do que os esperados por causa de uma desaceleração no gasto em equipamento de capital agravava o mau humor dos investidores.

Há também o fato de que muitos desses investidores, particularmente investidores institucionais e bancos, haviam comprado muito mais ações no período do *boom* do que a prudência normalmente ditaria no tocante à proteção de seus credores. Fizeram-no porque tinham confiança de que seus sistemas de informação enviariam de antemão sinais de alerta para que saíssem do mercado de risco antes que perdas anulassem seus ganhos substanciais. Assim, quando o mercado apontou para baixo, muitos dos maiores investidores não puderam se dar ao luxo de esperar: trocaram suas estratégias de investimento por uma abordagem mais conservadora, contribuindo para a desvalorização das ações de empresas de tecnologia que detinham.

A instabilidade política também contribuiu muito para a incerteza do mercado, particularmente em dois casos. O Japão, em 2000-1, parecia estar rumando para mais uma crise política, com denúncias de incompetência administrativa e corrupção governamental, e a economia japonesa, a segunda maior do mundo, parecia incapaz de escapar à estagnação. Nos Estados Unidos, a novela da eleição presidencial contestada aumentou a incerteza e conteve os investidores num momento crítico de transição do mercado.

Por fim, num mercado financeiro que operava em alta velocidade com base em expectativas e informação, a percepção dos investidores é influenciada pelos valores e opiniões do establishment empresarial e dos economistas acadêmicos. É notório que alguns eminentes economistas acadêmicos nunca acreditaram na existência de uma nova economia, rejeitaram a importância da tecnologia da informação, ignoraram ou minimizaram os indícios de crescimento da produtividade e inovação empresarial, e continuaram martelando a inevitabilidade do estouro da bolha, até serem gratificados com a realização de sua profecia, ajudada por eles mesmos, muitos anos depois de suas primeiras previsões. Com suas ideias repetidas por líderes de companhias tradicionais, muitos economistas acadêmicos contribuíram consideravelmente para reduzir as expectativas na colheita de inovação na economia da informação. Em retrospecto, é um milagre que os investidores tenham conseguido alimentar a nova economia com suas expectativas por tanto tempo, debaixo de tantas opiniões especializadas prevendo a catástrofe. Provavelmente era graças a Alan Greenspan que os mercados ainda acreditavam no que viam através da tela da análise econômica prevalecente. Greenspan não cessou de defender a realidade da nova economia, com base no investimento em tecnologia da informação e no crescimento da produtividade, em parte porque estava cercado, no Federal Reserve, por algumas das melhores cabeças econômicas dos Estados Unidos em análise da produtividade (como Oliner e Sichel, entre outros), e em parte porque percebia instintivamente que só uma onda subjacente de produtividade podia explicar, em termos de teoria econômica estrita, o comportamento de uma economia cujo pulso ele estava sentindo em tempo real. Assim que sinais de uma baixa apareceram no mercado de capitais, muitos economistas convencionais e veteranos da velha economia, com um suspiro de alívio, agarraram a oportunidade para defender um retorno aos negócios tradicionais. No entanto, os negócios provavelmente jamais poderão ser como eram, após sua transformação por quase uma década de desenvolvimento da nova economia.

Nessas circunstâncias, processadas num sistema complexo de turbulências da informação, as expectativas de valorização das ações no setor da tecnologia foram invertidas, secando o investimento em capital de risco e com isso desacelerando o ritmo da inovação, num processo analisado, e de fato previsto por Michael Mandel no verão de 2000, embora seja improvável que sua sombria expectativa de uma depressão total da Internet se materialize, por razões que ele próprio explica.

Como nunca me atrevo a prever o futuro, concentro-me aqui nas implicações analíticas da desaceleração da nova economia em 2000-1. No esquema de análise apresentado acima, o principal propulsor da nova economia é o mercado financeiro. Sem oferta pública inicial de ações, sem ações da bolsa, e sem a expectativa de grande elevação do valor das ações, não há investimento de capital de risco, e a iniciativa empresarial e a descoberta tecnológica não se traduzem em inovação empresarial. Sem inovação, a produtividade fica mais lenta, e a competição limitada, o que permite potencialmente às firmas tradicionais elevar preços e desencadear inflação, como Mandel (2000) sugere. A combinação de crescimento e emprego mais baixos com inflação mais alta leva a menor consumo, o que agrava o declínio. Como tanto as companhias quanto as famílias se endividaram maciçamente durante o *boom*, muitas vezes usando suas ações como garantia, e grande parte de sua riqueza evaporou com a queda do mercado acionário, as possibilidades de uma recessão aumentam. No entanto, se o mercado de capitais se recuperar antes que o dano causado pelo desinvestimento se amplie, o motor de crescimento da nova economia poderia ser rapidamente posto em marcha. Quando estiver lendo isto, você saberá a continuação da história. Mas não o fim — porque este não é o fim da nova economia, mas o início de seu segundo estágio, em suas diferentes versões, em suas altas seguidas por baixas.

Há portanto, realmente, um ciclo comercial na nova economia. Mas a diferença em relação à economia industrial — e nisso concordo novamente com a notável análise de Michael Mandel (2000) — é que as flutuações da bolsa de valores são sincronizadas com o ciclo comercial, pela simples razão de que elas impelem o investimento e os ciclos de inovação. A convergência de ciclos financeiros, ciclos de inovação e ciclos comerciais faz com que se reforcem mutuamente na dinâmica de suas altas e baixas. Isso resulta tanto numa aceleração do crescimento quanto num agravamento da recessão.

A crise de um dos ícones da nova economia, a Cisco Systems, é uma boa ilustração do vínculo entre ciclo financeiro e ciclo comercial. Diante das incertezas da economia, com os valores do mercado de capitais declinando, e tendo estocado equipamentos de Internet em 1999, na segunda metade de 2000 companhias nos Estados Unidos e no mundo todo puseram um freio em seu gasto de capital — particularmente em equipamento de rede da Internet. A Cisco não interpretou os sinais do mercado corretamente. Tendo anteriormente perdido vendas por ter subestimado a rápida expansão do mercado nos trimestres anteriores, e tendo experimentado um aumento trimestral de rendimentos de mais de 50% durante 1999-2000, a companhia continuou a acumular capacidade e estoque no outono de 2000. Seus modelos de previsão não conseguiram captar a extrema volatilidade do mercado. No primeiro trimestre de 2001, diante de uma demanda em declínio, os rendimentos da Cisco caíram 5% em relação ao ano anterior, pela primeira vez numa década de expansão acelerada, e um declínio maior era esperado para o trimestre seguinte. A empresa decidiu demitir milhares de trabalhadores e contraiu uma dívida de 2,5 bilhões de dólares para reduzir o estoque. O preço de sua ação despencou para 18 dólares, 78% abaixo do nível mais alto, atingido em março de 2000. A desvalorização de suas ações privou a Cisco da capacidade financeira de levar adiante sua política de aquisições, um elemento-chave de sua estratégia para aperfeiçoar a tecnologia da companhia mediante a compra de know-how e conhecimento especializado incorporados a firmas inovadoras. Portanto, a desvalorização das ações, o declínio dos rendimentos e lucros e a redução da capacidade tecnológica se alimentaram mutuamente. Isso enfraqueceu a posição da Cisco diante de alguns de seus concorrentes, particularmente no mercado de tecnologia de ponta dos roteadores, em que parte de sua fatia do mercado foi abocanhada pela Juniper Networks, caindo de 78% em 1999 para 65% em 2000. A Cisco ainda esperava um aumento dos rendimentos de 30% para 2002-5, confiando numa nova onda de expansão global da Internet. Talvez esteja certa e, de todo modo, a companhia continuará entre os maiores fabricantes de equipamento de rede, um mercado que claramente se expandirá na próxima década.

Mas não quero entrar nessa discussão. O significado analítico da crise da Cisco é duplo. Primeiro, a interconexão eletrônica não pode suprir uma estratégia falha: a volatilidade da nova economia é sistêmica e, portanto, as projeções das empresas não podem se fundar em dados do passado, inclusive o passado recente. O que a interconexão flexível faz é dar às companhias a capacidade de praticar uma resposta "em tempo" (*just-in-time*) aos sinais do mercado. Nesse sentido, o modelo empresarial em rede da Cisco ainda tem um longo caminho a percorrer porque a tecnologia parece ser melhor do que a economia implícita no modelo de administração.

Em segundo lugar, a conexão entre financiamento, inovação e demanda do mercado abre a possibilidade de declínios acentuados para qualquer empresa dada, após longos períodos de crescimento elevado. Por exemplo, a confiança em aquisições de empresas baseadas em ações para estimular a inovação tecnológica torna a companhia excessivamente dependente da avaliação de suas ações. Com capacidade limitada de levantar capital e sem fontes autônomas de inovação, uma companhia da nova economia está em sérias dificuldades. É essencial, portanto, manter capacidade endógena de Pesquisa e Desenvolvimento na companhia para desenvolver inovação tecnológica organicamente, a partir de dentro, já que é essa inovação que pode ajudar a companhia a recuperar competitividade, e assim elevar o valor de suas ações. A crise relativa da Cisco (um fabricante extremamente inovador e produtivo de equipamento essencial de rede) mostra que o declínio da nova economia em 2000-1 não foi simplesmente o estouro da bolha financeira das companhias ponto.com. Foi a expressão de novas formas de ciclo comercial que afetam todos os tipos de indústria, com consequências particularmente graves para aquelas companhias que se baseiam numa estratégia de grande crescimento, que pode reverter subitamente a uma rápida desaceleração de sua atividade.

Recapitulemos as lições analíticas. A nova economia é impelida por um mercado de capitais extremamente sensível que financia inovação de alto risco na origem de elevado crescimento da produtividade. É uma economia que envolve apostas altas: crescimento elevado e criação extraordinária de riqueza andam juntos com declínios abruptos potenciais e destruição de riqueza. Uma vez que os mecanismos de avaliação do mercado espiralam para baixo, a baixa não pode ser sustada simplesmente por mecanismos de preço: é necessária uma inversão de expectativas. De outro modo, quando os preços das ações se tornam uma pechincha, pode haver muito pouco dinheiro para comprá-las e medo demais para abandonar os portos seguros para poupanças que aparecem nos tempos de retração. Nem novas ondas de inovação tecnológica (na biotecnologia, na Internet móvel, na nanotecnologia) são capazes de reativar a economia, a menos que haja confiança em suas perspectivas comerciais futuras.

Em seu cerne, a nova economia se funda na cultura: na cultura da inovação, na cultura do risco, na cultura das expectativas e, por fim, na cultura da esperança no futuro. A nova economia só poderá prosperar novamente se essa cultura sobreviver aos negativistas da velha economia. No entanto, o conhecimento e a experiência da fragilidade desse processo de criação de riqueza podem gerar uma nova filosofia pessoal no modo como viveremos o segundo estágio da nova economia.

Links de leitura

ALI-YRKKO, Jyrki (2001) *Nokia's Network: Gaining Competitiveness from Cooperation.* Helsinki: Toulestieto Oy.

_____ Paija, Laura; Reilly, Catherine e Yla-Anttila, Pekka (2000) *Nokia: A Big Company in a Small Country.* Helsinki: Toulestieto Oy, The Research Institute of the Finnish Economy.

ARTHUR, Brian (1994) *Increasing Returns and Path Dependence in the Economy.* Ann Arbor: University of Michigan Press.

BALAJI, P. (1999) "The transformation and structure of the high technology industrial complex in Bangalore", dissertação de doutorado inédita, University of California, Department of City and Regional Planning, Berkeley, Califórnia.

BENNER, Chris (2001) *Flexible Work in the Information Economy: Labor Markets in Silicon Valley.* Oxford: Blackwell.

BRESNAHAN, Timothy; Brynjolffson, Erik e Hitt, Lorin M. (2000) "Information technology, workplace organization, and the demand for skilled labor: firm-level evidence", Cambridge, MA: MIT-Sloan School Center for E-business, artigo de trabalho.

BRYNJOLFSSON, Erik e Hitt, Lorin M. (2000) *Computing Productivity: Firm-level Evidence.* Cambridge, MA: MIT-Sloan School Center for E-business, artigo de trabalho.

_____ e Yang, Shinkyu (2000) "Intangible assets: how the interaction of computers and organization structure affects stock market valuations", Cambridge, MA: MIT-Sloan School Center for E-business, artigo de trabalho.

BUNNELL, David (2000) *Making the Cisco Connection: The Story Behind the Real Internet Superpower.* Nova York: John Wiley.

BURTON-JONES, Alan (1999) *Knowledge Capitalism: Business, Work, and Learning in the New Economy.* Oxford: Oxford University Press.

BUSINESS Week (2001) "Rethinking the Internet: Special Report", 26 de março: p.116 ss.

CARNOY, Martin (2000) *Sustaining the New Economy: Work, Family and Community in the Information Age.* Cambridge, MA: Harvard University Press.

CASTELLS, Manuel (1996-2000) *The Rise of the Network Society.* Oxford: Blackwell.

CHANDLER, Alfred D. e Cortada, James W. (orgs.) (2000) *A Nation Transformed by Information: How Information has Shaped the United States from Colonial Times to the Present.* Nova York: Oxford University Press.

GARBER, Peter (2000) *Famous First Bubbles: The Fundamentals of Early Mania.* Cambridge, MA: MIT Press.

GUPTA, Udayan (org.) (2000) *Done Deals: Venture Capitalists Tell their Stories.* Boston, MA: Harvard Business School Press.

HARTMAN, Amir e Sifonis, John, com John Kador (2000) *Net Ready: Strategies for Success in the E-conomy.* Nova York: McGraw-Hill.

JORGENSON, Dale e Stiroh, Kevin (2000) *Raising the Speed Limit: US Economic Growth in the Information Age,* Brooking Papers on Economic Activity, vol.2. Washington, DC: The Brookings Institution.

_____ e Yip, Eric (2000) "Whatever happened to productivity? Investment and growth in the G-7", in E.R. Dean et al. (2000) *New Developments in Productivity Analysis.* Chicago, IL: University of Chicago Press.

KELLY, Kevin (1998) *New Rules for the New Economy.* Nova York: Viking Press.

LUCAS, Henry C. (1999) *Information Technology and the Productivity Paradox.* Nova York: Oxford University Press.

MANDEL, Michael (2000) *The Coming Internet Depression.* Nova York: Basic Books.

NOKIA/INSIGHT (2001) *Business Review 2000.*

OLINER, Stephen e Sichel, Daniel (1994) *Computers and Output Growth Revisited: How Big is the Puzzle?*, Brooking Papers on Economic Activity. Washington, DC: The Brookings Institution.

SAXENIAN, Anna L. (1999) *Immigrant Entrepreneurs in Silicon Valley.* São Francisco: Public Policy Institute of California.

SCHILLER, Dan (1999) *Digital Capitalism: Networking the Global Market System.* Cambridge, MA: MIT Press.

SHAPIRO, Carl e Varian, Hal R. (1999) *Information Rules. A Strategic Guide to the Network* Economy. Boston, MA: Harvard Business School Press.

SHILLER, Robert (1999) *Irrational Exhuberance.* New Haven, CT: Yale University Press.

SICHEL, Daniel (1997) *The Computer Revolution: An Economic Perspective.* Washington, DC: The Brookings Institution.

UCSF/FIELD Institute (1999) *The 1999 California Work and Health Survey.* São Francisco: University of California at San Francisco, Institute for Health Policy Studies.

VLAMIS, Anthony e Smith, Bob (2001) *Do You? Business the Yahoo! Way.* Milford, CT: Capstone.

VOLCKER, Paul (2000) "A sea of global fianance", em Will Hutton e Anthony Giddens (orgs.), *On the Edge: Living in Global Capitalism.* Londres: Jonathan Cape.

ZOOK, Matthew (2001) "The geography of the Internet industry: venture capital, Internet start-ups, and regional development", dissertação de doutorado inédita, University of California, Department of City and Regional Planning, Berkeley, California.

e-Links

www.forrester.com
Fonte confiável de estimativas e projeções sobre a evolução das empresas eletrônicas.

www.internetindicators.com
Estudo sobre o comércio eletrônico da Universidade do Texas.

www.neweconomyindex.org
Site norte-americano com compilação e análise de dados sobre o impacto da nova economia sobre cidades, estados e o país.

www.industrystandard.com
Útil website de uma das principais publicações sobre as indústrias de alta tecnologia.

www.business2.com
Website de uma publicação bem-informada sobre comércio eletrônico.

www.redherring.com/
Website da *Red Herring*, uma das mais importantes revistas sobre capital de giro e comércio eletrônico.

www.dotcom.com/
Banco de dados sobre soluções de rede em empresas usando a web.

www.ventureeconomics.com/
Informação sobre investimento privado em ações.

www.pwcmoneytree.com/
Estudo trimestral da PriceWaterhouseCoopers sobre investimentos de capital de risco.

http://ebusiness.mit.edu/erik
Website que publica uma série de artigos de pesquisa de Erik Brynjolffson e colaboradores, eminentes analistas da relação entre informação, tecnologia, organização empresarial e produtividade.

www.sims.berkeley.edu/people/hal/articles.html
Lyman, Peter e Varian, Hal (2000) "How much information?," Berkeley, CA: University of California, SIMS, Relatório de pesquisa, 19 de outubro. A estimativa, por dois acadêmicos respeitados, da quantidade de informação existente no mundo sob seus vários formatos.

CAPÍTULO 4

Comunidades virtuais ou sociedade de rede?

A emergência da Internet como um novo meio de comunicação esteve associada a afirmações conflitantes sobre a ascensão de novos padrões de interação social. Por um lado, a formação de comunidades virtuais, baseadas sobretudo em comunicação on-line, foi interpretada como a culminação de um processo histórico de desvinculação entre localidade e sociabilidade na formação da comunidade: novos padrões, seletivos, de relações sociais substituem as formas de interação humana territorialmente limitadas. Por outro lado, críticos da Internet, e reportagens da mídia, por vezes baseando-se em estudos de pesquisadores acadêmicos, sustentam que a difusão da Internet está conduzindo ao isolamento social, a um colapso da comunicação social e da vida familiar, na medida em que indivíduos sem face praticam uma sociabilidade aleatória, abandonando ao mesmo tempo interações face a face em ambientes reais. Além disso, dedicou-se grande atenção a intercâmbios sociais baseados em identidades falsas e representação de papéis. Assim, a Internet foi acusada de induzir gradualmente as pessoas a viver suas fantasias on-line, fugindo do mundo real, numa cultura cada vez mais dominada pela realidade virtual.

Esse debate, bastante estéril, foi em grande parte prejudicado por três limitações. Em primeiro lugar, precedeu de muito à difusão generalizada da Internet, baseando suas afirmações na observação de um número reduzido de experiências entre usuários pioneiros da Internet — com isso, maximizou a distância social entre os usuários da Internet e o conjunto da sociedade. Em segundo lugar, desdobrou-se na ausência de um corpo substancial de pesquisa empírica confiável sobre os usos reais da Internet. E em terceiro, foi construído em torno de questões bastante simplistas e, em última análise, enganosas, como a oposição ideológica entre a comunidade local harmoniosa de um passado idealizado e a existência alienada do "cidadão da Internet" solitário, associado com demasiada frequência, na imaginação popular, ao estereótipo do *nerd*.

Atualmente, essas limitações estão desaparecendo, e deveríamos ser capazes de avaliar os padrões de sociabilidade que advêm do uso da Internet, pelo menos em sociedades desenvolvidas, onde já há difusão maciça da Internet. Embora a pesquisa acadêmica nesse campo ainda não esteja à altura da importância do tópico, dispomos agora de dados e análises suficientes para formular nossa interpretação em bases menos instáveis que aquelas da futurologia e do jornalismo popular. Ainda assim, os tipos de questão que dominam o debate público continuam sendo expressos em dicotomias simplistas, ideológicas, que dificultam uma compreensão dos novos padrões de interação social. Por isso, avançarei com cautela na formulação da discussão apresentada neste capítulo, dissipando primeiro alguns erros comuns relativos ao comportamento social associado à comunicação na Internet, para depois tentar pôr ordem no que sabemos sobre a matéria, e por fim tentar interpretar esse conhecimento de modo a propor algumas hipóteses sobre os padrões de sociabilidade que estão emergindo em nossas sociedades. Ao fazê-lo, estarei me valendo dos esforços de vários estudiosos para sintetizar e interpretar os indícios disponíveis sobre a relação entre a Internet e a sociedade. De especial valor para a elaboração de minhas reflexões foram os estudo de Barry Wellman e seus colegas, o panorama dos estudos sobre comunidades virtuais de Steve Jones, e a notável revisão dos estudos sociais relacionados com a Internet escrita por Di Maggio, Hargittai, Neuman e Robinson. Outras fontes usadas e comentadas nestes capítulo estão indicadas como Links de leitura no final do capítulo.

A realidade social da virtualidade da Internet

Antes de mais nada, os usos da Internet são, esmagadoramente, instrumentais, e estreitamente ligados ao trabalho, à família e à vida cotidiana. O e-mail representa mais de 85% do uso da Internet, e a maior parte desse volume relaciona-se a objetivos de trabalho, a tarefas específicas e a manutenção de contato com a família e os amigos em tempo real (Anderson e Tracey, 2001; Howard, Rainie e Jones, 2001; Tracey e Anderson, 2001). Embora as salas de chat, os *news groups* e as conferências para múltiplos fins fossem significativos para os primeiros usuários, sua importância quantitativa e qualitativa definhou com a propagação da Internet.

A Internet foi apropriada pela prática social, em toda a sua diversidade, embora essa apropriação tenha efeitos específicos sobre a própria prática social, como discutirei abaixo. A representação de papéis e a construção de identidade como base da interação on-line representam uma proporção minúscula da sociabilidade baseada na Internet, e esse tipo de prática parece estar fortemente concentrado entre adolescentes. De fato, são os adolescentes que estão no processo de descobrir sua identidade, de fazer experiências com ela, de descobrir quem realmente são ou gostariam de ser, oferecendo assim um fascinante campo de pesquisa para a compreensão da construção e da experimentação da identidade. No entanto, a proliferação de estudos sobre esse assunto distorceu a percepção pública da prática social da Internet, mostrando-a como o terreno privilegiado para as fantasias pessoais. O mais das vezes, ela não é isso. É uma extensão da vida como ela é, em todas as suas dimensões e sob todas as suas modalidades. Ademais, mesmo na representação de papéis e nas salas informais de chat, vidas reais (inclusive vidas reais on-line) parecem moldar a interação on-line. Assim, Sherry Turkle, a pioneira dos estudos de construção de identidade na Internet, conclui seu estudo clássico observando que "a noção do real resiste. As pessoas que vivem vidas paralelas na tela são, não obstante, limitadas pelos desejos, a dor e a mortalidade de suas pessoas físicas. As comunidades virtuais oferecem um novo contexto alegórico em que se pensar sobre a identidade humana na era da Internet" (Turkle, 1995, p.267). De maneira semelhante, Nancy Baym, estudando o comportamento de comunidades on-line com base em seu estudo etnográfico dos r.a.t.s (um *news group* que discutia telenovelas), declara que "a realidade parece ser que muitos, provavelmente a maioria, dos usuários sociais da comunicação mediada por computador criam personalidades on-line compatíveis com suas identidades off-line" (Baym, 1998, p.55). Em suma, a representação de papéis é uma experiência social válida, mas não constitui uma proporção significativa da interação social na Internet hoje.

Os primeiros estágios do uso da Internet, na década de 1980, foram anunciados como a chegada de uma nova era de comunicação livre e realização pessoal nas comunidades virtuais formadas em torno da comunicação mediada pelo computador. Declarações como a de John Perry Barlow, cofundador da libertária Electronic Frontier Foundation, são representativas dessa tendência profética: "Estamos criando um espaço em que as pessoas do planeta possam ter [um novo] tipo de relação de comunicação: quero ser capaz de interagir plenamente com a consciência que está tentando se comunicar comigo" (Barlow, 1995, p.40). O influente livro de Howard Rheingold, *The Virtual Community* (1993) deu o tom do debate ao defender veementemente o nascimento de uma nova forma de comunidade, que reuniria as pessoas on-line em torno de valores e interesses compartilhados, criando laços de apoio e amizade que poderiam se estender também à interação face a face. Sociabilidade irrestrita era a promessa. E a experiência da WELL, uma comunidade virtual que surgiu na área da Baía de São Francisco em meados da década de 1980, com a participação de figuras-chave dos primórdios da cultura da Internet, como Stuart Brand, Larry Brilliant e Howard Rheingold, parecia corresponder ao modelo. No entanto, à medida que a Internet se difundiu para o conjunto da sociedade, seus efeitos sobre a sociabilidade tornaram-se consideravelmente menos espetaculares. Até a WELL experimentou considerável transformação ao longo dos anos, à medida que pressões de comercialização e trocas subsequentes de proprietário transformaram seu caráter e seus integrantes, como o documentou um estudo de Zhou (2000).

Contrariando alegações de que a Internet seria ou uma fonte de comunitarismo renovado ou uma causa de alienação do mundo real, a interação social na Internet não parece ter um efeito direto sobre a configuração da vida cotidiana em geral, exceto por adicionar interação on-line às relações sociais existentes. Assim, Karina Tracey, relatando um grande estudo longitudinal sobre usos domésticos da Internet no Reino Unido, realizado para a Telecom britânica (BT), não observa muita diferença entre usuários e não usuários da Internet em seu comportamento social e vida cotidiana, depois de introduzidos os controles adequados para variáveis sociais e demográficas (Tracey, 2000). Anderson et al. (1999), analisando os dados do mesmo estudo para BT constatam que a comunicação mediada por computador e a comunicação telefônica reforçam-se mutuamente, em particular no contato com amigos. Embora os usuários de computador tenham menor tendência a ter contato regular pessoa-a-pessoa com parentes do que não usuários, os pesquisadores atribuem isso a diferenças de classe: como pessoas de status social mais elevado tendem a ter mais amigos, que são mais diversificados e moram a distâncias maiores, o e-mail é um bom instrumento para a manutenção dessa rede mais ampla de relações. Por outro lado, pessoas de classes sociais mais baixas tendem a ter mais contatos informais com parentes e amigos, sentindo por isso menos necessidade de se comunicar à distância.

Resumindo os achados de seu estudo, que incluiu 2.600 indivíduos em mil domicílios no Reino Unido, Anderson e Tracey (2001, p.16) concluíram que:

> não há indícios, a partir destes dados, de que indivíduos que têm agora acesso à Internet em casa e o utilizam estejam gastando menos tempo assistindo televisão, lendo livros, ouvindo rádio ou envolvidos em atividade social na casa se comparados a indivíduos que não têm (ou não têm mais) acesso à Internet em casa. As únicas mudanças que podem ser associadas ao ganho de acesso à Internet são um aumento do tempo dedicado ao e-mail e ao surfe na web — um resultado espantosamente óbvio. A únicas mudanças que podem ser associadas à perda do acesso à Internet são o menor tempo gasto no preparo da comida, mudanças em circunstâncias educacionais e no emprego remunerado baseado em casa.

Nos EUA, Katz, Rice e Aspden (2001) analisaram a relação entre uso da Internet, envolvimento cívico e interação social com base em levantamentos aleatórios por telefone em âmbito nacional conduzidos em 1995, 1996, 1997 e 2000. Encontraram nível mais elevado ou igual de envolvimento comunitário e político entre usuários da Internet comparados a não usuários. Encontraram também uma associação positiva entre uso da Internet e frequência de telefonemas, além de um nível mais alto de interação social. Os usuários da Internet tendiam mais do que não usuários a se encontrar com amigos e a ter uma vida social longe de casa, embora suas redes de interação social fossem mais dispersas espacialmente que as dos não usuários. Tanto para usuários antigos quanto para recentes, a atividade on-line não tinha muito impacto sobre o tempo passado com a família e os amigos. Um décimo dos usuários da Internet tinham contato com os amigos on-line e eram ativos em comunidades on-line.

Constatações semelhantes são relatadas por Howard, Rainie e Jones (2001) com base num levantamento feito em 2000 com uma amostra nacional representativa, conduzido pelo Internet and American Life Project (2000) do Pew Institute: o uso do e-mail aumenta a vida social com a família e os amigos, e amplia os contatos sociais gerais, após o controle de possíveis variáveis intervenientes que não o uso de e-mail. Um levantamento feito por Uslaner em 1999 (tal como citado por Di Maggio, Hargittai, Neuman e Robinson, 2001) mostrou que os usuários da Internet tendem a ter redes sociais maiores que os não usuários. Robert Putnam, em seu importante livro sobre o declínio do engajamento cívico nos Estados Unidos, *Bowling Alone*, afirma: "Sabemos também que os primeiros usuários da tecnologia da Internet não eram mais (e nem menos) civicamente engajados que quaisquer outras pessoas. Na altura de 1999 três estudos independentes (inclusive o meu próprio) haviam confirmado que, uma vez que controlamos o nível educacional mais alto dos usuários da Internet, eles são indistinguíveis de não usuários no que diz respeito a engajamento cívico" (Putnam, 2000, p.170).

Se alguma coisa pode ser dita, é que a Internet parece ter um efeito positivo sobre a interação social, e tende a aumentar a exposição a outras fontes de informação. Di Maggio, Hargittai, Neuman e Robinson (2001) relatam resultados de levantamentos de participação pública que mostram que usuários da Internet (após o controle das demais variáveis) frequentavam mais eventos de arte, liam mais literatura, viam mais filmes, assistiam mais esportes e praticavam mais esportes que não usuários. Um levantamento a partir de uma amostra de norte-americanos conduzido por uma equipe de pesquisa da Universidade da Califórnia-Los Angeles em outubro de 2000, verificou que dois terços dos 2.096 respondentes tinham estado on-line em algum momento no ano anterior. Desses, 75% declararam não sentir que eram ignorados por família ou amigos em consequência de sua atividade na Internet. Ao contrário, disseram que uso do e-mail e das salas de chat tinham tido um impacto moderadamente positivo em sua capacidade de fazer amigos e se comunicar com suas famílias (Cole et al., 2000).

Além disso, Barry Wellman e colegas mostraram, numa sequência de estudos feitos ao longo da meia década passada, um efeito cumulativo positivo entre intensidade do uso da Internet e densidade das relações sociais. Talvez os achados mais significativos sejam os relatados pela equipe de Wellman com base num levantamento feito com 40.000 usuários na América do Norte, conduzido através do website da National Geographic no outono de 1998. Eles constataram que o uso do e-mail contribuía para a interação face a face, por telefone e por carta, e não substituía outras formas de interação social. O impacto positivo do e-mail sobre a sociabilidade foi mais importante na interação com amigos do que com parentes, e foi particularmente relevante para a manutenção de contato com amigos ou parentes distantes. Pessoas com maior nível de educação pareciam mais ansiosas para enviar e-mails a amigos distantes. Usuários jovens tendiam a mandar e-mails para amigos, ao passo que os mais velhos privilegiavam parentes em sua prática de e-mail. Esses padrões de sociabilidade eram similares para homens e mulheres.

Desenvolvendo essa perspectiva de pesquisa, Hampton e Wellman (2000) empreenderam um estudo exemplar em 1998-9 sobre o subúrbio mais "plugado" do Canadá. "Netville" é um subúrbio de Toronto que foi vendido como "a primeira comunidade residencial interativa". Foi oferecida aos proprietários das cerca de 120 casas (de classe média baixa) conexão de banda larga em tempo integral com a Internet, gratuita, durante dois anos, em troca da concordância em ser estudado. Ao todo, 65% das famílias aceitaram o trato, o que tornou possível não somente sua observação como uma comparação com os moradores do mesmo subúrbio que não tinham conexão com a Internet. Constatou-se que os moradores de "Netville" que eram usuários da Internet tinham um número mais elevado de laços sociais fortes, de laços fracos, e de relações de conhecimento dentro do bairro e fora dele, do que os que não tinham conexão com a Internet. O uso da Internet aumentava a sociabilidade tanto a distância quanto na comunidade local. As pessoas estavam mais a par das notícias locais pelo acesso ao sistema de e-mail da comunidade que servia como um instrumento de comunicação entre vizinhos. O uso da Internet fortalecia relações sociais tanto à distância quanto num nível local para laços fortes e fracos, para fins instrumentais ou emocionais, bem como para a participação social na comunidade. De fato, no final do período da experiência, os usuários da Internet se mobilizaram para obter uma extensão de sua conexão, e usaram a lista de correspondência da comunidade para sua mobilização. Portanto, em geral, houve no experimento Netville um feedback positivo entre sociabilidade on-line e off-line, com o uso da Internet aumentando e mantendo laços sociais e envolvimento social para a maioria dos usuários. Patrice Riemens (comunicação pessoal, 2001) relata um experimento similar com uma "comunidade plugada" na Holanda, que também levou à mobilização dos usuários para pedir uma conexão de nível superior ao que o KPN, o provedor de serviços da Internet, estava em condições de fornecer.

Há, no entanto, relatos conflitantes sobre os efeitos do uso da Internet sobre a sociabilidade. Nos EUA, dois estudos costumam ser citados como prova do efeito isolador da Internet: um levantamento on-line da Universidade Stanford junto a 4.000 usuários realizado por Nie e Erdring (2000), e o extremamente difundido estudo de Pittsburgh, levado a efeito por Kraut et al. (1998). Nie e Erdring observaram um padrão de interação pessoa-a-pessoa declinante e perda de envolvimento social entre usuários pesados da Internet, ao mesmo tempo em que relataram que, para a maioria dos usuários, não houve mudança significativa em suas vidas. Kraut et al. (1998), num estudo cuidadosamente planejado de uma amostra de 169 famílias durante os dois primeiros anos de sua experiência com comunicação mediada por computador, verificaram que o maior uso da Internet estava associado a um declínio na comunicação dos participantes com os membros de sua família em casa, um declínio no tamanho de seu círculo social e um agravamento de sua depressão e solidão.

Pesquisadores tentaram interpretar esses estudos, em acentuado contraste com a maior parte dos indícios disponíveis, sem questionar a qualidade dos estudos em si mesmos, que tiveram origem em instituições acadêmicas altamente respeitadas (Universidades Stanford e Carnegie Mellon). No caso do estudo de Pittsburgh, um fator importante parece ter sido o fato de que aquelas famílias estavam usando a Internet pela primeira vez: na verdade, foram os pesquisadores que lhes forneceram computadores com o objetivo de observar seu comportamento. Di Maggio, Hargittai, Neuman e Robinson (2001) observam que, com base num estudo conduzido por Neuman e colegas em 1996, usuários noviços da Internet tendem a experimentar altos níveis de frustração com um meio que não dominaram realmente e que exige um esforço de sua parte para romper com seus hábitos. Assim, alguns dos efeitos observados por Kraut et al. (1998) podem ter estado ligados à inexperiência no uso da Internet, e não ao seu uso propriamente dito. De fato, segundo o estudo conduzido por Katz, Rice e Aspden (2001) sobre os resultados dos levantamentos nacionais por telefone, em 1995 usuários da Internet relataram uma sensação de sobrecarga, estresse e insatisfação com suas vidas em maior proporção que não usuários. No entanto, em 2000, embora ainda sentindo a "sobrecarga da vida" em maior proporção que não usuários, os usuários da Internet relataram maior satisfação e interação social mais intensa com família e amigos do que não usuários, controladas as demais variáveis. É possível, portanto, que a inserção da Internet na prática da vida e a familiaridade com o meio favoreçam a adaptação ao novo ambiente tecnológico, eliminando reações iniciais negativas que se produzem durante o período de introdução da Internet numa população não iniciada ao computador.

No caso do levantamento de Nie e Erdring (2000), a perda de sociabilidade relatada dizia respeito apenas aos usuários mais assíduos da Internet, o que poderia indicar a existência de um limiar de uso da Internet acima do qual a interação on-line sacrifica a sociabilidade off-line. Isso pode ser mais bem-compreendido a partir de um outro estudo relatado por Di Maggio, Hargittai, Neuman e Robinson (2001), segundo o qual, embora os usuários da Internet não mostrem sociabilidade declinante, após certo limiar de atividade on-line eles de fato substituem outras atividades, como os serviços domésticos, o cuidado da família ou o sono, pelo uso da Internet.

Portanto, de modo geral, o corpo de dados não sustenta a tese de que o uso da Internet leva a menor interação social e maior isolamento social. Há alguns indícios, porém, de que, sob certas circunstâncias, o uso da Internet pode servir como um substituto para outras atividades sociais. Como os estudos que sustentam teses alternativas foram realizados em diferentes momentos, em diferentes contextos e em diferentes estágios da difusão do uso da Internet, é difícil chegar a uma conclusão definitiva sobre os efeitos da Internet sobre a sociabilidade. É possível, porém, que o verdadeiro problema seja saber se o tipo correto de pergunta está sendo formulado. Essa é, de fato, a posição de alguns dos mais eminentes pesquisadores nesse campo de estudo, como Wellman, Haythornthwaite, Putnam, Jones, Di Maggio, Hargittai, Neuman, Robinson, Kiesler, Anderson, Tracey e outros. Especificamente, que o estudo da sociabilidade na/sobre/com a Internet deve ser situado no contexto da transformação dos padrões de sociabilidade em nossa sociedade. Isso não significa menosprezar a importância do meio tecnológico, mas inserir seus efeitos específicos na evolução geral de padrões de interação social e em sua relação com os suportes materiais dessa interação: espaço, organizações e tecnologias da comunicação.

Comunidades, redes e a transformação da sociabilidade

A noção de "comunidades virtuais", proposta pelos pioneiros da interação social na Internet, tinha uma grande virtude: chamava a atenção para o surgimento de novos suportes tecnológicos para a sociabilidade, diferentes de formas anteriores de interação, mas não necessariamente inferiores a elas. Mas induziu também a um grande equívoco: o termo "comunidade", com todas as suas fortes conotações, confundiu formas diferentes de relação social e estimulou discussão ideológica entre aqueles nostálgicos da antiga comunidade, espacialmente limitada, e os defensores entusiásticos da comunidade de escolha possibilitada pela Internet. De fato, para sociólogos urbanos, essa é uma discussão muito velha, que reproduz debates anteriores entre os que viam o processo de urbanização como o desaparecimento de formas significativas de vida comunitária, para serem substituídas por laços seletivos e mais fracos entre famílias espalhadas na metrópole anônima, e os que identificavam a cidade com a libertação das pessoas de formas tradicionais de controle social.

É extremamente duvidoso que essas comunidades culturalmente homogêneas e espacialmente limitadas jamais tenham existido, como sustenta Oscar Lewis em sua crítica devastadora à obra clássica de Robert Redfield sobre a aldeia mexicana de Tepoztlan (hoje um elegante local de férias para elites cosmopolitas), que foi a pedra angular da concepção antropológica da comunidade como uma sociedade tradicional (*folk society*)*. No entanto, a sociabilidade baseada no lugar foi de fato

* Folk society refere-se a um tipo de sociedade totalmente coesa — moral, religiosa, política e socialmente — devido ao pequeno número de pessoas vivendo isoladas. É tida como o modelo das sociedades pré-letradas ou "primitivas" tradicionalmente estudadas pelos antropólogos. Na visão de Redfield, uma folk society seria caracterizada por uma ordem moral absoluta que satisfaria todas as "necessidades espirituais" de um indivíduo, de seu nascimento até a morte. (N.R.T.)

uma fonte importante de apoio e interação social, tanto em sociedades agrícolas quanto nos primeiros estágios da era industrial — com a ressalva adicional de que essa sociabilidade era fundada não só em vizinhanças, mas em locais de trabalho. Essa forma de comunidade territorialmente definida não desapareceu do mundo em geral, mas certamente desempenha papel pequeno na estruturação de relações sociais para a maioria da população em sociedades desenvolvidas, como estudos de Fischer (1982), entre outros, mostraram muitos anos atrás. Ademais, com base em minhas próprias observações de "invasões" na América Latina, bem com em outros estudos, a proximidade geográfica perdeu sua preeminência na configuração de relações sociais em muitas dessas áreas afligidas pela pobreza há pelo menos vinte anos (Castells, 1983; Espinoza, 1999; Perlman, 2001).

O desaparecimento da comunidade residencial como forma significativa de sociabilidade parece não ter relação com os padrões de povoamento da população. Claude Fischer (2001) mostrou que na terra da mobilidade geográfica, os Estados Unidos, a mobilidade residencial na verdade decresceu entre 1950 e 1999. Assim, as pessoas não formam seus laços significativos em sociedades locais, não por não terem raízes espaciais, mas por selecionarem suas relações com base em afinidades. Além disso, padrões espaciais não tendem a ter um efeito importante sobre a sociabilidade. Vários estudos feitos por sociólogos urbanos (entre os quais Suzanne Keller, Barry Wellman e Claude Fischer) mostraram, anos atrás, que redes substituem lugares como suportes da sociabilidade nos bairros e nas cidades.

Isso não quer dizer, contudo, que a sociabilidade baseada em lugar não exista mais. As sociedades não evoluem rumo a um padrão uniforme de relações sociais. De fato, é a crescente diversidade dos padrões de sociabilidade que constitui a especificidade da evolução social em nossas sociedades. Comunidades imigrantes na América do Norte e na Europa continuam a se basear fortemente em interação baseada em lugar (Waldinger, 2001). Mas é a condição de imigrante, e a concentração espacial de pessoas com essa condição em certas áreas, que determina o padrão de sociabilidade, e não a mera contiguidade espacial numa localidade. O decisivo, portanto, é a passagem da limitação espacial como fonte da sociabilidade para a comunidade espacial como expressão da organização social.

Talvez o passo analítico necessário para se compreender as novas formas de interação social na era da Internet seja tomar por base uma redefinição de comunidade, dando menos ênfase a seu componente cultural, dando mais ênfase a seu papel de apoio a indivíduos e famílias, e desvinculando sua existência social de um tipo único de suporte material. Assim, uma definição operacional útil a esse respeito é aquela proposta por Barry Wellman: "Comunidades são redes de laços interpessoais que proporcionam sociabilidade, apoio, informação, um senso de integração e identidade social" (2001, p.1). Naturalmente, a questão decisiva aqui é o deslocamento da comunidade para a rede como a forma central de organizar a interação. As comunidades, ao menos na tradição da pesquisa sociológica, baseavam-se no compartilhamento de valores e organização social. As redes são montadas pelas escolhas e estratégias de atores sociais, sejam indivíduos, famílias ou grupos sociais. Dessa forma, a grande transformação da sociabilidade em sociedades complexas ocorreu com a substituição de comunidades espaciais por redes como formas fundamentais de sociabilidade. Isso é verdadeiro no que diz respeito às nossas amizades, mas é ainda mais verdadeiro no tocante a laços de parentesco, à medida que a família extensa encolheu e novos meios de comunicação tornaram possível manter contato à distância com um pequeno número de familiares. Assim, o padrão de sociabilidade evoluiu rumo a um cerne de sociabilidade construído em torno da família nuclear em casa, a partir de onde redes de laços seletivos são formadas segundo os interesses e valores da cada membro da família.

Segundo Wellman e Giulia (1999), no contexto norte-americano as pessoas têm mais de mil laços interpessoais, dos quais só meia dúzia são íntimos, e menos de 50 significativamente fortes. A família nuclear desempenha realmente um papel fundamental na construção desses laços íntimos, mas o lugar de residência não o faz. Em média, os norte-americanos só sabem da existência de 12 vizinhos, mas apenas um deles representa um laço importante. Situações de trabalho, por outro lado, conservaram um papel importante na construção da sociabilidade, segundo as observações de Arlene Hochschild (1997). Contudo, a composição do núcleo íntimo de sociabilidade parece ser uma função tanto dos poucos laços remanescentes da família nuclear quanto de amizades extremamente seletivas, em que a distância é um fator, mas não um fator decisivo. No entanto, o fato de a maior parte dos laços mantidos pelas pessoas ser de "laços fracos" não significa que são desprezíveis. São fontes de informação, de trabalho, de desempenho, de comunicação, de envolvimento cívico e de divertimento. Aqui, mais uma vez, esses laços fracos são em sua maioria independentes de proximidade espacial e precisam ser mediados por algum meio de comunicação. A história social do telefone nos EUA, de Claude Fischer (1992), mostrou como o telefone reforçou padrões preexistentes de sociabilidade, sendo usado pelas pessoas para se manter em contato com parentes e amigos, bem como com aqueles vizinhos com quem já tinham travado conhecimento. E Anderson e Tracey (2001), Tracy e Anderson (2001) e Anderson et al. (1999), em seus estudos sobre o uso da Internet em famílias no Reino Unido, enfatizam o modo como as pessoas adaptam a Internet às suas vidas, em vez de transformar seu comportamento sob o "impacto" da tecnologia.

Ora, a tendência dominante na evolução das relações sociais em nossas sociedades é ascensão do individualismo, sob todas as suas manifestações. Isso não é uma tendência meramente cultural. Ou antes, é cultural no sentido da cultura material; isto é, um sistema de valores e crenças que informa o comportamento, que é enraizado nas condições materiais de trabalho e subsistência em nossas sociedades. A partir de perspectivas muito diferentes, cientistas sociais como Giddens, Putnam, Wellman, Beck, Carnoy e eu mesmo enfatizamos o surgimento de um novo sistema de relações sociais centrado no indivíduo. Após a transição da predominância de relações primárias (corporificadas em famílias e comunidades) para a de relações secundárias (corporificada em associações), o novo padrão dominante parece fundar-se no que poderíamos chamar de relações terciárias, ou no que Wellman chama de "comunidades personalizadas", corporificadas em redes egocentradas. Representa a privatização da sociabilidade. Essa relação individualizada com a sociedade é um padrão de sociabilidade específico, não um atributo psicológico. Enraíza-se, em primeiro lugar, na individualização da relação entre capital e trabalho, entre trabalhadores e o processo de trabalho, na empresa de rede. É induzida pela crise do patriarcalismo e a subsequente desintegração da família nuclear tradicional, tal como constituída no final do século XIX. É sustentada *(mas não produzida)* pelos novos padrões de urbanização, à medida que subúrbios e condomínios de luxo ainda mais afastados proliferam, e a desvinculação entre função e significado nos microlugares das megacidades individualiza e fragmenta o contexto espacial de existência. E é racionalizada pela crise de legitimidade política, à medida que a crescente distância entre os cidadãos e o Estado enfatiza o mecanismo de representação e estimula a saída do indivíduo da esfera pública. O novo padrão de sociabilidade em nossas sociedades é caracterizado pelo individualismo em rede.

A Internet como o suporte material para o individualismo em rede

Assim sendo, que papel desempenham as possibilidades (e as limitações) da Internet nesse contexto? Dados disponíveis, particularmente dos estudos realizados por Barry Wellman e colegas, e pelo Internet and American Life Project (2000) do Pew Institute, parecem indicar que a Internet é eficaz na manutenção de laços fracos, que de outra forma seriam perdidos no cotejo entre o esforço para se envolver em interação física (inclusive interação telefônica) e o valor da comunicação. Sob certas condições, ela pode também criar novos tipos de laços fracos, como nas comunidades de interesse que brotam nela, com destinos variáveis. Redes como SeniorNet, que põe pessoas idosas em contato para a troca instrumental de informação e apoio emocional e pessoal, são características desse tipo de interação. São suportes de laços fracos no sentido de que raramente constroem relações pessoais duradouras. As pessoas se ligam e se desligam da Internet, mudam de interesse, não revelam necessariamente sua identidade (embora não simulem uma diferente), migram para outros padrões on-line. Mas se as conexões específicas não são duradouras, o fluxo permanece, e muitos participantes da rede o utilizam como uma de suas manifestações sociais.

Observações similares poderiam ser feita acerca das várias comunidades on-line estudadas por Steve Jones e colegas. Elas correspondem de fato ao tipo de comunidade virtual que Rheingold popularizou. Mas, diferentemente da comunidade WELL em São Francisco, ou da Nettime na Holanda, as comunidades on-line são em geral efêmeras, e raramente articulam a interação on-line com a interação física. A melhor maneira de compreendê-las é vê-las como redes de sociabilidade, com geometria variável e composição cambiante, segundo a evolução dos interesses dos atores sociais e a forma da própria rede. Em grande medida, o tema em torno do qual a rede on-line é montada define seus participantes. Uma rede on-line de apoio a pacientes de câncer tende a atrair sobretudo pacientes de câncer e seus entes queridos, talvez com a adição de alguns observadores médicos e pesquisadores sociais, mas em geral exclui *voyeurs*, a não ser os do pior tipo. Contrariando o famoso cartum publicado por *The New Yorker* na pré-história da comunicação on-line, na Internet o melhor que você tem a fazer é mostrar para todo mundo que é um cachorro, não um gato, sob pena de se ver imerso na vida íntima dos gatos. Porque na Internet você é o que diz ser, já que é com base nessa presunção que uma rede de interação social é construída ao longo do tempo.

A Internet parece também desempenhar um papel positivo na manutenção de laços fortes à distância. Já se observou muitas vezes que relações de família, pressionadas pela crescente disparidade das formas de família, pelo individualismo e, por vezes, pela mobilidade geográfica, estão sendo ajudadas pelo uso do e-mail. Não só o e-mail fornece um instrumento fácil para "estar ali" à distância, como torna mais fácil marcar presença sem se envolver numa interação mais profunda para a qual não se dispõe de energia emocional naquele dia.

Mas o papel mais importante da Internet na estruturação de relações sociais é sua contribuição para o novo padrão de sociabilidade baseado no individualismo. De fato, como Wellman escreve, "redes sociais complexas sempre existiram, mas desenvolvimentos tecnológicos recentes nas comunicações permitiram seu advento como uma forma dominante de organização social" (2001, p.1). Cada vez mais, as pessoas estão organizadas não simplesmente em redes sociais, mas em redes sociais mediadas por computador. Assim, não é a Internet que cria um padrão de individualismo em rede, mas seu desenvolvimento que fornece um suporte material apropriado para a difusão do individualismo em rede como a forma dominante de sociabilidade.

O individualismo em rede é um padrão social, não um acúmulo de indivíduos isolados. O que ocorre é antes que indivíduos montam suas rede, on-line e off-line, com base em seus interesses, valores, afinidades e projetos. Por causa da flexibilidade e do poder de comunicação da Internet, a interação social on-line desempenha crescente papel na organização social como um todo. As redes on-line, quando se estabilizam em sua prática, podem formar comunidades, comunidades virtuais, diferentes das físicas, mas não necessariamente menos intensas ou menos eficazes na criação de laços e na mobilização. Além disso, o que observamos em nossas sociedades é o desenvolvimento de uma comunicação híbrida que reúne lugar físico e ciber lugar (para usar a terminologia de Wellman) para atuar como suporte material do individualismo em rede.

Assim, para mencionar apenas um dos muitos estudos que corroboram esse padrão de interação entre redes on-line e off-line, a investigação conduzida por Gustavo Cardoso (1998) na PT-net, uma das primeiras comunidades virtuais em português, mostrou estreita interação entre sociabilidade on-line e off-line, cada qual em seu próprio ritmo, e com suas características específicas, formando contudo um processo social indissolúvel. Como Cardoso relata: "Estamos na presença de uma nova noção de espaço, em que físico e virtual se influenciam um ao outro, lançando as bases para a emergência de novas formas de socialização, novos estilos de vida e novas formas de organização social" (1998, p.116).

Vivienne Waller (2000) mostrou o papel da Internet no desenvolvimento de novas formas de vida familiar individualizada em seu estudo pioneiro sobre usos domésticos da Internet em Canberra. Ela tomou por base os resultados do Internet and American Life Project (2000) do Pew Institute segundo os quais os americanos usam com frequência a Internet para "celebrar" a família: um terço deles usou-a para procurar um parente perdido, mais de 50% usaram-na para aumentar o contato com membros da família e muitos exibem informação sobre suas famílias em suas páginas na web. De fato, um americano em dez tinha algum parente que criara um website da família. Mas, tendo estabelecido a relevância da Internet nas relações familiares, tanto nos Estados Unidos quanto na Austrália, Waller vai além para sustentar que a Internet está sendo usada para redefinir as relações de família numa sociedade em que as pessoas estão experimentando novas formações familiares. Mostra como o e-mail permitiu a muitos realizar o que chama de "famílias de escolha", incorporando à vida cotidiana da família estranhos conhecidos via Internet, ou com quem o contato foi desenvolvido ou enriquecido por uma interação baseada na Internet durante um período. Assim, a prática do individualismo em rede pode estar redefinindo as fronteiras e o significado de instituições tradicionais de sociabilidade, como a família.

Em outros casos, essas redes on-line tornam-se formas de "comunidades especializadas", isto é, formas de sociabilidade construídas em torno de interesses específicos. Como as pessoas podem facilmente pertencer a várias dessas redes, os indivíduos tendem a desenvolver seus "portfólios de sociabilidade", investindo diferencialmente, em diferentes momentos, em várias redes com barreiras de ingresso e custos de oportunidade baixos. Disso decorre, por um lado, extrema flexibilidade na expressão da sociabilidade, à medida que indivíduos constroem e reconstroem suas formas de interação social. Por outro lado, o nível relativamente baixo de compromisso pode gerar certa fragilidade das formas de apoio social. No nível societário, embora alguns observadores celebrem a diversidade, a pluralidade e a escolha, Putnam teme a "ciberbalcanização" como uma maneira de acentuar a dissolução de instituições sociais e o declínio do engajamento cívico.

Novos desenvolvimentos tecnológicos parecem aumentar as chances de o individualismo em rede se tornar a forma dominante de sociabilidade. O crescente fluxo de estudos sobre os usos dos telefones móveis parece indicar que a telefonia celular adequa-se a um padrão social organizado em torno de "comunidades de escolha" e interação individualizada, fundado na seleção do tempo, do lugar e dos parceiros da interação (Kopomaa, 2000; Nafus e Tracey, 2000). O desenvolvimento projetado da Internet sem fio amplia as chances da interconexão personalizada para uma ampla série de situações sociais, dando assim aos indivíduos maior capacidade de reconstruir estruturas de sociabilidade de baixo para cima.

Essas tendências equivalem ao triunfo do indivíduo, embora os custos para a sociedade ainda sejam obscuros. A menos que consideremos que indivíduos estão de fato reconstruindo o padrão da interação social, com a ajuda de novos recursos tecnológicos, para criar uma nova forma de sociedade: a sociedade de rede.

Links de leitura

ANDERSON, Ben e Tracey, Karina (2001) "Digital living: the impact (or otherwise) of the Internet on everyday life", relatório de pesquisa inédito, Ipswich, Suffolk, Adastral Park: BTaxCT Research.

______, McWilliam, Anabel; Lacohee, Hazel; Clueas, Eileen e Gershuny, Jay (1999) "Family life in the digital home: domestic telecommunication at the end of the twentieth century," *BT Technology Journal,* 17 (1), p.85-97.

BARLOW, John Perry (1995) "What are we doing on-line?", *Harper,* agosto.

BAYM, Nancy (1998) "The emergence of on-line community" em Steve Jones (org.), *Cybersociety 2.0: Revisiting Computer Mediated Communication and Community,* p.35-68. Thousand Oaks, CA: Sage.

CARDOSO, Gustavo (1998) *Para uma sociologia do ciberespaço: comunidades virtuais em português.* Oeiras, Portugal: Celta Editora.

CARNOY, Martin (2000) *Sustaining the New Economy: Work, Family and Community in the Information Age.* Cambridge, MA: Harvard University Press.

CASTELLS, Manuel (1983) *The City and the Grassroots.* Berkeley, CA: University of California Press.

DI MAGGIO, Paul; Hargittai, Eszter; Neuman, W. Russell e Robinson, John P. (2001) "The Internet's effects on society", *Annual Reviews of Sociology,* a sair.

DUTTON, William (2000) *Society on the Line: Information Politics in the Digital Age.* Oxford: Oxford University Press.

ESPINOZA, Vicente (1999) "Social networks among the urban poor: inequality and integration in a Latin American city", in Barry Wellman (org.), *Networks in the Global Village,* p.147-84. Boulder, CO: Westview.

FISCHER, Claude (1982) *To Dwell Among Friends.* Chicago, IL: University of Chicago Press.

______ (1992) *America Calling.* Berkeley, CA: University of California Press.

______ (2001) "Ever-more rooted Americans", artigo de pesquisa inédito, University of California, Department of Sociology/Russell Sage Foundation, USA: A Century of Difference Project.

HAMPTON, Keith e Wellman, Barry (2000) "Examining community in the digital neighborhood: early results from Canada's wired suburb", em Tom Ishida e K. Katherine Isbister (orgs), *Digital Cities: Teehnologies, Experiences, and Future Perspectives.* Berlim: Springer.

HILTZ, S.R. e Turff, M. (1995) *Network Nation,* ed. rev. Cambridge, MA: MIT Press.

HOCHSCHILD, Arlene (1997) *The Time Bind: When Work Becomes Home and Home Becomes Work.* Nova York: Metropolitan Books.

HOWARD, Philip E.; Rainie, Lee e Jones, Steve (2001) "Days and nights in the Internet: the impact of diffusing technology", *American Behavioral Scientist,* 45 (edição especial sobre a Internet e a vida cotidiana).

JONES, Steve (org.) (1997) *Virtual Culture.* Londres: Sage.

______ (org.) (1998) *Cybersociety 2.0: Revisiting Computer Mediated Communication and Community.* Thousand Oaks, CA: Sage.

KATZ, James E.; Rice, Ronald E. e Aspden, Philip (2001) "The Internet 1995-2000: access, civic involvement, and social interaction", *American Behavioral Scientist,* 45 (edição especial sobre a Internet e a vida cotidiana).

KOPOMAA, Timo (2000) *The City in your Pocket: Birth of the Mobile Information Society.* Helsinki: Gaudeamus.

KRAUT, Robert et al. (1998) "Internet paradox: a social technology that reduces social involvement and psychological well-being?", *American Psychologist,* 53, p.1011-31.

NAFUS, Dawn e Tracey, Karina (2000) "The more things change: mobile phone consumption and concepts of personhood", artigo de pesquisa inédito, University of Cambridge, Department of Social Anthropology e British Telecom.

PERLMAN, Janice (2001) "Urban marginality: from myth to reality. The Favelas of Rio de Janeiro, 1969-2001", artigo apresentado no Encontro Anual da Associação Americana de Sociologia, Anaheim, Califórnia, 16 de agosto.

PEW Institute for the People and the Press (1995) *Technology in the American Household.* Washington, DC: Pew Institute.

______ (1999) *The Internet News Audience Goes Ordinary.* Washington, DC: Pew Institute.

______ (2000) *Internet and American Life Project.* Washington, DC: Pew Institute.

PUTNAM, Robert (2000) *Bowling Alone: The Collapse and Revival of American Community.* Nova York: Simon and Schuster.

RHEINGOLD, Howard (1993) *The Virtual Community: Homesteading on the Electronic Frontier.* Reading, MA: Addison-Wesley; ed. rev. 2000, Cambridge, MA: MIT Press.

TRACEY, Karina (2000) "Virtual communities: what's new?", artigo apresentado na First Conference of the Association of Internet Researchers, Lawrence, University of Kansas, 16 de setembro.

______ e Anderson, Ben (2001) "The significance of lifestage and lifestyle transitions in the use and disuse of Internet applications and services", *American Behavioral Scientist,* 45 (edição especial sobre a Internet e a vida cotidiana).

TURKLE, Sherry (1995) *Life on the Screen: Identity in the Age of the Internet.* Nova York: Simon and Schuster.

WALDINGER, Roger (org.) (no prelo) *The New Urban Immigrants.*

WALLER, Vivienne (2000) "Families courting the web: the Internet in the everyday life of household families", artigo apresentado na First Conference of the Association of Internet Researchers, Lawrence, University of Kansas, setembro.

WELLMAN, Barry (1979) "The community question", *American Journal of Sociology,* 84, p.1201-31.

______ (org.) (1999) *Networks in the Global Village.* Boulder, CO: Westview.

______ (2000) "Living networked in a wired world", discurso de abertura da First Conference of the Association of Internet Researchers, Lawrence, University of Kansas, 14 de setembro.

______ (2001) "Physical place and cyberplace: the rise of networked individualism", *International Journal of Urban and Regional Researsh,* 1 (edição especial sobre redes, classe e lugar).

______ e Giulia, Milena (1999) "Netsurfers don't ride alone: virtual communities as communities", em Barry Wellman (org.), *Networks in the Global Village,* p.331-66. Boulder, CO: Westview.

______ e Haythornthwaite, Carolyne (orgs.) (no prelo) *Internet in Everyday Life.* Oxford: Blackwell.

______ et al. (2000) "Does the Internet increase, ignore, decrease or replace contact with friends and relatives? The evidence from the National Geographic Web Survey", artigo apresentado na First Conference of the Association of Internet Researchers, Lawrenee, University of Kansas, 14-7 de setembro.

ZHOU, Gaea (2000) "The Well as a counterculture online community and as business", artigo de pesquisa inédito para CP 229, University of California, Department of City and Regional Planning, Berkeley, Califórnia.

e-Links

Cole, Jeffrey et al. (2000) "Surveying the digital future", em www.ccp.ucla.edu/ucla-internet.pdf

Estudo da Universidade da Califórnia-Los Angeles sobre o uso da Internet nos Estados Unidos.

Nie, Joseph e Erdring, R. (2000) "Internet and social life survey", em www.stanford.edu/group/siqss

Levantamento da Internet e da vida social pelo Institute for the Quantitative Study of Society da Stanford University.

CAPÍTULO 5

A política da Internet I: redes de computadores, sociedade civil e o Estado

As sociedades mudam através de conflitos e são administradas por políticos. Uma vez que a Internet está se tornando um meio essencial de comunicação e organização em todas as esferas de atividade, é óbvio que também os movimentos sociais e o processo político a usam, e o farão cada vez mais, como um instrumento privilegiado para atuar, informar, recrutar, organizar, dominar e contradominar. O ciberespaço torna-se um terreno disputado. No entanto, será puramente instrumental o papel da Internet na expressão de protestos sociais e conflitos políticos? Ou ocorre no ciberespaço uma transformação das regras do jogo político-social que acaba por afetar o próprio jogo — isto é, as formas e objetivos dos movimentos e dos atores políticos?

Analisarei sucintamente a interação entre a Internet e processos de conflito sociopolítico, representação e administração, focalizando quatro áreas distintas, embora relacionadas, em que essa interação tem lugar: a nova dinâmica dos movimentos sociais; a interconexão de comunidades locais por computadores e a importância delas para a participação do cidadão; os usos da Internet na prática da política informacional; e a emergência da "*noopolitik*" e da guerra cibernética no cenário geopolítico.

Movimentos sociais em rede

Os movimentos sociais do século XXI, ações coletivas deliberadas que visam a transformação de valores e instituições da sociedade, manifestam-se na e pela Internet. O mesmo pode ser dito do movimento ambiental, o movimento das mulheres, vários movimentos pelos direitos humanos, movimentos de identidade étnica, movimentos religiosos, movimentos nacionalistas e dos defensores/proponentes de uma lista infindável de projetos culturais e causas políticas. O ciberespaço tornou-se uma ágora eletrônica global em que a diversidade da divergência humana explode numa cacofonia de sotaques.

Em meados da década de 1990, o movimento zapatista em Chiapas, no México, arrebatou a imaginação popular pelo mundo todo ao congregar apoio para sua causa através de redes eletrônicas de faxes e da Internet — em conexão com o mundo da mídia e uma estrutura descentralizada de grupos de solidariedade. Como descrevi anteriormente (Castells, 1997), na origem dessa rede eletrônica de solidariedade estava La Neta, uma rede baseada na Internet que organizava mulheres mexicanas, apoiadas pelo San Francisco Institute of Global Communication, uma ONG de técnicos socialmente responsáveis. Ao longo da década de 1990, no mundo todo, importantes movimentos sociais se organizaram com a ajuda da Internet. Talvez o caso mais notório tenha sido/seja o Falun Gong, um movimento político espiritualista chinês com dezenas de milhões de partidários que ousou desafiar o poder do Partido Comunista. O líder do movimento, Li Hongzhi, embora morasse em Nova York, mantinha-se em contato com uma rede nuclear de seus partidários via Internet, e era também pela Internet que milhares de resolutos membros do Falun Gong encontravam o apoio espiritual e a informação que lhes permitiam convergir pessoalmente, num dado lugar e hora, numa série de protestos bem-organizados que enfrentavam severa repressão por causa da preocupação do governo chinês com a influência potencial desse movimento (Bell e Boas, 2000; O'Leary, 2000).

Em outros casos, a vulnerabilidade tecnológica da Internet permite, em expressões de protesto individuais ou coletivas, a interferência em websites das redes eletrônicas de agências do governo ou de empresas, visados como representativos de opressão ou exploração. Esse é o caso dos "protestos hacker-ativistas", que variam da sabotagem individual à invasão dos websites restritos de agências militares ou de companhias financeiras para patentear sua insegurança e protestar contra seus objetivos (Langman et al., 2000). No outono de 2000, durante o confronto entre israelenses e palestinos, hackers pró-palestinos (supostamente do Paquistão) invadiram os websites de organizações americanas pró-Israel, expuseram propaganda política neles, e obtiveram e divulgaram na Net os números de cartão de crédito dos membros do site, num protesto simbólico que provocou forte reação da opinião pública.

Mas a Internet é mais que um mero instrumento útil a ser usado porque está lá. Ela se ajusta às características básicas do tipo de movimento social que está surgindo na Era da Informação. E como encontraram nela seu meio apropriado de organização, esses movimentos abriram e desenvolveram novas avenidas de troca social, que, por sua vez, aumentaram o papel da Internet como sua mídia privilegiada. Para desenvolver uma analogia histórica, a constituição do movimento operário na Era Industrial não pode ser isolada da fábrica industrial como seu cenário organizacional (embora alguns historiadores insistam no papel igualmente importante do *pub* a esse respeito). Sabemos, a partir dos capítulos precedentes, que a Internet não é simplesmente uma tecnologia: é um meio de comunicação (como eram os *pubs*), e é a infraestrutura material de uma determinada forma organizacional: a rede (como era a fábrica). Pela duas razões, a Internet tornou-se um componente indispensável do tipo de movimento social que está emergindo na sociedade em rede. Isso ocorre por três razões.

Primeiro, os movimentos sociais na Era da Informação são essencialmente mobilizados em torno de valores culturais. A luta para mudar os códigos de significado nas instituições e na prática da sociedade é a luta essencial no processo de mudança social no novo contexto histórico, como sustentei em meu livro *The Power of Identity* (Castells, 1997) — uma visão que se fundamenta num amplo fluxo de pesquisas sobre o movimento social (Touraine, Melucci, Calhoun, Tarrow etc.). Nesse sentido, concordo com Cohen e Rai (2000) em que a distinção entre movimentos sociais velhos e novos é em grande parte enganosa. Movimentos da Era Industrial, o movimento operário por exemplo, persevera em nossos dias redefinindo-se em temos de valores sociais, e alargando o significado desses valores: por exemplo, a reivindicação de justiça social para todos, em vez da defesa de interesses de classe. Por outro lado, alguns dos movimentos sociais mais importantes de nosso tempo, como os nacionalistas ou religiosos, são muito antigos em seus princípios, mas assumem um novo sentido quando se tornam trincheiras de identidade cultural para a construção de uma autonomia social num mundo dominado por fluxos de informação homogêneos, globais.

Nesse contexto, a comunicação de valores e a mobilização em torno de significados tornam-se fundamentais. Os movimentos culturais (no sentido de movimentos voltados para a defesa ou a proposta de modos específicos de vida e significado) formam-se em torno de sistemas de comunicação — essencialmente a Internet e a mídia — porque é principalmente através deles que conseguem alcançar aqueles capazes de aderir a seus valores e, a partir daí, atingir a consciência da sociedade como todo.

O segundo traço que caracteriza os movimentos sociais na sociedade em rede é que eles têm de preencher o vazio deixado pela crise das organizações verticalmente integradas, herdadas da Era Industrial. Os partidos políticos de massa, quando e onde ainda existem, são conchas vazias, mal ativadas com máquinas eleitorais a intervalos regulares. Os sindicatos só sobrevivem abandonando suas formas tradicionais de organização, constituídas historicamente como réplicas das burocracias racionais características das grandes corporações e das agências estatais. As associações cívicas formais, e seus conglomerados organizacionais, estão em franco declínio como formas de engajamento social, como Putnam (2000) documentou no caso dos Estados Unidos, e outros observadores descreveram em outras partes do mundo. Isso não significa que as pessoas deixaram de se organizar e de se mobilizar na defesa de seus interesses ou na afirmação de seus valores. Mas coalizões frouxas, mobilizações semiespontâneas, e movimentos *ad hoc* do tipo neoanarquista substituem as organizações formais, estruturadas e permanentes. Movimentos emocionais, muitas vezes desencadeados por um evento de mídia, ou por uma crise de vulto, parecem muitas vezes ser fontes mais importantes de mudança social que a rotina diária de ONGs zelosas. A Internet torna-se um meio essencial de expressão e organização para esses tipos de manifestação, que coincidem numa dada hora e espaço, provocam seu impacto através do mundo da mídia, e atuam sobre instituições e organizações (empresas, por exemplo) por meio das repercussões de seu impacto sobre a opinião pública. Esses movimentos pretendem conquistar poder sobre a mente, não sobre o Estado.

O protesto de dezembro de 1999 contra a Organização Mundial do Comércio em Seattle foi um exemplo paradigmático desse novo tipo de movimento social. Reuniu uma vasta coalizão de interesses e valores extremamente diferentes, e até contraditórios, desde os batalhões do movimento operário americano aos enxames de ecopacifistas, ambientalistas, grupos de mulheres, e uma miríade de grupos alternativos, incluindo a comunidade pagã. Os ativistas da Direct Action Network forneceram o treinamento e as habilidades organizacionais para muitos dos manifestantes. Mas o movimento foi baseado na troca de informação, em meses de acalorado debate político na Internet, que precederam as decisões individuais e coletivas de ir a Seattle e tentar bloquear o encontro do que era percebido como uma organização que impunha a "globalização sem representação".

A conexão da mídia com a opinião pública do mundo inteiro foi favorecida pelo "Independent Media Center" de Seattle. Seu papel efetivo no protesto de Seattle gerou uma rede global de "centros independentes de mídia" temporários (específicos para o evento) ou permanentes que são o *backbone* da informação do movimento antiglobalização (www. indymedia.org). Esse modelo de protesto voltou a ser posto em prática meses depois em Washington, DC, em Bangkok, em Melbourne, em Praga, em Haia, em Nice, no Quebec, e talvez perambule pelo mundo nos próximos anos, seguindo de perto as aterrissagens periódicas de fluxos globais de riqueza e poder em seus locais de encontro. O movimento antiglobalização não tem uma organização profissional, permanente, não tem um centro, uma estrutura de comando ou um programa comum. Existem no mundo todo centenas, milhares de organizações e indivíduos que convergem em alguns protestos simbólicos, para depois se dispersar e focalizar suas próprias questões específicas — ou simplesmente desaparecer, para serem substituídos por novos contingentes de ativistas recém-surgidos. A eficácia desse movimento advém precisamente de sua diversidade, que atinge desde as fímbrias enfurecidas, violentas da sociedade, de um lado, até as alturas da autoridade moral e religiosa, de outro. Sua influência, já mensurável em termos de uma significativa mudança de atitude em instituições da importância do Banco Mundial, vem da capacidade de suscitar questões, e forçar um debate, sem entrar numa negociação, pois ninguém pode negociar em nome do movimento.

Trata-se de puro movimento, não de um precursor de novas instituições. Isso não é novo na história, em absoluto. De fato, essa informalidade e espontaneidade relativas foram, em geral, marcas dos movimentos sociais mais produtivos. A novidade é sua interconexão via Internet, porque ela permite ao movimento ser diverso e coordenado ao mesmo tempo, engajar-se num debate permanente sem contudo ser paralisado por ele, já que que cada um de seus nós pode reconfigurar uma rede de suas afinidades e objetivos, com superposições parciais e conexões múltiplas. O movimento antiglobalização não é simplesmente uma rede, é uma rede eletrônica, é um movimento baseado na Internet. E como a Internet é seu lar, não pode ser desarticulado ou aprisionado. Nada como um peixe na rede.

Um terceiro fator importante especifica os movimentos sociais na nossa era. Como o poder funciona cada vez mais em redes globais, passando em grande parte ao largo das instituições nacionais, os movimentos se defrontam com a necessidade de obter o mesmo alcance global dos poderes vigentes, exercendo seu próprio impacto sobre a mídia, através de ações simbólicas. Em outras palavras, a globalização dos movimentos sociais é um fenômeno distinto do movimento contra a globalização, e muito mais importante do que ele. Este último é apenas uma manifestação específica do advento de um terreno global disputado. Cohen e Rai (2000) coordenaram um programa de pesquisa sobre esse processo de globalização dos movimentos sociais. O que se revela a partir de seus achados, e de outros estudos (Keck e Sikkink, 1998; Langman et al., 2000), é que os movimentos sociais mais influentes são, ao mesmo tempo, enraizados em seu contexto local e voltados para um impacto global. Eles precisam da legitimidade e do apoio fornecidos por seu embasamento em grupos locais, mas não podem permanecer localizados, ou perderiam sua capacidade de agir sobre fontes reais de poder em nosso mundo. Invertendo o conhecido mote de 25 anos atrás, os movimentos sociais devem pensar localmente (respondendo a seus próprios interesses e identidade) e agir globalmente — no nível em que realmente importa hoje.

Cohen e Rai (2000) identificam seis importantes movimentos sociais que se engajaram numa forma global de coordenação e ação: movimentos pelos direitos humanos, pelos direitos das mulheres, pelo trabalho, ambientalista, religioso e pela paz. Em todos os casos a necessidade de formar coalizões globais e o embasamento em redes globais de informação tornam os movimentos extremamente dependentes da Internet. Cabe acrescentar, contudo, que o transporte aéreo relativamente barato também desempenha um papel na globalização dos movimentos sociais, uma vez que encontros físicos e ações conjuntas localizadas são instrumentos indispensáveis na promoção da mudança social.

Os processos de mudança social conflitiva na Era da Informação giram em torno das lutas para transformar as categorias de nossa existência mediante a formação de redes interativas como formas de organização e mobilização. Essas redes, que emergem da resistência de sociedades locais, visam superar o poder de redes globais, reconstruindo assim o mundo a partir de baixo. A Internet fornece a base material que permite a esses movimentos engajarem-se na produção de uma nova sociedade. Ao fazê-lo, eles transformam por sua vez a Internet: de ferramenta organizacional para as empresas ela se converte também numa alavanca de transformação social — embora nem sempre nos termos buscados pelos movimentos sociais, e nem sempre, aliás, em defesa dos valores que você e eu compartilharíamos necessariamente.

Redes de cidadãos

De meados da década de 1980 ao final da década de 1990, um imenso número de comunidades locais passou a operar on-line. Com frequência estavam associadas a instituições locais e governos municipais, dando um cunho local à democracia dos cidadãos no ciberespaço. De maneira geral, três componentes diversos convergiram na formação dessas redes de computadores baseadas na comunidade: movimentos locais pré-Internet em busca de novas oportunidades de auto-organização e elevação da consciência; o movimento hacker em suas expressões mais politicamente orientadas; e governos municipais empenhados em fortalecer sua legitimidade pela criação de novos canais de participação do cidadão. Organizadores sociais emergiram como líderes de muitos desses projetos, em geral ativistas comunitários que tomaram consciência das possibilidades oferecidas pelas redes de computadores. Ocasionalmente, operadoras de telecomunicações ou companhias de alta tecnologia colaboraram para promover a promessa da sociedade da informação para todos. Governos nacionais na Europa e no Japão, e agências internacionais no mundo em desenvolvimento, também contribuíram para alguns dos esforços, seja na forma de experimentos ou de gestos simbólicos de modernidade, bem difundidos junto às suas clientelas.

Nos Estados Unidos, alguns dos experimentos mais precoces e mais bem-sucedidos foram o Cleveland Freenet, apoiado pela Case Western Reserve University, e a Public Electronic Network (PEN) organizada pela Cidade de Santa Mônica, na Califórnia, ambos em 1986. A Seattle Community Network, desenvolvida por iniciativa de Douglas Schuler no final da década de 1980, foi outra experiência pioneira. Na Europa, o Iperbole Program, lançado pela Cidade de Bolonha e a Cidade Digital de Amsterdã, ambos iniciados em 1994, tornaram-se pontos de referência importantes. Por todo o mundo, porém, particularmente no mundo em desenvolvimento, centenas de experiências menos conhecidas puseram on-line os interesses, preocupações, valores e vozes de cidadãos, até então isolados uns dos outros e de suas instituições locais. Essas redes baseadas em comunidade diferiam em composição e orientação, mas compartilhavam três características principais. Em primeiro lugar, forneciam informação proveniente de autoridades locais, bem como de uma variedade de associações cívicas — em outras palavras tornavam-se um quadro de avisos tecnologicamente atualizado da vida da cidade. Em segundo lugar, organizavam a troca horizontal de informação e a conversa eletrônica entre os participantes da rede. Em terceiro lugar, no que era o mais importante, permitiam acesso a interconexão on-line a pessoas e organizações que não tinham interesse pela Internet emergente e, de outro modo, não se teriam conectado por muito tempo. De fato, havia dois programas diferentes entre as pessoas que ingressavam nessas redes de cidadãos. Como escreve Steve Cisler, um dos pioneiros desse movimento: "Quanto à motivação para a organização de grupos, havia uma divisão entre os que queriam focalizar a vida, a comunidade e a rede local e os que desejavam acesso à Internet global. De fato, essas pessoas queriam sair da cidade, e as redes cívicas eram a única escolha para a maioria" (Cisler, 2000, p.1). Provavelmente essa ambiguidade, de fato essa tensão, entre o desejo de se conectar com a Internet global e a promoção da comunidade local, presente naquelas redes de computadores dos primeiros tempos, foi o que tornou seu desenvolvimento possível. Elas se tornaram o terreno de provas para milhares de ativistas que efetuavam sua transição para um novo ambiente tecnológico de mobilização social. Mas foram também o ponto de entrada na Era da Internet para muitas pessoas pouco instruídas, pobres, desinformadas, ou, simplesmente, para muitos que não tinham acesso adequado ou disponível à Internet.

Consequentemente, assim que a world wide web se difundiu globalmente, e o acesso à Internet tornou-se relativamente acessível e de fácil operação, as redes comunitárias de computadores se diferenciaram segundo as linhas de seus componentes originais: os ativistas sociais se concentraram em promover a participação dos cidadãos numa tentativa de redefinir a democracia local; as agências de serviços sociais forneceram acesso, treinamento e ajuda, com educação e empregos, para pessoas necessitadas, numa nova expansão do setor não lucrativo, ou terceiro setor, da economia. Isso produziu o desenvolvimento do que veio a ser conhecido como centros de tecnologia comunitária (Servon, 2002). Por outro lado, muitas pessoas que estavam interessadas em acesso à Internet para uso pessoal, e não em questões mais amplas de mudança social, migraram para os websites comerciais, que haviam descoberto, em muitos casos, através das redes comunitárias.

Lições da história em andamento: a constituição da cultura digital pública de Amsterdã

Uma breve descrição da trajetória da mais famosa rede de computadores comunitária, a Cidade Digital de Amsterdã — ou *De Digitale Stad* (DDS) em holandês —, pode ilustrar a análise apresentada aqui. A experiência da DDS irradiou além da própria rede comunitária para se tornar âncora do que é conhecido internacionalmente como a "cultura digital pública de Amsterdã", uma nova forma de esfera pública que combina instituições locais, organizações populares e redes de computadores no desenvolvimento da expressão cultural e da participação cívica (Patrice Riemens, comunicação pessoal e arquivos privados, 1997-2001; Caroline Nevejan, comunicação pessoal, 1997, 1999, 2001; Marleen Stikker, comunicação pessoal, 1997, 1999; Lovink e Riemens, 1998; Vali Bastelaer e Lobet-Maris, 2000; Van den Besselaar, 2001).

A Cidade Digital foi lançada em janeiro de 1994, originalmente como um experimento de dez semanas para estabelecer um diálogo eletrônico entre o conselho municipal e os cidadãos de Amsterdã, e como um experimento social de comunicação interativa. Dado o seu sucesso, foi expandida numa "comunidade em rede" completa, que fornecia recursos informacionais e capacidade de comunicação livre aos seus usuários. Alguns deles eram "residentes" da cidade, após observar os procedimentos de registro. Outros eram visitantes. A maior parte da informação estava em holandês, mas o inglês podia ser usado para comunicação nas salas de chat. Embora dirigido originalmente para os residentes de Amsterdã, podia, é claro, ser globalmente acessado. De fato, a proporção dos usuários fixados em Amsterdã caiu de 45% em 1994 para 22% em 1998. A metáfora da cidade se materializava na estrutura do site. Havia um quadro de avisos municipal para que os cidadão pudessem verificar todos os documentos municipais e deliberações do conselho municipal relevantes, e expressar sua opinião. A cidade de Amsterdã foi a primeira administração local a concordar em conectar suas redes internas à Internet, num esforço de transparência controlada. A DDS era virtualmente organizada em residências, praças, cafés, quiosques digitais, casas de cultura e artes, e até uma sex-shop digital. Uma estação central oferecia acesso à Internet global.

A DDS tornou-se instantaneamente um sucesso extraordinário em termos de apelo popular, bem como em termos do interesse despertado na comunidade global da Internet. Os residentes se instalavam em um "lar", expunham suas fotos de família na Net, expressavam seus sentimento, formulavam suas opiniões, organizavam protestos e votavam em propostas. Havia uma lei de ocupação: se uma casa não fosse usada por seu proprietário por três meses, podia ser tomada por outro residente. Os residentes da cidade também descobriram uma alternativa própria para o problema da escassez de espaço (capacidade de disco): transformavam uma casa num *flat* a ser dividido com vários residentes, compartilhando assim a capacidade computacional atribuída a casa. Um ano após seu início, a DDS tinha 4.000 usuários diários, com uma solicitação mensal de um milhão de páginas da web. Em apenas três anos, chegou a 50.000 residentes e em 2000 afirmava ter cerca de 140.000. A DDS não só foi a pioneira das redes de cidadãos na Europa, como se tornou a maior rede de computadores baseada numa comunidade na Europa. Embora só uma minoria dos residentes vivesse em Amsterdã, a barreira da língua conferiu à DDS um caráter peculiarmente holandês.

Para que a experiência seja analiticamente significativa é necessário reconstruir o processo de formação da DDS, e situá-lo no contexto histórico da tradição de cultura digital de Amsterdã. A DDS foi o resultado da convergência de duas redes muito diferentes: por um lado, artistas e pessoas da mídia interessadas em experimentar com novos meios; por outro, a comunidade hacker, interessada em difundir o acesso à Internet. Duas mulheres estiveram na origem da conexão entre esses dois grupos para a concepção de um projeto compartilhado. Marleen Stikker (que se tornaria a primeira "prefeita" virtual da Cidade Digital) estava organizando eventos culturais, experimentando novas mídias como instrumento para novas formas de comunicação e expressão populares. No início da década de 1990, organizou importantes eventos culturais, como a TV Van Gogh e a Wetware* Convention. Foi também influenciada pela experiência da Freenet nos EUA, e estava familiarizada com a Internet em seus primórdios. O centro cultural De Balie (patrocinado pela municipalidade social-democrata de Amsterdã) convidou-a para incluir eventos de comunicação multimídia e computacional na sua programação.

Caroline Nevejan trabalhava também com novas mídias num outro centro cultural, o Paradiso, onde entrou em contato, no final da década de 1980, como o grupo HackTic, que desempenhava um papel-chave na cultura hacker de Amsterdã. Em 1988, Nevejan, que participava do movimento dos *squatters* (fundou a *Bluff*, uma das revistas do movimento), entrou em contato com os hackers e convidou o Chaos Computer Club, baseado em Hamburgo, para o Paradiso. Rop Gonggrijp, o fundador do HackTic, e Patrice Riemens colaboraram com Nevejan na organização de eventos internacionais como o "Galactic Hackers Party", em 1989, de que participou também uma rede de tecnoativistas políticos. Em 1990, quando a Conferência Internacional sobre a AIDS em São Francisco foi perturbada pela recusa de vistos a ativistas anti-AIDS por autoridades norte-americanas, o mesmo grupo promoveu um evento alternativo em Amsterdã: O Baile Soropositivo. Foi um encontro de vulto, incluindo hackers, acadêmicos, ONGs, com apoio de instituições públicas e companhias, como a Apple. O evento lançou uma campanha de atividades de organização e informação on-line sobre questões ligadas à AIDS, como a HIV-net. Uma série de eventos similares continuou a ter lugar ao longo da década de 1990 e continuava em 2001, estabelecendo um marco na ascensão da cultura digital pública de Amsterdã. Vale a pena mencionar atividades como as três conferências sucessivas "Next Five Minutes" sobre "Mídia tática" no Paradiso e no De Balie em 1993, 1996 e 1999. Houve dois encontros de verão internacionais de hackers: "Hacking at the End of the Universe" em 1993 (onde o projeto da DDS começou a ser concebido) e "Hacking in Progress" em 1997. Planejado para 2001 estava "HAL" ("Hackers at Large"), organizado pela XS4all Foundation e os suspeitos HackTic/hippy de costume.

---

* *Wetware* é gíria para seres vivos e seus cérebros, como parte do ambiente que também inclui hardware e software. (N.T.)

A cultura hacker de Amsterdã e as redes tecno-ativistas não se desenvolveram num vácuo social. Há na Holanda uma longa tradição de interesse pela cibernética e desenvolvimento computacional alternativo, enraizado na forte comunidade acadêmica dos pesquisadores físicos. Alguns acadêmicos eminentes, como Herschberg na Universidade de Leiden e De Zeeuw, um cientista social da Universidade de Amsterdã, protegeram e ajudaram esses *geeks* rebeldes. Alguns deles estavam essencialmente interessados em computadores, e criaram na década de 1980 uma cultura BBS, com agrupamentos como o Hobby Computer Club. Outros vinham de uma tradição mais política, participando do movimento *squatter* e do movimento pacifista. Buscavam informação e apoio para suas lutas em redes alternativas de computadores, como PeaceNet e GreenNet, fazendo uso da infraestrutura da FIDONET. Um dos membros mais ativos dessa cultura foi Michael Polman, o fundador da Antenna, um centro de conectividade e recursos para ONGs que trabalhavam com a solidariedade Norte/Sul. Por outro lado, os hackers mais políticos, com o apoio de um administrador de sistemas da Delft Polytechnicum, formaram um movimento social: o HackTic, liderado por Rop Gonggrijp.

Depois, em 1993, através de Caroline Nevejan, Marleen Stikker conheceu os líderes do HackTic, Felipe Rodriguez e Rop Gonggrijp, e os convidou para participarem de seu programa cultural no De Balie. Eles conceberam a formação de uma rede de cidadãos que forneceria uma plataforma aberta para a expressão cultural e o debate comunitário de questões públicas, além da experimentação com o novo meio de comunicação. O resultado de seu projeto conjunto veio a ser a Cidade Digital quando a cidade de Amsterdã decidiu apoiar o experimento, num momento em que as eleições municipais de março de 1994 se aproximavam. O apoio financeiro (150.000 ECUs) veio da cidade de Amsterdã, do Ministério dos Assuntos Econômicos e do Ministério dos Assuntos Internos.

As origens da Cidade Digital são significativas tanto para fins analíticos como por seu desenvolvimento subsequente. Ela sintetizou as origens das redes de cidadãos europeias nos movimentos contraculturais e na cultura hacker, um tema recorrente ao longo de todo este livro. Essa cultura hacker brotou do mundo universitário, tanto através da inspiração de pesquisadores acadêmicos quanto como uma expressão da política estudantil. Mas essa origem histórica mostra também como a capacidade que têm as redes de cidadãos de atingir uma base mais ampla de usuários é extremamente dependente do apoio institucional dado por uma administração de mente aberta — apesar da divergência de objetivos.

Essas diferenças entre os componentes da rede comunitária de Amsterdã se refletiria em seu desenvolvimento. Tendo concluído um experimento positivo, a rede HackTic seguiu seu próprio caminho e tornou-se em 1995 um provedor de acesso à Internet, sob um novo nome, XS4all (acesso para todos). Teve tamanho sucesso que em 1998 foi comprado pela companhia holandesa de telecomunicações KPN, com a cláusula de um período de "independência" de três anos. Os seis antigos donos do

XS4all ficaram muito ricos, e muitos de seus empregados razoavelmente ricos. Usaram parte de seu dinheiro para apoiar causas meritórias na Internet. Mas a rede independente dos hackers está viva e passa bem, como o exemplifica a vitalidade da rede "Hippies from Hell", que continua se encontrando virtualmente por e-mail e fisicamente em "The Hang Out", local de encontro e centro de atividades culturais no leste de Amsterdã.

A rede original orientada para a mídia fragmentou-se em cenários culturais locais alternativos, incluindo rádio e televisão. Marleen Stikker e Caroline Nevejan criaram um novo grupo para apoiar a experimentação cultural, a Society for Old and New Media, simbolicamente abrigada no prédio histórico The Waag, propriedade da cidade de Amsterdã. Mais tarde também se separaram: Marleen Stikker continuou ativa no cenário cultural de Amsterdã; Caroline Nevejan tornou-se uma conselheira graduada em tecnologia da informação na Amsterdam Polytechnic.

A DDS se reestruturou como uma fundação em 1995 e assumiu uma estrutura gerencial. Simplificou procedimentos decisórios, limitando a participação de cidadãos e oferecendo serviços melhores. Em 2000, novas possibilidades de comunicação, como uma sala de estar digital e transmissão da DDS por rádio e televisão, foram introduzidas. A interface fornecida pela DDS desenvolveu-se substancialmente ao longo do tempo. A DDS 0.1 (até outubro de 1994) começou como um sistema de quadro de avisos e baseava-se apenas em texto. Assim que a www tornou-se disponível, a DDS adotou-a. Em outubro de 1994, sob a DDS 2.0, uma nova interface gráfica, baseada no Mosaic, foi introduzida, mas ao preço da eliminação da interatividade, com exceção do e-mail. Depois a DDS 3.0 restaurou a interatividade e, em 1999, a DDS 4.0 melhorou o design do site. No geral, contudo, a DDS estava aquém de novos sites comerciais da Internet tanto em tecnologia quanto em design.

De fato, o maior problema que a DDS teve de enfrentar foi a competição resultante da difusão do uso da Internet, para a qual ela tanto contribuíra na Holanda. Isso se refletia na mudança dos usos e da composição dos usuários da DDS. No período inicial, 1994-7, os usuários participavam da construção da cidade, e envolviam-se em debates sobre sua administração, bem como sobre questões políticas mais amplas. Mais tarde, a DDS entrou em competição com vários websites, inclusive os da própria cidade de Amsterdã. Dados de um arquivo de eventos ao longo do tempo mostraram que os dez websites mais visitados respondiam por 85% de todas as solicitações, enquanto 75% dos sites não eram visitados em absoluto. Havia também grande discrepância entre o suprimento e o uso de informação, dependendo da categoria do conteúdo: na categoria da política, havia muito mais suprimento que uso; enquanto na categoria da tecnologia da informação havia mais uso que suprimento. Isso poderia indicar que a maioria dos usuários estava mais interessada em informação sobre tecnologia do que em política. Poderia estar ocorrendo também que o *input* em debates políticos estava muito alto. Mas esse não era o caso: o nível de atividade nos fóruns políticos declinou com o correr dos anos e em 2000 muito pouca atividade desse tipo era visível (Van den Besselaar, 2001).

A evolução contraditória da DDS refletiu-se em seus recorrentes problemas financeiros. No início, ela recebeu uma subvenção de lançamento, mas usou-a para a montagem da infraestrutura. Esperava-se que a DDS se tornaria autossuficiente com o tempo, prestando serviços a indivíduos gratuitamente mas tendo instituições e ONGs para pagar por eles. A autonomia financeira não era apenas uma condição do governo, mas o desejo da rede comunitária, para afirmar sua independência. No entanto, o sucesso da DDS, de par com a explosão da Internet, e o súbito interesse comercial que despertou criaram profundas contradições entre os ativistas idealistas que estavam na origem da rede e os administradores da fundação. Além disso, como é frequente em movimentos sociais, problemas pessoais entre alguns dos atores-chave, e discordâncias sobre o uso dos recursos financeiros, resultaram em conflitos organizacionais (por exemplo, na cisão entre o centro De Balie e a rede XS4all). Quanto à municipalidade, como a difusão da Internet entre a população em geral tornou desnecessário o uso de experimentos contraculturais para informar os cidadãos e solicitar sua opinião sobre assunto locais, ela tomou a si o design de páginas e o fornecimento de informação, montando seu próprio website do cidadão, a Cidade de Vidro. Com isso o apoio financeiro à DDS diminuiu enormemente. Com o tempo, membros dos círculos culturais e artísticos de Amsterdã passaram a se envolver mais intensamente na DDS, já que a distribuição on-line de áudio e imagem estavam entre as mais importantes expressões da comunidade eletrônica na cidade.

A DDS vivia uma ambiguidade, e talvez uma contradição, entre sua imagem de comunidade democrática, em rede, e sua realidade de fundação administrada de cima para baixo, devendo prestar contas apenas ao conselho da fundação e a seu administradores, que acabavam açambarcando todo o poder decisório. À medida que ela se expandiu, cresceu a divisão entre os administradores da fundação e os residentes da cidade virtual. Após alguns bate-bocas (tanto físicos quanto virtuais), a maioria dos membros ativos da comunidade desistiu e passou a usá-la apenas como um serviço. Quanto aos administradores da DDS, sua atitude poderia ser sintetizada por uma declaração do coordenador numa das acaloradas discussões com os residentes da cidade: "O fato de o sistema telefônico ser propriedade do povo não os autoriza a ocupar a central telefônica" (relatado por Patrice Riemens, comunicação pessoal, 2000).

A comercialização da Intenet acarretou crescente pressão sobre a Cidade Digital. Vendo a oportunidade de operação lucrativa, os dois administradores da DDS a transformaram numa holding, e dividiram suas atividades em quatro diferentes organizações, de modo a subsidiar a Cidade Digital com serviços e publicidade feitos nos outros segmentos da holding. Em consequência, passou a haver crescente tensão entre o novo papel da DDS como provedor comercial de conteúdo da Internet e os objetivos originais da rede comunitária. Finalmente, um *press release* emitido em 5 de outubro de 2000 em Amsterdã, declarou bruscamente que:

> A Digital City Holdings Pvt Ltd (DDS) decidiu encerrar as atividades editoriais desenvolvidas através de sua subsidiária DDS City Ltd. Ao longo deste último semestre, houve uma drástica mudança no ambiente de investimentos concernente à indústria da Internet de empresa-para-consumidor (B2C). No momento, as atividades que tinham lugar na subsidiária DDS City estão mostrando uma perda, e como nenhum novo dinheiro de investimento está por vir, elas devem ser cortadas.

Em poucos anos, houvera uma mudança radical dos sonhos da comunidade eletrônica para o mundo cruel de uma empresa ponto.com em crise.

Patrice Riemens, que por muito tempo observou a Cidade Digital, resumiu a ascensão e a queda do experimento em dezembro de 2000:

> Muitos dos que apostavam na DDS eram pessoas influentes. Afinal, o conceito da Cultura Digital Pública de Amsterdã, de que a DDS fora uma peça central, não é de todo uma invenção. No final, porém, provou-se um fenômeno efêmero ou, no mínimo, não teve muita substância. Não o bastante, de todo modo, para impedir sua — com o benefício da visão em retrospecto — morte previsível e irresistível. E sua ressurreição sob aparências muito diferentes. (comunicação pessoal)

Outro eminente especialista na matéria, Van den Besselaar (2001) vai ainda mais longe em sua avaliação pessimista:

> A DDS não sobreviverá a 2001, a Cidade Digital será abolida e a parte comercial poderá continuar, ou a coisa toda será encampada. O experimento da DDS com uma abordagem independente e não lucrativa fracassou; talvez tenhamos de repensar o papel do setor público na garantia e regulação do domínio público. Como ocorre com o espaço público físico, o espaço público virtual requer cuidado e manutenção, e recursos para isso. A questão central é se sobra espaço para cultura não comercial e interação social na Internet.

Mas a história nunca termina. No início de 2001, um grupo de *netizens** estava tentando assumir o controle da falida DDS através de uma recém-criada "Associação em constituição" (pela DDS — *vio DDS*) liderada por Reinder Rustema. Seu objetivo era recuperar da DDS Holdings o controle dos serviços dirigidos para a comunidade da DDS e reconstruir o experimento em novas bases. Ironicamente, ao gerar esperança na reavaliação dos ativos da defunta DDS, os *netizens* elevaram seu

* *Netizen* é o cidadão da Internet. (N.T.)

valor financeiro, o que tornou mais difícil a transferência do que restou para seus cidadãos originais. Até agora, a luta continua...

Assim, qual será o futuro provável das redes de cidadãos como fantasias neoanarquistas dos primórdios da Internet? De fato, como de costume, o processo pelo qual a mudança histórica propicia um resultado favorável por vias transversas é muito mais complexo. Mais ou menos na mesma época em que o notável experimento holandês estava desabando de suas elevadas esperanças, realizou-se em Paris, em 15 de dezembro de 2000, um grande encontro de "contraculturas digitais" (a ZeligConf); e em Barcelona, no dia 2 de novembro de 2000, cerca de quinhentos representantes de redes de cidadãos do mundo todo (sobretudo da Europa e América Latina) encontram-se para formar uma rede global de redes de cidadãos. Muitos eram patrocinados por governos locais, sentindo que finalmente chegara sua vez de ingressar na Era da Internet, e tentando encontrar uma fórmula para combater o ceticismo político entre seus cidadãos. Outros representavam ONGs renovadas, sentindo a pressão da concorrência de grupos religiosos, e a dor da crescente apatia de doadores caridosos, em busca de uma nova mágica para ajudar as pessoas. Outros ainda eram os heroicos sobreviventes de comunidades em rede que se viam por fim na corrente social dominante, depois de anos de esforço para pôr as novas tecnologias a serviço da sociedade. Havia também militantes dos novos movimentos sociais, acadêmicos interessados em difundir seu conhecimento, autoridades governamentais num processo de aprendizado, agências internacionais atualizando seus programas, jornalistas noticiando em noticiários on-line, e até representantes do mundo empresarial à procura de uma amostra de responsabilidade social corporativa.

Em seu conjunto, o encontro, a ser repetido um ano depois em Buenos Aires, pareceu prenunciar uma nova sociedade civil global, construída pela interconexão de redes de computadores baseadas em comunidades e de associações cívicas. Se esse embrião, e esforços semelhantes que estão hoje brotando em diferentes áreas do mundo, puder realmente se desenvolver, isso acrescentaria uma nova e significativa camada de organização social. Eles não seriam necessariamente movimentos sociais, já que a maioria deles parece vinculada de uma maneira ou de outra ao Estado local. Tampouco seriam indiferentes aos interesses comerciais, já que os negócios da Internet se realizam onde quer que haja pessoas on-line. No entanto, ao se conectar globalmente, poderiam fortalecer sua autonomia e representatividade em seus cenários locais. Isso porque se beneficiariam de informação, apoio, recursos e legitimidade oriundos de fontes globais de solidariedade e conexão, em vez de ficarem na exclusiva dependência de seus laços locais. Além disso, instituições locais poderiam se conectar com o mundo através de suas redes comunitárias, participando assim de cooperação organizacional e construção de imagem pública. E o Estado local, em busca de uma trégua, pode julgar taticamente útil tomar o partido da sociedade civil como contraponto à fusão entre a nação e o capitalismo global.

Ainda não está claro se uma sociedade civil global está surgindo, ou poderia surgir nos próximos anos. Mas se o fizer, redes de computadores locais/globais de cidadãos serão sem sombra de dúvida um de seus componentes essenciais.

A Internet, a democracia e a política informacional

Esperava-se que a Internet fosse um instrumento ideal para promover a democracia — e ainda se espera. Como dá fácil acesso a informação política, permite aos cidadãos ser quase tão bem-informados quanto seus líderes. Com boa vontade do governo, todos os registros públicos, bem como um amplo espectro de informação não sigilosa, poderia ser disponibilizado on-line. A interatividade torna possível aos cidadãos solicitar informação, expressar opiniões e pedir respostas pessoais a seus representantes. Em vez de o governo vigiar as pessoas, as pessoas poderiam estar vigiando o seu governo — o que é de fato um direito delas, já que teoricamente o povo é o soberano. Entretanto, a maiorias dos estudos e relatórios descreve um quadro melancólico — com a possível exceção das democracias escandinavas.

Governos em todos os níveis usam a Internet, sobretudo como um quadro de avisos eletrônico para divulgar sua informação sem se empenhar muito em interação real. Parlamentares costumam ter seus próprios websites, mas não lhes dão excessiva atenção, seja no seu design ou em suas respostas às solicitações dos cidadãos. Suas respostas são elaboradas por membros de sua equipe, em geral pouco diferem das que costumavam dar a cartas por escrito. De fato, em 2000, em alguns websites de parlamentares britânicos os cidadãos eram encorajados a escrever pelo correio regular e advertidos de que as respostas poderiam demorar pelo menos uma semana. No Reino Unido, segundo um levantamento informal dos websites de 97 parlamentares feito em novembro de 2000 pelo Institute of Economic Affairs, o design e a manutenção eram extremamente pobres e indicavam considerável negligência.

Um estudo internacional interessante e bem-documentado do uso da Internet nos parlamentos dos países da OECD, comprovou o rápido aumento do uso da Internet, tanto pelo parlamento quanto em sua relação com o eleitorado, mas mostrou também, em geral, uma grande persistência de práticas políticas tradicionais (Coleman, Taylor, e Van den Donk, 1999). Docter, Dutton e Elberse (1999) estudaram a California Democracy Network (DNET), um guia dos eleitores on-line. Consideraram-no instrutivo e útil, e parecia desempenhar um papel funcional ao informar os cidadãos sobre suas opções. Seu uso, no entanto, era muito limitado: teve menos de 4.000 visitantes nas vésperas das eleições para governador, o que sugere que o "papel da DNET na arena política é marginal" (Docter, Dutton e Elberse, 1999, p.187). Os partidos políticos usam rotineiramente a web, e, durante campanhas eleitorais, seus candidatos ou substitutos mostram-se devidamente cuidadosos com ela. A televisão, o rádio e os jornais continuam, contudo, sendo a mídia preferida uma vez que se ajustam melhor ao padrão de comunicação de um-para-muitos que ainda é a norma na política.

De fato, seria surpreendente se a Internet, por meio de sua tecnologia, invertesse a desconfiança política profundamente arraigada entre a maioria dos cidadãos no mundo todo. Assim, na época da eleição para governador de 1998 na Califórnia, a que o estudo de Docter e colaboradores se refere, o Public Policy Institute of California conduziu uma pesquisa de opinião pública junto a uma amostra representativa dos eleitores do estado segundo a qual 54% dos eleitores pensavam que "autoridades públicas não se importam com o que pessoas como eu pensam" (a proporção para os EUA como um todo foi de 60%) (Baldassare, 2000, p.43).

Num mundo de crise generalizada de legitimidade política, e de indiferença dos cidadãos por seus representantes, poucos se apropriam do canal de comunicação interativo, multidirecional, fornecido pela Internet, de ambos os lados da conexão. Os políticos e suas instituições divulgam suas declarações e respondem burocraticamente — exceto em época de eleição. Os cidadãos não veem muito sentido em gastar energia em indagações políticas, exceto quando atingidos por um evento que desperta sua indignação ou afeta seus interesses pessoais. A Internet não pode fornecer um conserto tecnológico para a crise da democracia.

Porém ela tem um papel significativo na nova dinâmica política, caracterizada pelo que chamei de "política informacional" (Castells, 1997). O acesso ao governo em nossas sociedade baseia-se em grande parte em política da mídia e em sistemas de informação que suscitam o apoio ou a rejeição das mentes das pessoas, influenciando assim seu comportamento eleitoral. Como as pessoas não confiam em programas, somente em pessoas, a política da mídia é extremamente personalizada e organizada em torno da imagem dos candidatos. Assim, a política da mídia leva à prevalência da "política do escândalo" (Rose-Ackerman, 1999; Thompson, 2000). Isso ocorre porque o vazamento de informação para a mídia, para desonrar um oponente, ou produzir contrainformação para restaurar a imagem de um político sob ataque, tornou-se uma arma crítica da política nos últimos tempos. Os meios de comunicação são os intermediários necessários, e para ter acesso à mídia é preciso conhecer os canais certos e, em alguns casos, ter o dinheiro necessário para produzir e difundir a informação apropriada. Não que a mídia controle os políticos. O que ocorre é que a mídia forma o espaço da política, e os políticos são aqueles que, para se libertar do controle das burocracias partidárias, optam por se relacionar diretamente com os cidadãos em geral — usando assim a mídia como seu canal de comunicação de massa. Tudo isso está mudando, porém, por causa da Internet.

A Internet fornece, em princípio, um canal de comunicação horizontal, não controlado e relativamente barato, tanto de um-para-um quanto de um-para-muitos. Como disse, o uso desse canal por políticos ainda é limitado. Há, contudo, um uso crescente da Internet por jornalistas rebeldes, ativistas políticos e pessoas de todo tipo como um canal para difundir informação e rumores políticos. Precisamente por causa da abertura da Internet, muitos desses rumores nunca encontram credibilidade, como atestam as inúmeras teorias conspiratórias que povoam as salas de chat e websites radicais de toda sorte. Mas há também casos de informação política relevante difundida através da Internet que não teria podido ser tão ampla, nem tão rápida, se tivesse circulado através da mída convencional. Foi o caso da primeira informação referente ao caso Monica Lewinsky affair, divulgada por um jornalista *freelance* de Los Angeles via seu boletim na Internet, enquanto a grande imprensa continuava avaliando a matéria. Ou ainda das memórias do médico de François Mitterrand, que tiveram sua divulgação proibida pelos tribunais franceses e encontraram seu caminho para o povo francês via Internet — o que provocou forte reação do governo francês, como analisarei no Capítulo 6. Não existem mais segredos políticos na Era da Internet a partir do momento em que escapam de um círculo muito estreito. Por causa da rapidez da difusão de notícias pela Internet, a mídia tem de ficar de sobreaviso, e reagir a esses rumores, avaliá-los, decidir como noticiá-los — não pode mais descartá-los. A fronteira entre mexerico, fantasia e informação política valiosa fica cada vez mais difusa, complicando assim ainda mais o uso da informação como arma política privilegiada na Internet.

Assim, por enquanto, em vez de fortalecer a democracia promovendo o conhecimento e a participação dos cidadãos, o uso da Internet tende a aprofundar a crise da legitimidade política ao fornecer uma plataforma de lançamento mais ampla para a política do escândalo. O problema, naturalmente, não está na Internet, mas no tipo de política que nossas sociedades estão gerando. Uma política que em última instância molda o poder dos Estados numa época em que eles se defrontam com uma transformação de seu ambiente de segurança.

Segurança e estratégia na Era da Internet: ciberguerra, *noopolitik*, enxameamento

Sabemos por Sun Tzu e Clausewitz que a guerra é a continuação da política por outros meios. Portanto, a política informacional conduz naturalmente à possibilidade da guerra informacional e, de maneira mais geral, ao surgimento de uma nova doutrina de segurança apropriada à Era da Internet. Várias questões relacionadas devem ser consideradas. Tentarei desenredá-las com a ajuda da pesquisa conduzida por vários anos na Rand Corporation por John Arquilla e David Ronfeldt, a meu ver os mais competentes analistas de questões de segurança no paradigma informacional (1999, 2000).

Muito se falou da vulnerabilidade de instalações militares e centros de comando estratégicos de governo ao ciberataque por parte de hackers hostis. De fato, a capacidade de obter informação crítica, poluir bancos de dados ou devastar sistemas-chave de comunicação torna-se uma arma de escolha no novo ambiente tecnológico. Quanto mais um governo e uma sociedade dependem de sua rede avançada de comunicações, mais ficam expostos a ataques desse tipo. Além disso, em contraste com a guerra convencional ou nuclear, esses ataques podem ser desfechados por hackers individuais, ou por pequenos grupos competentes que escapariam à detecção ou à retaliação — e, numa escala limitada, ataques desse tipo de fato foram feitos, por exemplo contra os computadores da OTAN por hackers sérvios durante a guerra de Kosovo, ou contra centros de comando russos por hackers pró-tchetchenos.

Parece no entanto que, pelo menos no caso do governo dos Estados Unidos, os temores de vulnerabilidade são um tanto exagerados. Embora alguns computadores da NASA ou do Pentágono tenham realmente sido invadidos por hackers, as defesas eletrônicas para os nós-chave do sistema parecem razoavelmente robustas. Presumo que as maiores potências mundiais têm sistemas de proteção similarmente eficientes. No entanto, o sistema é de fato vulnerável, não em seu centro, mas em sua periferia. Isso por duas razões. A primeira é que o problema crítico de segurança para qualquer país não está necessariamente nos computadores do Ministério da Defesa, mas em toda a rede eletrônica de que dependem a vida diária das pessoas e o funcionamento da economia. Como a Internet e as redes de computadores em geral interconectaram países inteiros, de fato o mundo inteiro, as avenidas para a invasão de sistemas de segurança são quase ilimitadas. Há uma poderosa contramedida que poderia reforçar a segurança por todo o sistema: a difusão de tecnologia avançada de criptografia para organizações e as pessoas em geral. Se toda a rede fosse capaz de se proteger no ponto de seus componentes individuais, seria mais difícil invadi-la. No entanto, os governos estão impedindo a difusão da tecnologia da criptografia, alegando que isso facilitaria atividades criminosas. De fato, como discutirei no Capítulo 6, essa tentativa é o recurso extremo dos Estados para manter algum nível de controle sobre os fluxos de informação, em que seus poderes se fundaram durantes séculos. Numa das maiores ironias históricas, a tentativa de controlar a informação pela proibição da difusão da tecnologia da criptografia deixa o Estado — e a sociedade — vulneráveis a ataques vindos da periferia da rede.

Há uma segunda fonte importante para a vulnerabilidade de um Estado ao ciberataque. O surgimento de um estado global em rede, formado pela cooperação entre governos do mundo todo em torno de uma série de assuntos, inclusive questões de segurança, e a extensão dessa rede a um número crescente de ONGs, criou uma rede eletrônica de governo compartilhado. Sob tais condições, a segurança de um nó particular, mesmo que poderoso, só é tão boa quanto a segurança da rede como um todo — que, é claro, não é muito boa na média. Os Estados reagem diferenciando sua abertura à cooperação e uma formação de rede em níveis, de tal modo que só os parceiros mais confiáveis tenham acesso às redes mais estratégicas. No entanto, essa cooperação desconfiada limita a parceria, e acaba por solapar esforços conjuntos de segurança — por exemplo, no trabalho policial internacional, única maneira eficaz de fazer face à economia criminosa global ou ao terrorismo internacional. Em outras palavras, quanto mais o Estado se recusa a limitar sua soberania (seja pela criptografia ou pela cooperação internacional), mais vulnerável se torna a um ciberataque.

Há uma transformação mais fundamental das questões de segurança internacional: a ascensão da "*noopolitik*", para usar o termo proposto por Arquilla e Ronfeldt. A "*noopolitik*" diz respeito às questões políticas que surgem da formação de uma "noosfera", ou ambiente de informação global, que inclui o ciberespaço e todos os outros sistemas de informação — a mídia, por exemplo. A *noopolitik* pode ser contraposta à *realpolitik*, a abordagem tradicional em termos de promoção do Estado na arena internacional, mediante negociação, força, ou uso potencial de força. A *realpolitik* não desaparece na Era da Informação. Mas permanece centrada no Estado, numa era organizada em torno de redes, inclusive redes de Estados. Num mundo caracterizado por interdependência global e moldado pela informação e a comunicação, a capacidade de atuar sobre fluxos de informação, e sobre mensagens da mídia, torna-se uma ferramenta essencial para a promoção de um programa político. De fato, movimentos sociais e ONGs tornaram-se muito mais competentes em agir sobre as mentes das pessoas no mundo todo mediante a intervenção na noosfera; isto é, no sistema de comunicação e representação em que as categorias são formadas e os modelos de comportamento, constituídos.

A diplomacia pública destinada a sociedades, e não apenas a governos, torna-se uma estratégia nacional de segurança essencial, que pode evitar confrontação, aumentar as oportunidades de aliança e promover a hegemonia cultural e política. Isso não se confunde com propaganda ou relações públicas. É a capacidade real de intervir no processo de representação mental subjacente à opinião pública e ao comportamento político coletivo. Requer uma infraestrutura tecnológica — a Internet e a mídia global em rede. Exige também uma ordem liberal da informação, que garanta o livre movimento de ideias e imagens. Mas implica também, da parte dos Estados e líderes políticos, a flexibilidade de mudar as próprias ideias, corrigir suas opiniões para se conectar com seu ambiente global cambiante. Em outras palavras, hegemonia cultural não é persuasão: requer a aceitação da coevolução. Contudo, como a estratégia política é um meio para a fabricação de poder, há um duplo jogo em curso: por um lado, a inauguração de uma informação global e de um espaço de comunicação, tão abertos quanto possível a seus diversos participantes (governos, organizações internacionais, empresas e ONGs); por outro lado, do ponto de vista de um governo ou organização específicos, uma estratégia de informação será necessária para a promoção de seus próprios interesses e valores dentro das regras do jogo. Assim, a moldagem das ideias globais de forma tão propícia quanto possível a um dado conjunto de interesses nacionais ou sociais torna-se a nova, e mais produtiva, fronteira do exercício do poder no cenário mundial.

Enquanto os Estados existem, porém, sua razão de ser continua sendo, em última instância, sua capacidade de exercer a violência em defesa dos interesses que representam — inclusive os seus próprios. Mas a guerra também está sendo transformada por redes de computadores. Em primeiro lugar, tecnologicamente: comunicações eletrônicas, sistemas de vigilância, aviões não tripulados e munições guiadas por satélite são as armas decisivas na confrontação militar. Em segundo lugar, estrategicamente. Um novo pensamento estratégico está ganhando força rapidamente entre os centros de estudos militares nos EUA e na OTAN. É chamado "enxameamento". Representa um desvio acentuado dos conceitos militares baseados em acúmulos maciços de poder de fogo, blindados e grandes concentrações de tropas. Requer unidades autônomas, pequenas, dotadas de alto poder de fogo, bom treinamento e informação em tempo real. Esses "casulos" formariam "pencas" capazes de se concentrar num alvo inimigo durante uma pequena fração de tempo, infligindo grande dano e dispersando-se em seguida. Essa guerra "não linear" elimina a noção de uma linha de frente e representa uma versão *high-tech* da antiga tradição das guerras de guerrilha. Essa guerra centrada na rede, na terminologia do Pentágono, depende inteiramente de comunicações seguras, robustas, capazes de manter conexão constante entre os nós de uma rede. Uma combinação de transmissão por satélite e interconexão móvel por computadores permitiria a unidades do tamanho de pelotões coordenar suas ações, com o apoio do poder aéreo e de unidades logísticas, derrotando os inimigos graças à sua vantagem em informação, que lhes diz onde eles estão, para onde estão indo, e o que eles mesmos têm de levar a cabo nos episódios de combate. Além disso, seu caráter independente lhes permite um nível superior de iniciativa, sem perda da coordenação de seu objetivo.

O corpo de fuzileiros navais dos EUA já experimentou com sucesso essas novas táticas em seus exercícios de guerra Hunter Warrior/Sea Dragon. As forças armadas dos EUA pareciam estar se movendo na direção de um híbrido da estratégia de batalha ar-terra, ainda dominante, e a estratégia de batalha de enxame. Um sinal do novo modo de pensar foi a decisão experimental, em 2000, de substituir gradualmente tanques por veículos blindados leves, mais adaptados à mobilidade exigida pela nova maneira de lutar. Se essa nova estratégia fosse adotada, as implicações para as forças armadas seriam enormes. Toda a organização em grande escala de corpos, divisões, regimentos e batalhões teria de ser desfeita. Seria preciso desmanchar igualmente a divisão tradicional entre diferentes especialidades: infantaria, unidades blindadas, comunicações, artilharia, engenharia. As unidades deveriam ser amplamente multifuncionais e basear-se na capacidade de interconexão para apoio mútuo. Seriam também inteiramente dependentes do acúmulo e do processamento de informação. Toda a estrutura militar teria, de fato, de ser drasticamente reorganizada. Além disso, à medida que os militares agissem cada vez mais em cooperação política e funcional com as forças armadas de outros países, a polivalência das pequenas unidades poderia fornecer os tijolos de uma força bélica a ser reunida numa base *ad hoc*, dependendo dos objetivos e das circunstâncias de cada missão militar. Por outro lado, a compatibilidade dos sistemas de comunicações e computação, bem como dos procedimentos de interconexão, torna-se uma condição necessária para qualquer tipo de operação militar conjunta. Como Arquilla e Ronfeldt (2000, p.46) assinalam,

> essa visão doutrinária não pode ser levada a cabo na ausência de um sistema plenamente integrado de vigilância e comunicação. Essa visão pode ajudar a transformar as forças armadas numa "organização sensorial", enquanto o sistema será crucial para interconectar as unidades operacionais. O sistema de comando, controle, comunicações, computadores, inteligência, vigilância e de comunicação (C4ISR) pode gerar tanta informação que será necessário... conservar uma visão "aérea" — um quadro geral do que está se passando.

A combinação de autonomia e visão área é obtida pela interconexão de redes na base, entre as unidades autônomas, e entre as unidades e o comando e centros de controle. Esses centros tornam-se provedores de uma perspectiva operacional ampla, em vez de atuarem como microgerenciadores das operações correntes.

O enxameamento parece ser a nova fronteira do pensamento estratégico e da prática militar, uma fronteira que poderia estar à altura das ameaças de segurança representadas pela capacidade de enxameamento do terrorismo internacional e de forças hostis imprevisíveis por todo o mundo. Vários programas experimentais estavam em curso nas forças armadas dos EUA em 2000: o programa "Army After Next" para capacitar forças leves; o experimento "Fleet Battle" da marinha, baseado no conceito de "guerra centrada na rede"; o conceito de "enxameamento tchetcheno" dos fuzileiros navais, moldado pelas táticas bem-sucedidas dos combatentes tchetchenos contra as tropas russas, os "grupos de infestação" dos fuzileiros navais, projetados para operar de maneira descentralizada mas conectada através da Internet, e assim por diante. De maneira bastante curiosa, 30 anos após sua fundação, o Pentágono parece ter encontrado um uso real para tecnologias relacionadas com a Internet; não tanto em termos da meta original e muito louvada de Paul Baran, de sobrevivência a um ataque nuclear, como pela adaptação às novas formas de guerra — confrontações brutais, individualizadas, entre redes enxameantes de pequenos bandos habilitados pela tecnologia da informação. O "enxameamento", Arquilla e Ronfeldt (2000, p.26) concluem, "fornece uma importante visão alternativa do futuro para as forças armadas norte-americanas — e pode fazê-lo para outras forças armadas também, se elas começarem a buscar inovações que lhes permitam suplantar os americanos. Quem chegar lá primeiro poderá encontrar no enxameamento o catalisador doutrinário para a disputa da ciberguerra — o objetivo militar do espectro de conflitos na era de informação". Seja por meio de tecnologia baseada na informação, por táticas militares de enxameamento ou por construção de hegemonia ideacional, os meios e metas do poder estatal em nosso mundo dependem da comunicação e da formação de redes. Adotando esses novos meios, os Estados não desaparecem, mas são profundamente transformados em sua estrutura e em sua prática.

A política da Internet

Na coevolução da Internet e da sociedade, a dimensão política de nossas vidas está sendo profundamente transformada. O poder é exercido antes de tudo em torno da produção e difusão de nós culturais e conteúdos de informação. O controle sobre redes de comunicação torna-se a alavanca pela qual interesses e valores são transformados em normas condutoras do comportamento humano. Esse movimento se processa, como em contextos históricos anteriores, de maneira contraditória. A Internet não é um instrumento de liberdade, nem tampouco a arma de uma dominação unilateral. A experiência de Cingapura é ilustrativa. Guiada por um governo forte, competente, Cingapura abraçou plenamente a modernização tecnológica como um instrumento de desenvolvimento. Ao mesmo tempo, é considerada um dos sistemas autoritários mais sofisticados da história. Tentando encontrar um meio-termo entre essas duas políticas, o governo de Cingapura tentou expandir o uso da Internet entre seus cidadãos, ao mesmo tempo em que conservava controle político sobre seu uso, censurando os provedores de serviço da Internet. No entanto, o estudo de Ho e Zaheer (2000) mostra como, mesmo ali, a sociedade civil pôde usar a Internet para ampliar seu espaço de liberdade, articular a defesa dos direitos humanos e propor ideias alternativas no debate político.

Na verdade, a liberdade nunca é uma dádiva. É uma luta constante; é a capacidade de redefinir autonomia e pôr a democracia em prática em cada contexto social e tecnológico. A Internet encerra um potencial extraordinário para a expressão dos direitos dos cidadãos e a comunicação de valores humanos. Certamente não pode substituir a mudança social ou a reforma política. Contudo, ao nivelar relativamente o terreno da manipulação simbólica, e ao ampliar as fontes de comunicação, contribui de fato para a democratização. A Internet põe as pessoas em contato numa ágora pública, para expressar suas inquietações e partilhar suas esperanças. É por isso que o controle dessa ágora pública pelo povo talvez seja a questão política mais fundamental suscitada pelo seu desenvolvimento.

Links de leitura

ARQUILLA, John e Ronfeldt, David (1999) *The Emergence of Noopolitik: Toward an American Information Strategy.* Santa Mônica, CA: RAND National Defense Research Institute.

______ (2000) *Swarming and the Future of Conflict.* Santa Monica, CA: RAND National Defense Research Institute.

BALDASSARE, Mark (2000) *California in the New Millennium: The Changing Social and Political Landscape.* Berkeley, CA: University of California Press.

BELL, Mark R. e Boas, Taylor C. (2000) "Falun Gong and the Internet: evangelism, community, and the struggle for survival", artigo apresentado no Annual Meeting of the American Academy of Religion, Nashville, Tennessee, 19 de novembro.

CALHOUN, Craig (org.) (1994) *Social Theory and the Politics of Identity.* Oxford: Blackwell.

CASTELLS, Manuel (1997) *The Power of Identity.* Oxford: Blaekwell.

______, Yazawa, Shujiro e Kiselyova, Emma (1996) "Insurgents against the global order: a comparative analysis of *Zapatistas* in Mexico, the American Militia and Japan's *Aum Shinrikyo*", *Berkeley Journal of Sociology,* 40, p.21-60.

COHEN, Robin e Rai, Shirin M. (orgs) (2000) *Global Social Movements.* Londres: The Athlone Press.

COLEMAN, Stephen; Taylor, John e Van den Donk, Wim (orgs.) (1999) *Parliament in the Age of the Internet.* Oxford: Oxford University Press.

DOCTER, Sharon; Dutton, William e Elberse, Anita (1999) "An American democracy network: factors shaping the future of on-line political campaigns", in Stephen Coleman et al. (orgs.), *Parliament in the Age of the Internet,* p.173-90. Oxford: Oxford University Press.

DUTTON, William H. (1999) *Society on the Line: Information Politics in the Digital Age.* Nova York: Oxford University Press.

GIDDENS, Anthony (1994) *Beyond Left and Right: The Future of Radical Politics.* Cambridge: Polity.

GRAHAM, Stephen e Aurigi, Alessandro (1997) "Urbanising cyberspace?", *City,* 7, maio, p.18-39.

GROSSMAN, Lawrence K. (1995) *The Electronic Republic: Reshaping Democracy in the Information Age.* Nova York: Penguin.

HO, K.C. e Zaheer, Barber (2000) "Sites of resistance: charting the alternative and marginal websites in Singapore", Cingapura: National University of Singapore, Department of Sociology, artigo apresentado na First Conference of the Association of Internet Researchers, Lawrence, University of Kansas, 14-7 de setembro.

JURIS, Jeffrey S. (no prelo) "Transnational activism and the Movement for Global Resistance in Spain", dissertação de doutorado inédita, University of California, Department of Anthropology, Berkeley, Califórnia.

KECK, Margaret E. e Sikkink, Kathryn (1998) *Activists Beyond Borders: Advocacy Networks* em *Advocacy Networks in International Politics.* Ithaca, NY: Cornell University Press.

LANGMAN, Lauren; Morris, Douglas; Zalewski, Jackie; Ignacio, Emily e Davidson, Carl (2000) "Globalization, domination, and cyberactivism", artigo apresentado na First Conference of the Association of Internet Researchers, Lawrence, University of Kansas, 14-7 de setembro.

LESSER, Ian, et al. (1999) *Countering the New Terrorism.* Santa Mônica, CA: RAND, Project Air Force.

LOVINK, Geert e Riemens, Patrice (1998) "The monkey's tail: the Amsterdam Digital City three and a half years later", in Richard Wolff et al. (orgs.), *Possible Urban Worlds: Urban Strategies at the End of the Twentieth Century*, atas da Seventh Conference of the International Network for Urban Research and Action (INURA). Basileia e Boston: Birkhaeuser.

MELUCCI, Alberto (1989) *Nomads of the Present: Social Movements and Individual Needs in Contemporary Society*. Filadélfia, PA: Temple University Press.

O'LEARY, Stephen D. (2000) "Falun Gong and the Internet", *USC Annenberg Online Journalism Review*.

PRESIDÊNCIA da República de Portugal (2000) *Os Cidadãos e a sociedade de informação*, atas de uma Conferência Internacional. Lisboa, Imprensa Nacional.

PUTNAM, Robert (2000) *Bowling Alone: The Decline of Community in America*. Nova York: Basic Books.

ROSE-ACKERMAN, Susan (1999) *Corruption and Government*. Cambridge: Cambridge University Press.

SCHULER, Douglas (1996) *New Community Networks: Wired for Change*. Nova York: Addison-Wesley.

SERVON, Lisa (2002) *Bridging the Digital Divide*, Oxford: Blackwell.

SKLAIR, Leslie (2000) *The Transnational Capitalist Class*. Oxford: Blackwell.

SMITH, Jackie et al. (orgs.) (1997) *Transnational Social Movements and World Politics: Solidarity Beyond the State*. Syracuse: Syracuse University Press.

STARHAWK (2000) "Comment nous avons bloqué l'OMC", *Multitudes*, 1, março, p.102-7.

TARROW, Sidney (1995) *Power in Movement: Social Movements and Contentious Politics*. Cambridge: Cambridge University Press.

______ (1996) *Fishnets, Internets and Catnets: Globalization and Transnational Collective Action*. Madri: Instituto Juan March de Estudios e Investigaciones.

THOMPSON, John (2000) *Political Scandals*. Cambridge: Polity.

TOURAINE, Alain (1989) *Le retour de l'acteur*. Paris: Fayard.

VAN BASTELAER, Beatrice e Lobet-Maris, Claire (2000) "The Digitale Stad (DDS), Amsterdam: between public domain and private enterprise", Edimburgo, University of Edinburgh, SLIM Project, relatório de pesquisa inédito.

VAN DEN BESSELAAR, Peter (2001) "E-community versus e-commerce: the rise and decline of Amsterdam Digital City," *AI and Society: the Journal of Human-centered Systems and Machine Intelligence*, 1 (no prelo).

e-Links

Cisler, Stephen (2000) http://home.inreach.com/cisler (divulgado em 7 de novembro)
www.memoire-vivante.org
Sobre redes de cidadãos.

www.heise.de/tp/english/inhalt/co/6972/l.html (divulgado em 18 de agosto de 2000)

http://squat.net.ascii
Sobre a Cidade Digital de Amsterdã.

http://ojr.usc.edu
Sobre Falung Gong e a Internet.

CAPÍTULO 6

A política da Internet II: privacidade e liberdade no ciberespaço

Criada como um meio para a liberdade, nos primeiros anos de sua existência mundial a Internet pareceu prenunciar uma nova era. Os governos pouco podiam fazer para controlar fluxos de comunicação capazes de burlar a geografia e, assim, as fronteiras políticas. A liberdade de expressão podia se difundir através do planeta, sem depender da mídia de massa, uma vez que muitos podiam interagir com muitos de maneira irrestrita. A propriedade intelectual (na música, em publicações, em ideias, em tecnologia, em software) tinha de ser partilhada, já que dificilmente podia ser limitada a partir do momento em que essas criações eram introduzidas na Net. A privacidade era protegida pelo anonimato da comunicação na Internet e pela dificuldade de investigar as origens e identificar o conteúdo de mensagens transmitidas com o uso de protocolos da Internet.

Esse paradigma de liberdade tinha bases tanto tecnológicas quanto institucionais. Tecnologicamente, sua arquitetura de interconexão irrestrita de computadores, baseada em protocolos que interpretam a censura como uma falha técnica, e simplesmente a burlam na rede global, tornava difícil — embora não impossível — controlá-lo. Isso não está na "natureza" da Internet: isso é a própria Internet, como projetada por seus criadores iniciais, como documentado nos Capítulos 1 e 2.

Institucionalmente, o fato de a Internet ter se desenvolvido nos Estados Unidos significou que surgiu sob a proteção constitucional da livre expressão imposta pelos tribunais americanos. Como o *backbone* da Internet global baseava-se em grande parte nos Estados Unidos, qualquer restrição a servidores em outros países podia em geral ser contornada por rerroteamento através de um servidor dos EUA. Sem dúvida, autoridades num dado país podiam detectar os beneficiários de certos tipos de mensagem exercendo suas capacidades de vigilância, e depois punir os infratores segundo suas leis, como dissidentes chineses experimentaram muitas vezes. No entanto, o processo de vigilância/punição era trabalhoso demais para ser econômico em grande escala, e, de todo modo, não detinha a comunicação pela

Internet, simplesmente a sujeitava a penalidades. A única maneira de controlar a Internet era não estar nela, e isso logo se tornou um preço alto demais a pagar para países do mundo inteiro, em termos tanto de oportunidades de negócios quanto de acesso a informação global.

Nesse sentido a Internet solapou decisivamente a soberania nacional e o controle do Estado. Mas só o pôde fazer por causa da proteção judicial que recebeu no núcleo de seu *backbone* global, os EUA. De fato, apesar de todos os seus discursos sobre a Internet e a liberdade, o Congresso dos EUA e a administração Clinton tentaram se armar de meios legais para controlá-la. Afinal, o controle da informação foi a essência do poder do Estado ao longo de toda a história, e os EUA não são exceção. É por isso que um dos valores exemplares da Constituição norte-americana é precisamente situar o direito à livre expressão como a Primeira Emenda à Constituição. Em sua tentativa de exercer controle sobre a Internet, o Congresso e o Departamento de Justiça americanos usaram um argumento que nos impressiona a todos: a proteção das crianças contra as perversidades sexuais que vagam pela rede. Foi inútil. No dia 12 de junho de 1996, um tribunal federal dos EUA na Pensilvânia declarou o Communications Decency Act de 1995 inconstitucional, afirmando: "Assim como a força da Internet é o caos, assim a força da liberdade depende do caos e da cacofonia da expressão livre que a Primeira Emenda protege" (citado em Lewis, 1996). Esse "direito constitucional ao caos" foi confirmado pela Suprema Corte em 26 de junho de 1997. Uma nova tentativa da administração Clinton para permitir ao governo censurar a Internet, o Child On-line Protection Act de 1998, foi novamente derrubada em junho de 2000 pela Tribunal de Apelação dos EUA na Filadélfia. Por causa da dificuldade de levar os EUA a tomar o partido da regulação da comunicação por computador, e dada a natureza global da rede, a tentativa *direta* pelo Estado de controlar a Internet por meios tradicionais de censura e repressão parece ter fracassado.

No entanto, esses dois fundamentos da liberdade na Internet poderiam ser, e estão sendo de fato, desafiados por novas tecnologias e regulações (Lessig, 1999; Samuelson, 2000a). Aplicações de software podem ser superpostas em camadas a protocolos da Internet, tornando possível identificar rotas de comunicação e conteúdo. Com o uso dessas tecnologias, é possível violar a privacidade, e uma vez que se torna possível relacionar indivíduos com processos específicos de comunicação em contextos institucionais específicos, todas as formas tradicionais de controle político e organizacional podem ser lançadas sobre o indivíduo em rede. Esse é o argumento poderoso, convincente, apresentado por Lawrence Lessig em seu influente livro *Code and Other Laws of Cyberspace* (1999). Embora minhas ideias discrepem um pouco de sua interpretação (e mais de sua posição normativa), a tese de Lessig deveria ser tomada como um ponto de partida desta análise. A transformação da liberdade e da privacidade na Internet é um resultado direto de sua comercialização. A necessidade de assegurar e identificar a comunicação na Internet para ganhar dinheiro com ela, e a necessidade de proteger direitos de propriedade intelectual nela, levaram ao desenvolvimento de novas arquiteturas de software (que Lessig chama de "o código") que permitem o controle da comunicação por computador. Governos pelo mundo todo toleram essas tecnologias de vigilância ou as adotam avidamente para recuperar parte do poder que estavam perdendo (Lyon, 2001a, b). Contudo, novas tecnologias de liberdade estão sendo opostas a essas tecnologias de controle, a sociedade civil chega às trincheiras de novas batalhas pela liberdade, e o judiciário oferece certa proteção contra abusos flagrantes, pelo menos em alguns contextos (não no local de trabalho). A Internet não é mais uma esfera livre, mas tampouco realizou a profecia orwelliana. É um terreno contestado, onde a nova e fundamental batalha pela liberdade na Era da Informação está sendo disputada.

Tecnologias de controle

Uma variedade de tecnologias de controle emergiu dos interesses entrelaçados do comércio e dos governos. Há tecnologias de identificação, de vigilância e de investigação. Todas se fundam em dois pressupostos básicos: o conhecimento assimétrico dos códigos na rede; e a capacidade de definir um espaço específico de comunicação suscetível de controle. Façamos uma breve revisão dessas questões, como um passo para a análise dos processos de restrição da liberdade em operação na Internet.

As tecnologias de identificação incluem o uso de senhas, "cookies" e procedimento de autenticação. Os "cookies" são marcadores digitais automaticamente inseridos por websites nos discos rígidos dos computadores que se conectam com eles. Uma vez que um "cookie" foi inserido num computador, este passa a ter todos os seus movimentos on-line automaticamente registrados pelo servidor do website que fez a inserção. Procedimentos de autenticação usam assinaturas digitais para permitir que outros computadores verifiquem a origem e as características do correspondente que interage com eles. Baseiam-se frequentemente em tecnologia de criptografia. A autenticação opera muitas vezes em camadas, com usuários individuais sendo identificados por servidores que são eles próprios identificados por redes. Um dos primeiros exemplos de protocolos de segurança na Internet foi a "camada de soquetes segura" (SSL, de *secure socket layer*) introduzida pela Netscape. Outros protocolos-padrão de segurança foram adotados por consórcios de companhias de cartão de crédito e companhias de comércio eletrônico.

As tecnologias de vigilância são de um tipo diferente, mas muitas vezes se baseiam em tecnologias de identificação para localizar o usuário individual. As tecnologias de vigilância interceptam mensagens, instalam marcadores que permitem o rastreamento de fluxos de comunicação a partir de uma localização específica de computador e monitoram a atividade de máquinas 24 horas por dia. Tecnologias de vigilância podem identificar um dado servidor na origem de uma mensagem.

Depois, por persuasão ou coerção, governos, companhias ou tribunais podem obter do provedor de serviços da Internet a identidade do réu potencial pelo uso de tecnologias de identificação ou simplesmente procurando em suas listas, quando a informação está disponível (já que, para os clientes da maioria dos provedores de serviços da Internet, os endereços eletrônicos são idênticos aos endereços reais.)

As tecnologias de investigação referem-se à construção de bancos de dados a partir dos resultados da vigilância e do armazenamento de informação rotineiramente registrada (Garfinkel, 2000). Uma vez que dados são coletados em forma digital, todos os itens de informação contidos no banco de dados podem ser agregados, desagregados, combinados e identificados de acordo com o objetivo e o poder legal. Por vezes, trata-se simplesmente de fazer perfis agregados, como em pesquisa de mercado, seja para o comércio ou para a política. Em outros casos trata-se de visar indivíduos, já que uma dada pessoa pode ser caracterizada por um grande corpo de informação contido em seus registros eletrônicos, de pagamentos por cartão de crédito a visitas a websites, correio eletrônico e chamadas telefônicas. No ambiente tecnológico atual, toda informação eletronicamente transmitida é gravada, podendo vir a ser processada, identificada e combinada numa unidade de análise coletiva ou individual.

A criptografia é a tecnologia fundamental para a proteção da privacidade da mensagem (embora não do seu emissor, já que o computador de origem será identificado por seu ponto de entrada na rede eletrônica) (Levy, 2001). Isto é particularmente verdadeiro no tocante à criptografia de chave pública, com duas chaves de decodificação, uma das quais é privadamente conservada. No entanto, como Lessig (1999) mostra, a criptografia é uma tecnologia ambígua porque, ao mesmo tempo em que pode preservar a confidencialidade, é também a base para tecnologias avançadas de identificação. Ela permite o desenvolvimento de assinaturas digitais certificadas, que, depois que passarem a ser exigidas de maneira generalizada, eliminarão o anonimato na Internet, já que se exigirá de todo cachorro que se registre como cachorro para ter acesso a uma vida de cachorro — do contrário terminará com os gatos de sua cibervizinhança.

Essas tecnologias operam seus controles sob duas condições básicas. Primeiro, os controladores conhecem os códigos da rede, o controlado, não. O software é confidencial e patenteado, só podendo ser modificado por seu dono. Uma vez na rede, o usuário médio torna-se prisioneiro de uma arquitetura que não conhece. Segundo, os controles são exercidos com base num espaço definido na rede, por exemplo a rede em torno de um provedor de serviços da Internet, ou a intrarrede de uma companhia, uma universidade ou uma agência governamental. Sim, a Internet é uma rede global, mas os pontos de acesso a ela não o são. Se há filtros instalados nesse acesso, o preço da liberdade global é a submissão local. Vejamos agora essas tecnologias de controle em ação.

O fim da privacidade

O entusiasmo com a liberdade trazida pela Internet foi tamanho que esquecemos a persistência de práticas autoritárias de vigilância no ambiente que continua sendo o mais importante de nossas vidas: o local de trabalho. À medida que os trabalhadores se tornam cada vez mais dependentes da interconexão por computador em sua atividade, a maioria das companhias decidiu que têm o direito de monitorar os usos de suas redes por seus empregados. Nos EUA, um estudo divulgado em abril de 2000, mostrou que 73,5% das firmas do país exercem, em bases regulares, alguma forma de vigilância sobre o uso da Internet por seus empregados. Houve incontáveis casos de trabalhadores despedidos pelo que foi considerado uso impróprio da Net (Howe, 2000, p.106). Programas como Gatekeeper exibem num servidor toda a atividade de Internet que está tendo lugar em qualquer organização filiada a ele. O controle na área da manufatura das fábricas pela administração foi uma fonte tradicional de conflito na Era Industrial. Parece que a Internet está fadada a elevar essa tensão — uma vez que, com sua penetração automatizada, torna-se mais insidiosa.

Mas, mesmo além das paredes de vidro do mundo das companhias, "você já tem privacidade zero nela", proclama, acerca da Internet, Scott McNealy, o carismático diretor executivo da Sun Microsystems, num pronunciamento que despertou grande atenção (citado em Scheer, 2000, p.100). Aqui, o desenvolvimento fundamental foram as tecnologias de coleta de dados associadas à economia do comércio eletrônico. Em muitos casos, a principal fonte de rendimentos das companhias de comércio eletrônico são a publicidade e o marketing, como salientamos no Capítulo 3. Por um lado, elas recebem os lucros das faixas de publicidade que podem exibir para seus usuários. Por outro, vendem os dados de seus usuários para seus clientes para fins de marketing, ou os utilizam elas próprias para melhor mirar seus clientes. Em todos os casos, informação preciosa deve ser colhida de cada clique no website. Nos Estados Unidos, 92% dos websites coletam dados pessoais de seus usuários e os processam segundo seus interesses comerciais (Lessig, 1999, p.153). As companhias juram que só usam os dados de forma agregada para perfis de marketing. E, afinal de contas, a maioria dos compradores não exerce o direito de exclusão que lhes é facultado, e não clica para que seus dados pessoais não sejam usados. Advogados de consumidores mostraram como é inconveniente, na prática, o exercício dessa cláusula de exclusão, propondo em lugar dela uma decisão afirmativa de inclusão. Nos EUA, no entanto, o Congresso, sob fortes pressões de anunciantes e da indústria do comércio eletrônico, rejeitou a obrigação da fórmula da exclusão. Na União Europeia, uma ação governamental mais forte em favor da defesa do consumidor levou a uma lei de privacidade sob a qual as companhias não podem usar dados de seus compradores sem o consentimento explícito deles. Contudo, o problema passa a ser, então, a troca de dados pelo privilégio de acesso a websites. A maioria das pessoas abre mão de seus direitos à privacidade para ter condições de usar a Internet. Uma vez que se renunciou a esse direito à proteção da privacidade, os dados pessoais tornam-se propriedade legítima das firmas de Internet e de seus clientes.

Para ilustrar esse processo, considere o caso da Double Click, a maior companhia de inserção de publicidade da Internet. Seu negócio é inserir arquivos "cookie" aos milhões nos computadores que se conectam com websites equipados com sua tecnologia. Depois que recebe um "cookie", um computador será alvo de comerciais específicos em qualquer visita feita aos milhares de websites que empregam os serviços da Double Click. Como muitas outras companhias da Internet, a Double Click testa regularmente os limites de uma invasão ainda maior da privacidade. Assim, em novembro de 1999, ela comprou a Abacus, um banco de dados de nomes, endereços e informação concernente a padrões de compra de 90 milhões de famílias nos EUA. Usando esse banco de dados, a Double Click criou perfis vinculando nomes e endereços reais com suas compras on-line e off-line. Os protestos dos defensores da privacidade forçaram a companhia a suspender seu negócio de montagem de perfis até que o governo e a indústria pudessem chegar a um acordo quanto a padrões para o trato de questões de privacidade (Rosen, 2000a).

Como relata Rosen (2000b), tecnologias que permitem o download de livros, revistas, músicas e filmes digitalmente armazenados diretamente para discos rígidos possibilitam a editores e companhias de entretenimento registrar e monitorar hábitos de navegação na Internet, e fazer mira em seus clientes. O maior conglomerado eletrônico de comunicação e publicação do mundo, a AOL-Time Warner, é um caso ilustrativo. O aparelho integrado de multimídia do futuro (ansiosamente buscado pela Microsoft e a AT&T) poderá ter substanciais capacidades de vigilância. Identificadores globalmente únicos (GUID, de *globally unique identifiers*) tornam possível vincular cada documento, mensagem de e-mail ou conversa com a identidade real da pessoa que os enviou. Em novembro de 1999, a Real Jukebox foi contestada por defensores da privacidade quando eles notaram que o aplicativo que executava músicas podia enviar informação à sua companhia matriz, a Real Networks, sobre a música que cada usuário "baixava", e esta podia ser acoplada a um número ID único que apontava com precisão a identidade do usuário. Temendo publicidade negativa, a Real Networks desativou o GUID. Convém lembrar, contudo, que a identificação digital é a regra e não a exceção na indústria: os produtos de software da Microsoft, como o Word97 e o Powerpoint97, incluem identificadores em cada documento que produzimos com a ajuda desses programas. A partir da identidade desses documentos é possível identificar o computador que os originou.

A privacidade no e-mail não recebe proteção legal adequada. Segundo Rosen (2000a, p.51):

> Numa análise jurídica inteiramente circular, a Suprema Corte sustentou que proteções constitucionais contra buscas descabidas dependem de terem ou não os cidadãos expectativas subjetivas de privacidade que a sociedade esteja disposta a aceitar como razoáveis... Mais recentemente, tribunais sustentaram que, pela simples adoção de um procedimento escrito que adverte empregados de que seu e-mail pode ser monitorado, os empregadores baixarão as expectativas de privacidade de uma maneira que lhes dá ilimitada liberdade para monitorar o que bem entendem.

As oportunidades de negócios nessa nova indústria do marketing do comportamento privado são ilimitadas. Nas eleições de 2000 nos EUA, uma companhia criou um banco de dados, chamado Aristotle, que, usando dados de diferentes fontes, fornecia perfis políticos de nada menos que 150 milhões de cidadãos, vendendo esses perfis pela maior oferta, em geral dos escritórios de campanha de candidatos políticos.

Na esteira dos grandes avanços tecnológicos alcançados por companhias comerciais da Internet, os governos desenvolveram seus próprios programas de vigilância, combinando desajeitados métodos tradicionais com nova sofisticação tecnológica. Internacionalmente, o programa Echelon, criado pelos Estados Unidos e a Grã-Bretanha durante a Guerra Fria, parece ter sido convertido em espionagem industrial, segundo alegam agências governamentais francesas, mediante a combinação de escuta tradicional e interferência de telecomunicações, com interceptação de mensagens eletrônicas. O programa Carnivore do FBI opera em cooperação (voluntária ou não) com provedores de serviços da Internet, registrando tráfego de e-mails, depois peneirando a informação desejada com base em amostragem automática e busca por palavras-chave. Em 2000, o FBI pediu ao Congresso 75 milhões de dólares para financiar programas de vigilância, entre eles o "Digital Storm", uma nova modalidade de gravação de comunicação telefônica combinada com programas computadorizados para extrair palavras-chave das mensagens.

A criação potencial de um sistema eletrônico de vigilância está no horizonte. A ironia é que, em geral, foram as firmas da Internet, de ideologia ardorosamente libertária, que forneceram a tecnologia para a quebra do anonimato e a redução da privacidade, e foram as primeiras a usá-la. Assim fazendo, deixaram a vigilância do governo voltar a rugir com furor redobrado no espaço de liberdade que fora laboriosamente construído pelos pioneiros da Internet, tirando proveito da indiferença ignorante das burocracias tradicionais. Mas a história é contraditória, e a contraofensiva dos amantes da liberdade está em curso. Antes de considerar essa tendência alternativa, porém, devemos examinar as consequências do solapamento da privacidade para as outras dimensões que, juntas, constituem o reino de liberdade da Internet.

Soberania, liberdade e propriedade quando a privacidade desaparece

No ano 2000, governos no mundo já levavam a sério a ameaça do que rotularam de "cibercrime". Tornara-se claro que a infraestrutura das comunicações por computador, de que a riqueza, a informação e o poder em nosso mundo dependem, era extremamente vulnerável a invasão, interferência e destruição. Ondas incessantes de vírus e vermes vagam pela Internet, crackers rompem firewalls, números de cartão de crédito são roubados, ativistas políticos assumem o controle de websites, arquivos de computadores militares são transferidos de um lado para outro no mundo, e consegue-se extrair software confidencial até da rede interna da Microsoft. Apesar do gasto de bilhões de dólares em segurança eletrônica, tornou-se evidente que, numa rede, a segurança só é tão boa quanto a segurança do elo mais fraco. Penetrando-se na rede em qualquer ponto, pode-se percorrer seus nós com relativa facilidade.

Na verdade, o perigo real, seja na forma de dano da propriedade ou pessoa, era muito limitado — e usualmente superestimado: nada comparável com a perda de vidas humanas, a degradação ambiental e até o prejuízo financeiro infligido pelos infortúnios, digamos, da indústria automobilística (lembre-se de Firestone/Ford) ou da indústria química (lembre-se por favor de Bhopal). No entanto, a noção de redes de computador inseguras é literalmente insustentável para os poderes vigentes em nosso mundo — tudo depende dessas redes, e o controle sobre elas é um princípio essencial da manutenção de uma posição de controle.

Mas havia mais alguma coisa. A prática de hackers e crackers, exercida de qualquer lugar para afetar todos os lugares na rede global, patenteava a impotência das formas tradicionais de vigilância enraizadas nos poderes do Estado dentro de suas fronteiras nacionais. Exacerbava a ansiedade já presente em todos os governos do mundo em razão de sua incapacidade de deter os fluxos de comunicação que haviam proibido dentro de suas fronteiras — sejam as mensagens do Falun Gong na China, as memórias do médico de Mitterrand na França, ou o leilão de votos válidos de abstencionistas pela Net nos Estados Unidos (o website foi transferido para a Alemanha). A soberania do Estado sempre começou com o controle da informação, e agora esse controle estava sendo lenta, mas inexoravelmente erodido. Dado o caráter global da Internet, tornou-se necessário para os governos mais importantes agir de maneira conjunta, criando um novo espaço, global, de vigilância. De fato, ao fazer isso eles estavam perdendo soberania, já que tinham de compartilhar poder e concordar com padrões comuns de regulação — tornaram-se eles próprios uma rede — de agências reguladoras e de vigilância. Mas compartilhar a soberania era o preço a pagar para conservar coletivamente algum grau de controle político. Assim, misturando práticas legítimas e ilegítimas, o Estado revidou. O encontro do Grupo dos 8 (G-8) em Paris em 2000 liderou o ataque, e o Conselho da Europa fez eco à preocupação com uma convenção contra o cibercrime, rascunhada pelas agências de segurança dos países europeus, com consultoria das companhias globais de software — a mais extensa e abrangente tentativa de controlar a comunicação na Internet feita até hoje. Muitos países no mundo todo, como a Rússia, a China, a Malásia e Cingapura, entre outros, aplaudiram essa atitude nova e decidida dos grandes governos de impor severa vigilância à Internet. Uma atitude que viam, com razão, como uma justificativa de sua própria desconfiança anterior.

As medidas previstas por todas essas políticas concertadas são ao mesmo tempo vagas demais e técnicas demais para serem discutidas aqui em detalhe. Além disso, logo estarão tecnologicamente obsoletas, de modo que terão de ser constantemente atualizadas. O que realmente conta é a intenção e a metodologia da intervenção. Em síntese, os dispositivos tentam neutralizar o poder de criptografia nas mãos dos cidadãos, restringindo ou proibindo tecnologia de criptografia. Proíbem softwares que são ferramentas pessoais de segurança, do tipo que discutirei abaixo. Ampliam enormemente o poder do governo sobre interceptação de conversas telefônicas e de tráfego de dados. E obrigam os provedores de serviços da Internet a dispor de técnicas para o rastreamento de seus usuários, bem como impõem a notificação compulsória de identidades de usuários por solicitação de agências governamentais, numa variedade muito ampla de situações e em circunstâncias vagamente definidas. Observe-se que, no conjunto, tudo corresponde a uma redução da privacidade da comunicação na Internet — a uma transformação da Internet de espaço da liberdade numa casa de vidro. A comunicação continuará fluindo imperturbável porque essa é a arquitetura da Internet. Mas ao redefinir o espaço de acesso, através do controle dos provedores de serviços da Internet, e ao estabelecer protocolos especiais de vigilância dispostos em camadas sobre a Internet para redes específicas, permite o exercício do controle (e da punição) *ex post facto.* Lessig tem razão. A nova arquitetura da Internet, o novo código, torna-se a ferramenta fundamental de controle, possibilitando o exercício da regulação e do policiamento por formas tradicionais do poder do Estado.

A primeira vítima dessa retomada de posse do ciberespaço é a própria soberania. Para exercer a regulação global, os Estados têm de fundir e compartilhar poder. Não segundo o sonho ultrapassado de um governo mundial, mas como um Estado em rede, a criatura política engendrada pela Era da Informação (Carnoy e Castells, 2001). A segunda vítima é a liberdade; isto é, o direito de fazer o que se quer. Por que isso? Por que a ameaça à privacidade traduz-se na redução potencial da liberdade? Em parte, isso deriva do mecanismo pelo qual a soberania é imposta num contexto global. Para poderem ser parceiros nessa rede de controle, os Estados devem concordar com padrões comuns, e esses padrões são moldados segundo o mínimo denominador comum. Se um dado governo deve cooperar impondo controle sobre websites de pornografia infantil localizados em seu território, ele só o fará sob a condição de ter acesso a dados obtidos a partir da interceptação do tráfego entre seu país e países fora do seu alcance — de outro modo, por que cooperaria? A própria noção de policiamento internacional se funda no compartilhamento do esforço de coleta de informação.

Uma questão diferente é a capacidade que tem um Estado de agir sobre um comportamento que tem lugar em outra jurisdição — isso será limitado pelas velhas formas de poder baseadas na territorialidade. No entanto, o compartilhamento de acesso global a redes de informação é uma forma decisiva de impor poder estatal coletivo sobre todos os cidadãos em toda parte, já que as consequências da informação obtida guiarão a repressão em contextos específicos. Embora a repressão vá ser diferenciada, segundo o grau de liberdade em cada país, sua base informacional será ajustada aos padrões cabíveis de suspeita compartilhados por todos os governos que participam da rede de vigilância policial. Por exemplo, o consumo legal de metadona ou maconha na Holanda por um cidadão norte-americano pode ser exposto, e potencialmente reprimido (por lei ou por normas) nos Estados Unidos em consequência de uma vigilância conjunta sobre a distribuição de drogas. Como gays ou lésbicas ainda estão sujeitos a punição em alguns países (por exemplo, a Malásia e a Arábia Saudita), a vigilância conjunta de salas de chat em que se discutem preferências sexuais (em busca de pornografia infantil), uma vez que seja relacionada à identidade real dos cidadãos desses países, pode gerar sérias consequências para eles, apesar da tolerância legal de sua sexualidade em outros países. Ademais, a vigilância global invade a liberdade de expressão. Isso ocorre em menor grau em países como os Estados Unidos, onde há forte proteção legal desse direito básico. Mas uma vez que o tráfego seja conjuntamente interceptado por agências de vários países, os usos dos dados obtidos mediante a vigilância não ficarão restritos à jurisdição dos tribunais norte-americanos.

Há uma ameaça mais fundamental à liberdade sob o novo ambiente de policiamento global: a estruturação do comportamento cotidiano pelas normas dominantes da sociedade. A liberdade de expressão era a essência do direito à comunicação irrestrita na época em que a maior parte das atividades diárias não era relacionada à expressão na esfera pública. Mas em nosso tempo, uma proporção significativa da vida cotidiana, inclusive o trabalho, o lazer, a interação pessoal, tem lugar na Net. Como mostrei em capítulos anteriores, a maior parte da atividade econômica, social e política é de fato um híbrido de interação on-line e física. Em muitos casos, uma não pode existir sem a outra. Assim, viver num panóptico eletrônico equivale a ter metade de nossas vidas permanentemente exposta a monitoramento. Como vivemos existências compósitas, essa exposição pode nos levar a um eu esquizofrênico, dividido entre o que somos off-line e a imagem que temos de nós mesmos on-line, que assim internaliza a censura.

A questão não é o medo do Big Brother porque, na verdade, a maior parte da vigilância não terá nenhuma consequência diretamente danosa para nós — ou, aliás, nenhuma consequência em absoluto. O aspecto mais atemorizante é, de fato, a ausência de regras explícitas de comportamento, de previsibilidade das consequências de nosso comportamento exposto, segundo os contextos de interpretação, e de acordo com os critérios usados para julgar nosso comportamento por uma variedade de atores atrás da tela de nossa casa de vidro. Não é o Big Brother, mas uma multidão de irmãzinhas, agências de vigilância e processamento de informação que registram nosso comportamento para sempre, enquanto bancos de dados nos rodeiam ao longo de toda a nossa vida — a começar, dentro em breve, com nosso DNA e características pessoais (nossa retina, nosso datilograma, na forma de marcas digitalizadas). Nas condições vigentes nos Estados autoritários, essa vigilância pode afetar diretamente nossas vidas (e essa é de fato a situação da maioria esmagadora da humanidade). Mas mesmo em sociedades democráticas, em que os direitos civis são respeitados, a transparência de nossas vidas moldará decisivamente as nossa atitudes. Ninguém jamais foi capaz de viver numa sociedade transparente. Se esse sistema de vigilância e controle da Internet se desenvolver plenamente, não poderemos fazer o que nos agrada. Talvez não tenhamos nenhuma liberdade, e nenhum lugar onde nos esconder.

A grande ironia histórica é que uma das instituições capitais na defesa da liberdade, a livre empresa, é o ingrediente essencial na construção desse sistema de vigilância — apesar da boa vontade geral e da ideologia libertária da maior parte das companhias da Internet. Sem a ajuda delas, os governos não teriam o know-how e, mais fundamentalmente, a possibilidade de intervir na Internet: tudo depende da capacidade de agir sobre provedores de serviços da Internet e redes específicas por toda parte. Por exemplo, a companhia Internet Crimes Group (ICG) especializa-se em revelar, com a cooperação de provedores de serviços da Internet, a identidade de pessoas que inserem material na Net anonimamente. O EWATCH, um serviço da PR Newswire, descobre a identidade de qualquer nome na tela por uma taxa de 5.000 dólares: tem centenas de clientes corporativos. E a vigilância pode ser retroativa: a Deja.com montou um banco de dados sobre os *newsgroups* da Usenet que permite o exame de todas as contribuições dadas desde 1995 (Anonymous, 2000).

Por que as empresas de tecnologia da informação colaboram com tanto entusiasmo na reconstrução do velho mundo do controle e da repressão? Há duas razões principais, afora atitudes oportunistas ocasionais. A primeira, que diz respeito sobretudo às firmas ponto.com, é que elas precisam quebrar a privacidade de seus clientes para poder vender os dados deles. A segunda é que elas precisam de apoio do governo para preservar seus direitos de propriedade na economia baseada na Internet. O caso Napster, em 2000, foi um momento decisivo. Diante da possibilidade de uma tecnologia (MP3) que permite às pessoas (particularmente aos jovens) compartilhar e trocar suas músicas em escala global, sem pagar nada, companhias fonográficas mobilizaram tanto os tribunais quanto os corpos legislativos para restaurar seus direitos de propriedade (ver Capítulo 7). Editoras e companhias de mídia em geral enfrentam uma ameaça semelhante. Direitos de propriedade intelectual geram lucros numa economia da informação. De fato, a proteção deles é vital para a manutenção da diferença de valor entre a economia do conhecimento, baseada nas redes dominantes, globais, e as economias produtoras de produtos primários e manufatoras, que prevalecem nos países em desenvolvimento. Como Lessig (1999) salienta, o "uso legítimo" da informação, geralmente protegido por leis de direito autoral, está sendo substancialmente reduzido no contexto da proteção imposta a essa informação como um incentivo para que produtores de informação continuem a produzi-la. No entanto, o equilíbrio entre o estímulo à produção da informação e a permissão de seu uso público está sendo perdido à medida que a informação é transformada em mercadoria e cada vez mais direcionada para mercados capazes de pagar muito. Para impor essa proteção, o negócio da produção de informação precisa controlar o acesso e a identidade na Internet, onde a maior parte da informação é distribuída. Assim, tem especial interesse em apoiar os esforços governamentais para restaurar o controle, construindo uma casa de vidro com base numa arquitetura de software controlado — um código, na terminologia de Lessig.

O ataque global à privacidade para restaurar o controle num padrão de soberania compartilhada assegura direitos de propriedade sobre a informação à custa do uso público dessa informação. Para fazer valer seus interesses, o comércio e os governos ameaçam conjuntamente a liberdade ao violar a privacidade em nome da segurança. Este é, contudo, apenas um lado da história.

As barricadas da liberdade na Internet

Códigos *versus* códigos. Tecnologias de controle podem ser neutralizadas por tecnologias de liberdade. E há uma abundância delas, muitas vezes produzidas e comercializadas por empresas que encontraram um novo nicho de mercado; em outros casos, são inventadas por combatentes resolutos da liberdade, dispostos a aceitar o desafio. Aqui está uma amostra que, embora vá provavelmente caducar dentro de cerca de um ano, é indicativa da batalha tecnológica em curso.

Firmas como a Disappearing e a ZipLip criaram o e-mail que se apaga por si mesmo, que usa tecnologia de criptografia. A companhia canadense Zero-knowledge Systems decompõe identidades com um pacote de software chamado Freedom, que fornece cinco pseudônimos digitais que podem ser atribuídos a diferentes atividades. No sistema do Freedom, ninguém é capaz de descobrir a identidade real a partir dos pseudônimos. O Freedom dificulta o rastreamento criptografando as solicitações de e-mail e navegador e enviando-as a seu destino final através de pelo menos três roteadores intermediários. Cada roteador só pode receber uma camada da criptografia. A Zero-knowledge usa a mesma tecnologia, de tal modo que nem a própria companhia é capaz de vincular pseudônimos a clientes individuais. Ela tem apenas uma lista de clientes, sem relação com pseudônimos. A Anonymizer.com oferece "anonimizadores" gratuitos, em troca de sua publicidade. Os "anonimizadores" são servidores extras que protegem o navegador do cliente de sua destinação final. A Idzap.com oferece serviços semelhantes (Anonymous, 2000; Rosen, 2000a). O rápido desenvolvimento de tecnologias de proteção da privacidade é exatamente o que preocupa os governos, estimulando suas tentativas de proibir o uso privado de tecnologias de criptografia e de declarar seu uso e venda ilegal (Levy, 2001).

Há um segundo nível de luta em torno do código: o desenvolvimento de códigos de fonte aberta, nos termos discutidos no Capítulo 2. Se os códigos dos softwares são abertos, eles podem ser alterados, seja pelo usuário informado, seja por uma firma de serviços ou uma organização sem fins lucrativos, ou uma rede de hackers, trabalhando para o bem comum da Era da Informação. O controle patenteado sobre códigos de software abre caminho para a restrição dos usos da informação e para o fim da privacidade na Internet. Você pode pensar que esse é o caminho correto a seguir. Mas para os que não pensam assim, a questão crítica é a capacidade de conhecer e modificar o código fonte, e aliás todo software. Num mundo de software de fonte aberta, a capacidade que têm o governo e as corporações de controlar a arquitetura fundamental das aplicações da Internet é vastamente reduzida.

O caminho que as sociedades tomarão certamente não depende do próprio código, mas da capacidade que têm as sociedades e suas instituições de impor o código, resistir a ele e modificá-lo. Na aurora do século XXI há uma inquietante combinação no mundo da Internet: ideologia libertária generalizada ao lado de uma prática cada vez mais controladora. Movimentos sociais em defesa da liberdade na Internet, como a coalizão formada em torno do Electronic Privacy Information Center nos Estados Unidos, são fontes essenciais para a preservação da Internet original como uma esfera de liberdade. Mas a resistência não bastará. Leis, tribunais, opinião pública, mídia, responsabilidade corporativa e agências políticas serão as áreas decisivas em que o futuro da Internet será moldado. Redes globais não podem ser controladas, mas pessoas usando-as podem, são e serão — a menos que as sociedades optem pela liberdade da Internet, agindo a partir das barricadas de seus libertários nostálgicos, e além delas.

Internet e liberdade: Para onde vão os governos?

Grande parte desta análise, como a ideologia da maior parte dos movimentos dos primeiros usuários da Internet, funda-se no pressuposto implícito de que os governos não são aliados da liberdade. Entretanto, sabemos a partir da história que a democracia institucional, não a ideologia libertária, foi o principal baluarte contra a tirania. Assim, por que não confiar aos governos, pelo menos aos democráticos, a regulação dos usos corretos da Internet? Por exemplo, a regulação pela União Europeia dos usos dos dados que as companhias ponto.com colhem de seus usuários protege a privacidade numa medida muito maior que o ambiente *laissez-faire* existente nos Estados Unidos. Contudo, ao mesmo tempo, os governos europeus são inflexíveis na busca de conservar todo o controle possível sobre a informação e a comunicação, liderando, por exemplo, a investida contra a difusão da tecnologia da criptografia, a maneira mais eficaz de que as pessoas podem dispor para controlar sua comunicação.

Em última análise, e sob uma variedade de pretextos, os governos desconfiam de seus cidadãos — eles sabem mais. E os cidadãos desconfiam de seus governos — eles sabem o bastante. Em 1998, nos Estados Unidos, 60% dos cidadãos pensavam que "as autoridades públicas não se importam com o que pessoas como eu pensam" e 63% que "o governo é dirigido por um punhado de grandes interesses". Na Califórnia, as percentagens respectivas de cidadãos que subscreveram essas afirmações foram 54 e 70% (Baldassare, 2000, p.43). Dados semelhantes podem ser encontrados em muitos países do mundo, com a notável exceção das democracias escandinavas. Portanto, se o povo não confia em seus governos e os governos não confiam em seu povo (afinal, os partidos políticos usam toda sorte de tramoia para vencer eleições), é apenas lógico que a emergência da Internet como um espaço de liberdade sintetizaria essa clivagem, com os defensores da liberdade tentando preservar esse novo território de oportunidades, enquanto os governos mobilizam seus consideráveis recursos para vedar esse vazamento em seus sistemas de controle.

No entanto, a história poderia ser muito diferente. Poderíamos pensar numa estratégia de desarmamento mutuamente assegurado, numa restauração da confiança recíproca. Mas como os governos continuam no controle das instituições da sociedade, caberia a eles iniciar o processo: é deles o ônus da responsabilidade social. Na verdade, em vez de ser usada pelo governo para vigiar seus cidadãos, a Internet poderia ser usada pelos cidadãos para vigiar seu governo. Ela poderia se tornar um instrumento de controle, informação, participação e até de tomada de decisão, de baixo para cima. Os cidadãos poderiam ter acesso a arquivos de dados do governo, como de fato é seu direito. E os governos, não a vida privada das pessoas, deveriam se tornar uma casa de vidro — exceto para alguns assuntos essenciais de segurança nacional. Somente nessas condições de instituições políticas transparentes os governos poderiam pretender legitimamente estabelecer um controle limitado sobre a Internet, de modo a detectar os poucos casos de manifestação do lado perverso que nos habita a todos. A menos que os governos parem de temer seu povo, e por conseguinte a Internet, a sociedade recorrerá mais uma vez às barricadas para defender a liberdade, o que sinalizará impressionante continuidade histórica.

Links de leitura

AGREE, Philip E. e Rotenberg, Marc (orgs) (1998) *Technology and Privacy: The New Landscape.* Cambridge, MA: MIT Press.

ANONYMOUS (2000) "The invisible man", *Yahoo! Internet Life*, outubro, p.108-10.

BALDASSARE, Mark (2000) *California in the New Millennium: The Changing Social and Political Landscape.* Berkeley, CA: University of California Press.

BORGMAN, Christine L. (2000) *From Gutenberg to the Global Information Infrastructure: Access to Information in the Networked World.* Cambridge, MA: MIT Press.

CARNOY, Martin e Castells, Manuel (2001) "Poulantzas at the millennium: globalization, the knowledge society, and the state", *Global Networks: A Journal of Transnational Studies*, 1 (1).

GARFINKEL, Simson (2000) *Database Nation.* Sebastopol, CA: O'Reilly.

HOWE, Jeff (2000) "Big boss is watching", *Yahoo! Internet Life*, outubro, p.105-7.

LESSIG, Lawrence (1999) *Code and Other Laws of Cyberspace.* Nova York: Basic Books.

LEVY, Stephen (2001) *Crypto. How the Code Rebels Beat the Government: Saving Privacy in the Digital Age.* Nova York: Viking.

LEWIS, Peter H. (1996) "Judge temporarily blocks law that bars indecency on the Internet," *New York Times*, 16 de fevereiro, p. C1.

LYON, David (1994) *The Electronic Eye: The Rise of Surveillance Society.* Cambridge: Polity Press.

______ (2001a) *Surveillance Society: Monitoring Everyday Life.* Milton Keynes: Open University Press.

______ (2001b) "Everyday surveillance: personal data and social classification", *Information, Communication and Society* (no prelo).

ROSEN, Jeffrey (2000a) "The eroded self", *New York Times Sunday Magazine.*

______ (2000b) *The Unwanted Gaze: The Destruction of Privacy in America.* NovaYork: Random House.

ROSENBERG, Marc (org.) (2000) *The Privacy Law Sourcebook: United States Law, International Law, and Recent Developments.* Washington, DC: Electronic Privacy Information Center.

SAMUELSON, Pamela (2000a) "Five challenges for regulating the global information society", em Chris Marsden (org.), *Regulating the Global Information Society.* Londres: Routledge.

______ (2000b) "Privacy as intellectual property", *Stanford Law Review*, 52, p.1125.

SCHEER, Robert (2000) "Nowhere to hide", *Yahoo! Internet Life*, outubro, p.100-2.

SCHEER, Robert et al. (2000) "Privacy: a special report", *Yahoo! Internet Life*, outubro: p.98-100.

SCHNEIER, Bruce (1996) *Applied Cryptography.* Nova York: John Wiley.

______ (2000) *Secrets and Lies: Digital Security in a Networked World.* Nova York: John Wiley.

WHITAKER, Reg (1999) *The End of Privacy.* Nova York: The New Press.

e-Links

epic.org
Uma das principais organizações e centros de recursos sobre privacidade na Internet nos EUA.

eff.org
ftc.gov/bcp/conline/pubs/online/sitesee
Informação sobre ameaças à privacidade e formas de resistência.

cnetdownload.com
junkbusters.com
silentsurf.com
anonymizer.com
Websites que fornecem recursos tecnológicos para a proteção da privacidade.

http://qsliver.queensu.ca/sociology
Website do Surveillance Project, da Queen's University, um dos mais destacados projetos de pesquisa acadêmica em sociologia da vigilância eletrônica.

CAPÍTULO 7

Multimídia e a Internet: o hipertexto além da convergência

A caixa mágica elusiva

Durante toda a década de 1990, futurólogos, tecnólogos e magnatas da mídia perseguiram o sonho da convergência entre computadores, a Internet e a mídia. A palavra-chave era "multimídia" e sua materialização era a caixa mágica que se materializaria na sala de estar e poderia, a nosso comando, abrir uma janela global para infinitas possibilidades de comunicação interativa em formato de vídeo, áudio e texto. Entre 1998 e 2000, a Microsoft investiu dez bilhões de dólares em companhias de TV a cabo no mundo todo, lançando as bases para seu controle da nova tecnologia de software embutida no futuro, o conversor interativo de TV.* Não conseguiu distribuir o software como programado por causa de sua insistência em dotar os aparelhos com seu sistema operacional Window CE, mas o projeto é indicativo da estratégia de convergência que está sendo buscada pela Internet, pelos negócios de software e pelas companhias tradicionais de mídia. No dia 12 de janeiro de 2001, a autoridade reguladora do governo federal dos EUA, a Federal Communications Commission (FCC), aprovou a fusão de 100 bilhões de dólares da AOL e da Time Warner, saudada como a fundação corporativa que cumpriria a promessa da multimídia.

No entanto, os experimentos empresariais com convergência de mídia, desenvolvidos desde o início da década de 1990, acabaram em fracasso, muitas vezes tecnologicamente, e sempre em termos da demanda do consumidor, especialmente no que diz respeito ao vídeo por demanda (Owen, 1999; Castells, 2000; *The Economist,* 2000). Em primeiro lugar, houve a fusão malsucedida entre o computador pessoal e o vídeo interativo por demanda, de que o colapso da Full Service Network, da Time Warner, foi o exemplo mais notório. Depois, a tentativa de transmi-

---

* Aparelho que permite a uma TV se tornar uma interface para acesso à Internet ou que a capacita a receber e decodificar transmissões digitais, se o aparelho de TV é analógico. (N.R.T.)

tir vídeo através da Internet, que, embora tecnicamente possível, não pôde se realizar com qualidade comparável à da televisão (análoga ou digital), e encontrou poucos interessados, tendo a Web TV (adquirida pela Microsoft em 1997) sido a principal vítima do projeto mal concebido.

Antes de tentar compreender as razões para o desaparecimento provisório dessa visão da multimídia, seria útil elucidar o que se entende exatamente pela tecnologia de convergência entre a televisão e a Internet. Em sua competente análise da questão, Owen (1999) fornece uma enumeração sucinta de mecanismos de convergência, em 1999 (a situação não mudou substancialmente até o fim de 2000):

- Transmissão de sinais regulares de TV pela Internet. Isso não era possível com largura da banda de 2000 e tecnologia de compressão, mas se tornará tecnologicamente possível na primeira década deste século.
- Informação de vídeo transmitida pela Internet, inserida em páginas da web. Isto já é uma prática corrente.
- Uma TV pode ser usada como monitor, conectada à Internet por um computador e uma linha telefônica (o conceito Web TV).
- O intervalo na transmissão de sinais de vídeo (por ondas hertzianas ou cabo) pode ser usado para transmitir informação a computadores pessoais, inclusive acesso à Internet (por exemplo, o Intercast da Intel).
- Páginas da web podem ser transmitidas por linhas telefônicas a uma tela de televisão para fornecer informação complementar (por exemplo, Gateway 2000 ou Net TV).
- Informação transmitida pela Internet pode ser coordenada com transmissão convencional de TV por servidores mantidos por estações de TV, com exibição em monitores diferentes (este é o conceito "City Web" da Time Warner).
- Comunicação a cabo ou sem fio pode ser usada para transmitir conteúdo da Internet para computadores (por exemplo, @Home service nos EUA). A Microsoft, em cooperação com a AT&T, apostou numa grande companhia de cabo, a MSO, que usa conexões cabo modem e conversores trabalhando com software Microsoft.
- Material não vídeo de banda estreita transmitido pela Internet, capaz de dotar páginas da Web de ícones animados — como o software Dynamic HTML.
- Canais de TV podem ser usados, quando estão fora do ar, para transmitir informação, inclusive vídeo, para dispositivos de armazenamento a serem acessados por computadores.

Gostaria de acrescentar também que o desenvolvimento de acesso sem fio à Internet abre a possibilidade do acesso a qualquer vídeo ou material de texto disponível on-line, embora a qualidade da transmissão da recepção da imagem continue suscitando problemas medonhos. De todo modo, Owen (1999, p.313) nos lembra que "todas essas alternativas, exceto a primeira, estão sendo experimentadas neste momento. Ninguém transmitirá programação de vídeo de boa qualidade pela Internet tão cedo... Quando e se isso acontecer, teremos fundamentalmente um meio de vídeo transmitindo conteúdo de Internet, não o contrário."

Em 2001, nenhuma dessas formas de convergência estava sendo praticada em larga escala, e nenhuma delas estava dando dinheiro. De fato, as companhias tradicionais de mídia não estavam obtendo nenhum lucro com suas iniciativas ligadas à Internet. E é pouco provável que as perspectivas mudem no futuro próximo. Até Bob Pittman, Chief Operating Officer (COO) da AOL-Time Warner, pensa assim: segundo ele, "as coisas mais novas", como a TV interativa e o vídeo por demanda, não vingarão por sete a dez anos (querendo dizer até 2007-10) (citado em *Business Week*, 2001, p.64).

Sejamos claros. O mundo da mídia está no meio de uma transformação extraordinária, tornando-se global (globalizando-se e individualizando-se ao mesmo tempo), e encontrando economias de escala e sinergia entre diferentes modos de expressão. A televisão digital transmitida por satélite está explodindo pelo mundo todo, em particular na Europa. Nos EUA, a televisão a cabo tinha o mesmo número de espectadores que a televisão aberta em 2000, e estima-se que a suplantará nos próximos anos. Além disso, os jovens norte-americanos estão vendo menos televisão: entre 1985 e 2000 o número médio de horas que as pessoas com menos de 18 anos passavam diante da TV declinou 20%. Essa tendência foi atribuída em parte a um maior tempo dedicado pelos jovens a surfar na Internet (*The Economist*, 2001, p.60).

As salas da redação em toda a mídia estão sendo reequipadas em torno da Internet. Trabalham num fluxo contínuo de processamento da informação, no tempo da Internet, segundo o modelo adotado pioneiramente por *The Chicago Tribune/Los Angeles Times* em 2000. A indústria do cabo está investindo somas assombrosas para levar tudo a toda parte (a um preço). A radiotransmissão está vivendo um renascimento, tornando-se de fato o meio de comunicação de maior penetração no mundo. E a publicação de livros, em geral, vai bem, obrigado. Essa profunda reestruturação está associada a fusões e consolidações entre grandes companhias, de modo que sete megagrupos de multimídia controlam a maior parte da mídia global, e em cada país um pequeno número de corporações (independentes ou globalmente conectadas) determina o que é publicado e transmitido (Schiller, 1999). Entretanto, além de uma ferramenta de trabalho, a Internet é, até agora, um fator muito pouco importante em toda essa transformação, a despeito da fusão AOL-Time Warner. Em síntese, por ora, há uma convergência muito limitada entre a Internet e a multimídia — não havendo, portanto, nenhuma interatividade, a característica-chave da autêntica concepção da multimídia. Por que isso?

A razão mais óbvia é a insuficiência da largura da banda. Em 2000, menos de um quinto dos domicílios americanos tinham acesso a linha de assinantes digital

(DSL, de *digital subscriber line*). Mas, mesmo para esses poucos privilegiados, essa largura da banda não era suficiente. Vídeo de qualidade na televisão exige capacidade de transmissão de cerca de 3 megabits por segundo. Em 2000, as velocidades de transmissão na DSL variavam entre 300 kilobites e 1,5 megabites por segundo. Em princípio, a transmissão por cabo tinha uma vantagem por sua capacidade de condução, a 10 megabites por segundo. Contudo, em razão do desenho dos cabos, essa capacidade teórica é partilhada na área local, de modo que se seu vizinho resolver baixar sua cota de vídeos pornográficos para o fim de semana você terá de procurar um bar para assistir ao futebol. Além disso, na virada do século, não havia nenhuma capacidade instalada de comunicações para sustentar transmissão de vídeo em grande escala por meio da Internet. Em 2001, o que Owen descreveu em 1999 continua relevante: "Praticamente qualquer cenário em que vídeos de qualidade-padrão são oferecidos interativamente (isto é, por demanda) a milhões de espectadores comuns resulta no colapso dos sistemas atuais de distribuição. O futuro do vídeo interativo integrado requer muito mais capacidade do que temos, não só em *backbones* nacionais como em sistemas de distribuição local que se conectem com domicílios individuais" (Owen, 1999, p.313).

A situação poderia mudar, levando-se em conta novos desenvolvimentos tecnológicos, especialmente na área da tecnologia da compressão. Isso exigiria, contudo, das companhias de multimídia e de comunicação um investimento extraordinário da ordem de centenas de centenas de bilhões de dólares. Essa aposta gigantesca só seria feita se houvesse demanda potencial. De fato, foi com essa demanda potencial em mente que as companhias de mídia, operadoras de comunicação e companhias de computadores se posicionaram durante a década de 1990. Mas ela nunca se materializou, nem mesmo em estudos prospectivos de marketing. Embora as pessoas adotassem maciçamente a Internet, mantinham-na separada da televisão e, em termos gerais, separada da maior parte do mundo da mídia — com exceção talvez do noticiário. A principal razão disso parece ser a saturação da demanda de entretenimento pela televisão, o rádio e os videogames portáteis. Os experimentos de meados da década de 1990 mostraram que os consumidores não estavam dispostos a pagar dinheiro adicional para expandir sua escolha de vídeos dentro do mesmo gênero. Esportes e programação customizada eram uma exceção, mas isso podia ser oferecido pela TV digital a um custo de investimento muito mais baixo: de fato, essa foi a base da explosão do negócio da TV digital na Europa, com eventos esportivos sendo apropriados pelo mundo da mídia e transformados no propulsor da indústria de televisão pay-per-view. Além disso, a principal demanda insatisfeita era de informação geral, educação e programação cultural, que simplesmente não estava disponível em grande escala (Castells, 2000, p.394-403).

A hipótese equivocada do mundo dos negócios de mídia parece ter sido a de que a demanda por entretenimento era não só ilimitada como a única coisa importante para os consumidores — exceto uma elite cultural que podia ser satisfeita

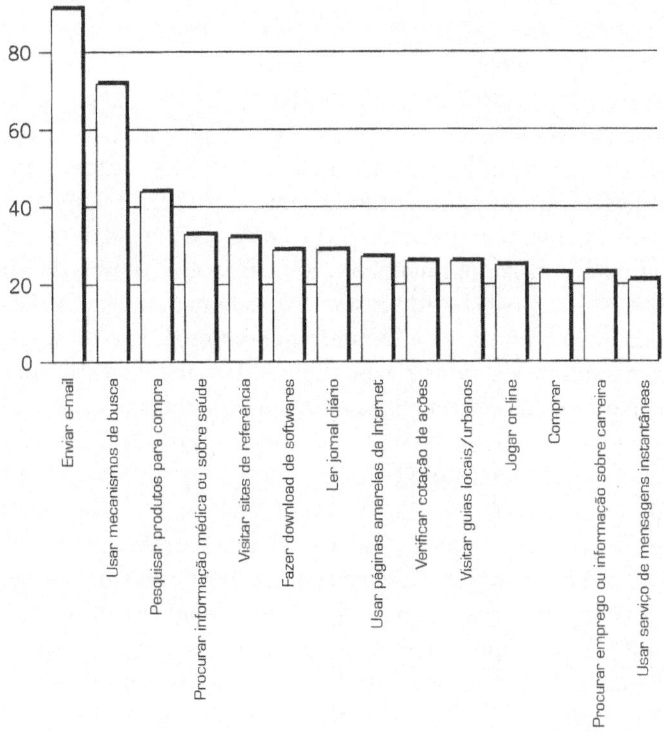

Figura 1. Percentagem de famílias nos Estados Unidos que executam atividades on-line semanalmente, por atividade. *Fonte:* Baseado em dados da Forrester Research.

com revistas sofisticadas, exposições de arte subsidiadas e performances de alto nível cultural. Na verdade, o que as pessoas faziam era aceitar a TV e o vídeo como entretenimento, manter o rádio como companheiro, e usar a Internet para seus interesses relativos a conteúdo. Assim, a figura 1 oferece uma ilustração dos usos da Internet em 2000 nos Estados Unidos. Com exceção de uma pequena percentagem de atividade ligada a jogos on-line, não há nenhuma prática relacionada a entretenimento. E a relação com o mundo da mídia é limitada à leitura de jornais diários — uma observação interessante sobre a qual me estenderei adiante. Assim, como observamos em outra passagem deste livro, o uso da Internet como meio de comunicação está entrelaçado à prática multidimensional da vida. Trata-se de um uso ativo, associado a uma variedade de interesses, na maioria dos casos de orientação muito prática, ao passo que o mundo do entretenimento da mídia fica confinado ao tempo disponível para relaxamento passivo. Um tempo que está, de fato, encolhendo para a maior parte das pessoas, e para o qual a televisão (particularmente em suas novas modalidades de transmissão customizada por cabo ou satélite) parece bem-adaptada.

Não seria o projeto de negócio da AOL-Time Warner uma prova do contrário? Na realidade, não. Lembremos de quem comprou quem: a AOL comprou a Time Warner. Foi uma estratégia de negócio genial de Steve Case comprar uma das maiores companhias de multimídia do mundo com as ações extremamente valorizadas da AOL, apenas algumas semanas antes do preço delas definhar, de tal modo que, no momento em que a fusão foi finalmente aprovada, os acionistas da Time Warner estavam perplexos. Além disso, ao apostar tanto na Internet quanto nos mundos da multimídia, o novo grupo pôde assegurar seu predomínio no tocante a quaisquer transformações futuras da indústria da comunicação, inclusive o evento muito improvável da tão exaltada convergência entre a Internet e a comunicação audiovisual. Esse movimento estratégico teve um preço: a AOL declarou prejuízos de mais de um bilhão de dólares para 2000.

Mas quem sabe? Talvez os visionários tecnológicos estejam certos, tendo errado apenas na escolha do momento (eles geralmente erram quanto ao tempo, e o tempo é essencial nos negócios, na guerra, na política e na vida pessoal). Pode ser que, no fim das contas, bandas mais largas se difundam em todos os domínios da vida, a tecnologia da compressão resolva alguns dos problemas de transmissão, e as pessoas finalmente se deem conta de todas as maravilhosas oportunidades oferecidas por nosso ambiente digital. Francamente, não sei. Nunca soube prever o futuro. O que sei é que a única maneira séria de pensar sobre o futuro é ter uma ideia clara, empiricamente fundada, de nosso presente e de nosso passado — em particular de nosso passado recente. Em outras palavras, o meio para compreender a relação potencial entre a Internet e o mundo da mídia é refletir sobre as poucas histórias de sucesso de sua integração por volta da virada do século. Volto-me agora para esta análise.

Os usos da Internet no sistema da multimídia

O que a tecnologia tem de maravilhoso é que as pessoas acabam fazendo com ela algo diferente daquilo para que foram originalmente criadas. É essa fortuidade que subjaz à criatividade na sociedade e à inovação nos negócios. Como vimos, a Internet é o resultado da apropriação social de sua tecnologia por seus usuários/produtores. Uma história semelhante pode estar se desenvolvendo na interação entre a mídia e a Internet. Consideremos, uma após outra, as áreas de comunicação e expressão social em que a Internet está se tornando um meio privilegiado, levando à transformação das práticas culturais (Jankowski et al., 1999; Jones, 1999; Unesco, 1999; Croteau e Hoynes, 2000; *The Economist*, 2000). Com base nessas observações, formularei algumas hipóteses sobre o significado de práticas emergentes de mídia baseadas na Internet.

A veiculação de música na Internet é tecnologicamente viável e amplamente praticada, em particular na forma do compartilhamento gratuito de música armazenada, permitido por tecnologias MP3/Napster, Gnutella ou Freenet. O *streaming* também está se tornando uma tecnologia popular; trata-se da transmissão de conteúdo em tempo real na Internet com o uso de aplicativos como o Realplayer ou o Quicktime, embora neste último caso o armazenamento e a gravação dos arquivos trocados sejam tecnicamente difíceis. Milhões de jovens no mundo adotaram entusiasticamente essas tecnologias, trocando suas músicas favoritas na Net e sacudindo as bases da indústria fonográfica. As companhias ainda estão tentando fazer face ao fenômeno, desenvolvendo simultaneamente tecnologias de segurança (como marcas d'água eletrônicas), ao mesmo tempo em que vão aos tribunais para proteger seus direitos de propriedade e imaginam novos modelos de negócio. Em dezembro de 2000, a BMG fez um acordo com a Napster, companhia pioneira no campo do MP3, pelo qual a Napster impediria cópias ilegais e cobraria uma taxa por seu serviço de compartilhamento. Em troca, a BMG ofereceria todo o seu catálogo para os usuários da Napster por 4,95 dólares ao mês. Nelson e Jones (2001) são céticos quanto ao sucesso desse novo modelo de negócio. Cerca de metade dos americanos não considera que "baixar" música gratuitamente na Internet seja furto. Em março de 2001, um tribunal de São Francisco ordenou à Napster que bloqueasse o acesso a material protegido por copyright. Mas se a Napster for fechada ou se ingressar no mundo comercial, tecnologias alternativas, como Gnutella e Freenet, atrairão muitos usuários. E, diferentemente do caso do MP3, nenhuma companhia poderia ser identificada como fornecedora da tecnologia (como a Napster é). Como o poder da rede torna improvável o controle eficaz do compartilhamento de músicas, a marcha rumo à livre distribuição de música provavelmente persistirá, virando toda a indústria fonográfica de cabeça para baixo (Suarez, 2001).

O segundo grande desenvolvimento é o vídeo pornográfico e a introdução de material imoral na Internet; isto é, o tipo de conteúdo geralmente proibido nos meios de comunicação de massa. Nessa área a Internet oferece uma alternativa real. O intrigante, contudo, é que há uma abundância de pornografia na TV paga e nas lojas de vídeo das vizinhanças. Em sua maioria, os sites de pornografia da Internet são também pagos (embora mais baratos que TV pornográfica ou sexo por telefone), de modo que o uso da Internet para esse fim não parece ser determinado pela economia da perversão. A privacidade e a ubiquidade parecem ser os fatores decisivos. A Internet pornográfica pode ser acessada de qualquer lugar — particularmente do local de trabalho, muitas vezes uma deliciosa transgressão para o trabalhador descontente. E como a maioria das pessoas ainda não pensa (ou sabe) que está sendo vigiada em seu surfe on-line, a Internet é percebida como um porto mais seguro para fantasias sexuais que ofertas da TV devidamente registradas na conta mensal. Assim, o valor adicional da pornografia pela Internet é a expressão supostamente livre dos desejos das pessoas.

Depois, videogames on-line parecem estar despontando com uma atividade favorita, particularmente para homens, e predominantemente entre os mais jovens (mas não apenas os adolescentes). É aqui que o entretenimento se conecta diretamente com a Net. A indústria do videogame off-line está prosperando, em particular graças a grandes melhoramentos tecnológicos em interatividade, gráficos e qualidade de imagem. O poder computacional dos consoles Playstation da Sony ultrapassa o da maioria dos computadores pessoais. Máquinas desktop de realidade virtual estão surgindo, e novos aparelhos de jogo (como o Dreamcast), com resolução de alta qualidade, estão entrando em rede, permitindo jogo on-line, interativo.

A possibilidade da socialização dá aos jogos baseados na Internet uma vantagem sobre o videogames individuais. Jogos de representação de papéis revivem, sob forma comercial, a tradição da cultura dos MUDs (*multi-user dungeons*) dos primórdios da Internet, reunindo interatividade e jogo de estrutura aberta numa fórmula vitoriosa. Em outras palavras, o que caracteriza os jogos on-line é que os jogadores exercem um controle relativo sobre suas regras e descobrem novas possibilidades através de sua interação, como costumava ocorrer com os jogos sociais de nosso passado pré-digital.

A audição de rádio está florescendo na Internet, tanto a partir de estações de transmissão aberta quanto de transmissões radiofônicas feitas pela Internet. A relação de rádios feita pelo MIT nos EUA mostra mais de 10.000 estações transmitindo na Internet. Dois fatores parecem influenciar esse desenvolvimento. De um lado, é difícil satisfazer o interesse por eventos locais numa escala global fora do alcance das redes locais de informação. Se você quer saber o que aconteceu em sua cidade, estando do outro lado do mundo, só a Internet é capaz de fornecer essa informação, seja na forma de texto (jornais locais), seja na forma de áudio (estações de rádio locais). Assim, a liberdade de contornar a cultura global para atingir sua identidade local funda-se na Internet, a rede global da comunicação local. Por outro lado, o sucesso comercial do rádio levou a seu controle oligopolista por grandes conglomerados de mídia em todos os países — num efeito direto da desregulação, que conduziu de fato (como em muitas outras áreas da economia) a uma concentração crescente. Portando, embora o rádio seja localmente orientado (você precisa saber sobre o tráfego em sua cidade, não em nenhum outro lugar), seu conteúdo é cada vez mais comprado de sindicatos e amplamente homogeneizado. Estações de rádio alternativas, centradas na transmissão de programas do interesse de grupos específicos, encontram na Internet uma maneira barata e fácil de transmitir além dos limites do espectro licenciado. Aqui, mais uma vez, a Internet oferece liberdade num mundo de crescente controle por grandes grupos de mídia.

Os jornais estão on-line, e é sob essa forma que as pessoas frequentemente os leem. Um terço dos americanos lê notícias on-line pelo menos uma vez por semana. Não se dispõem, contudo, a pagar por isso. O único jornal com um serviço bem-sucedido de assinaturas pagas on-line é o *Wall Street Journal*, que cai na categoria do que as pessoas precisam para trabalhar e ganhar dinheiro. Os jornais não estão sendo solapados pela Internet porque, num mundo de informação infinita, a credibilidade é um ingrediente essencial para os que a buscam. Assim, jornais estabelecidos têm de estar on-line para estar sempre lá, prontos para seus leitores, para mantê-los sob o mantra de sua autoridade. Assim fazendo, os jornais esperam que o contato físico com o formato muito portátil e fácil de usar do jornal impresso (ou, sob esse aspecto, da revista) continue sendo uma necessidade e acabe por se beneficiar de sua presença ubíqua on-line.

Os livros oferecem uma história dual. Por um lado, livros de referência e enciclopédias impressas estão sendo tirados do mercado pela Internet, numa tendência que sublinha a importância dos usos educacionais e de busca de informação da Internet, acima de sua função de entretenimento. Livros-textos oferecem extraordinário potencial para publicação eletrônica, entre outras coisas porque as bibliotecas não têm o espaço físico necessário para enfrentar a explosão da informação e estão se preparando para oferecer livros e revistas on-line. Em princípio, isso se destina a leitores qualificados, munidos de uma senha, mas será difícil limitar a distribuição eletrônica de textos uma vez que eles sejam acessados. Assim, em geral, os livros-textos vão se tornar on-line, embora a formação de mercado de massa (como novos modelos de negócio) vá depender da velocidade e da forma da grande revolução que está em curso na educação: a aprendizagem eletrônica e a educação à distância (Borgman, 2000; Dumort, 2000).

Uma outra área de publicação eletrônica em crescimento é a das revistas especializadas (Ekman e Quandt, 1999). É provável que as revistas acadêmicas e científicas, que se destinam a um público relativamente pequeno, quase todo versado na Internet, passem a ser cada vez mais publicadas on-line, e vendidas a instituições especializadas com base num serviço de assinaturas. Como a publicação nessas revistas é motivada pela reputação e a promoção profissional, realmente não importa para os autores a forma que ela assuma. Assim, em geral, a publicação estritamente acadêmica, salvo algumas publicações de prestígio adequadas para presentes de Natal e ocasiões especiais, passará provavelmente a ser feita on-line.

Por outro lado, para livros de maior abrangência (inclusive, de fato, grande parte da chamada publicação acadêmica), a Internet está funcionando apenas como uma plataforma de propaganda/marketing, não obstante o romance de Stephen King. E não parece que a demanda do livro clássico, impresso, esteja declinando — afinal, é um invento de uso muito fácil e portátil. O processo de concepção, produção e publicação de material impresso está sendo inteiramente transformado pela Internet, mas o produto em si (o livro que você tem nas mãos) provavelmente não mudará de maneira substancial no futuro previsível, como a demanda desprezível das primeiras versões de livros de bolso eletrônicos parece indicar.

Mas há uma esfera importante da expressão cultural que está sendo profundamente transformada pela tecnologia digital e pela Internet: a arte (Boyd et al., 1999). O desenho gráfico computadorizado vem renovando as formas de expressão artística à medida que a arte virtual transforma em formas, cores, sons e silêncios as manifestações mais profundas da experiência humana. A Internet oferece a possibilidade de criação coletiva, interativa, conjunta, por meio de práticas de grupo que permitem a pessoas distantes no espaço pintar, esculpir, desenhar, compor e produzir juntas, em interação e muitas vezes em contradição. O mais das vezes, esses artistas não se conhecem, exceto por sua arte — e isso é tudo que importa. A arte de fonte aberta é a nova fronteira da criação artística. Além disso, a abertura da web democratiza verdadeiramente a arte. Websites oferecem o legado da arte, bem como criações em curso, com netizens do mundo inteiro sendo convidados a aprender, a propor e a participar da criação. Um exemplo: a Internet popularizou nos últimos tempos a obra extraordinária de Escher, em particular suas criações de desenho gráfico de padrões geométricos, os seus mosaicos. Escher World é um website extremamente apreciado, e pessoas de todo o planeta participam de competições para criar novas formas de mosaicos, inaugurando novos domínios de experimentação gráfica com a ajuda e tecnologias digitais e modelos de realidade virtual.

De fato, em vez de convergir com a mídia, a Internet tem afirmado sua especificidade como meio de comunicação. O serviço de mensagens instantâneas, por exemplo, é uma das suas aplicações mais apreciadas. Na forma sem fio, é a prática mais difundida nos primórdios do mundo da Internet móvel, a ferramenta preferida dos jovens para montar suas redes, desfrutar sua autonomia, valendo-se contudo de seus sistemas de back-up. É sintomático que uma das condições-chave impostas pela Federal Communications Commission à AOL para aprovar sua fusão com a Time Warner tenha sido a preservação da interoperabilidade de seu serviço de mensagens instantâneas com similares de seus competidores. O argumento de Kennard, o presidente da FCC, foi que o serviço de mensagens instantâneas era essencial para a existência das comunidades autônomas da Internet, e que a formação dessas comunidades não podia ser impedida pelo confinamento de sua comunicação em fronteiras corporativas.

A Internet é, de fato, como documentei em capítulos anteriores, um meio de comunicação com lógica própria e linguagem própria. Mas ela não se restringe a uma área particular de expressão cultural. Atravessa todas elas. Além disso, sua comunicação está em geral embutida na prática social, não isolada em algum tipo de mundo imaginário, o domínio da representação e das identidades falsas. É usada para a divulgação de mensagens políticas, para a comunicação por e-mail com as redes da vida, para a transmissão de ideias e a busca de informação. É comunicação, mas não entretenimento, pelo menos predominantemente. E como as mídias audiovisuais, e particularmente a televisão, tornaram-se dominados pela lógica do entretenimento, inclusive em programas que misturam notícias e entretenimento, a Internet interpreta essa lógica como um fracasso da comunicação, e passa ao largo dela. O tipo de comunicação que prospera na Internet está relacionado à livre expressão em todas as suas formas, mais ou menos desejável segundo o gosto de cada pessoa. É a transmissão de fonte aberta, a livre divulgação, a transmissão descentralizada, a interação fortuita, a comunicação propositada e a criação compartilhada que encontram sua expressão na Internet. Se a convergência vier a ocorrer um dia, será quando o investimento necessário ao estabelecimento de capacidades de bandas largas além dos usos instrumentais do mundo corporativo for justificado por um novo sistema de mídia, disposto e pronto a satisfazer a mais importante demanda latente: a demanda de livre expressão interativa e de criação autônoma — hoje em grande parte frustrada pela visão esclerosada da indústria da mídia tradicional.

Rumo a um hipertexto personalizado? Virtualidade real e protocolos de significado

Talvez a linha de pensamento mais inovadora sobre a transformação cultural na Era da Informação seja a tradição desenvolvida em torno do conceito de hipertexto e a promessa da multimídia — em seu sentido original (Levy, 1995; de Kerckhove, 1997). Packer e Jordan (2001) mostraram a continuidade intelectual de Wagner a Berners-Lee, passando por Vannevar Bush e William Gibson, no trabalho de repensar a comunicação com base na interatividade e na expressão multidimensional. Na interpretação deles, que partilho em grande parte, o advento de um novo padrão de comunicação, na verdade de uma nova cultura, pode ser identificado pela operação simultânea de cinco processos:

> Integração: a combinação das formas artísticas e da tecnologia numa forma híbrida de expressão. Interatividade: a capacidade do usuário de manipular e afetar diretamente a experiência da mídia e de se comunicar com outros através dela. Hipermídia: a ligação de elementos separados da mídia uns com os outros para criar uma trilha de associação pessoal. Imersão: a experiência de ingressar na simulação de um ambiente tridimensional. Narratividade: estratégias estéticas e formais que derivam dos conceitos acima e que resultam em formas não lineares de história de apresentação da mídia. (Packer e Jordan, 2001, p.xxviii)

A convergência entre a mídia e a Internet e a utilização de tecnologias de realidade virtual digital cumpririam supostamente a promessa da multimídia: a emergência de um hipertexto eletrônico numa escala global. No entanto, até onde podemos observar, isso não está acontecendo no início do século XXI. E, pelas razões expostas acima, duvido que aconteça logo (embora eu possa certamente estar errado e o coro dos futurólogos certo nessa questão — mas isso o júri ainda não decidiu). Suponhamos, para efeito de análise, que podemos extrapolar tendências atuais e que a Internet continue a ser a Internet, e que o sistema multimídia continue operando sem realmente integrá-la, senão como uma ferramenta de trabalho e uma plataforma de referência — salvo por alguns jogos interativos de realidade virtual on-line.

Significa isso que não há hipertexto? Que a visão de um sistema de comunicação interativo, de remissão recíproca foi um sonho tecnológico? Talvez a transformação cultural seja mais complexa do que costumávamos pensar. Talvez o hipertexto não exista fora, mas dentro de nós. É provável que tenhamos criado uma imagem excessivamente material do hipertexto (e eu mesmo me incluo certamente nesse erro, pois outrora acreditei demais nas previsões dos futurólogos). Isto é, um hipertexto como um sistema interativo real, digitalmente comunicado e eletronicamente operado em que todos os fragmentos de expressão cultural, presentes, passados e futuros, em todas as suas manifestações, poderiam coexistir e ser recombinados. Do ponto de vista tecnológico, isso poderia existir na era da Internet. Mas não existe porque não há interesse (pergunte a Ted Nelson). Em particular, não há interesse da parte do mundo dos negócios da multimídia a menos/até que seja possível montar um negócio viável em torno do hipertexto. E como os negócios de multimídia detêm a patente de grande parte dos produtos e processos culturais, a realidade da multimídia não se converte na visão do hipertexto. Assim, em termos de um artefato material eletronicamente operado, não há hipertexto.

Esta é, no entanto, uma visão demasiado primitiva na compreensão de processos culturais. Nossas mentes — não nossas máquinas — processam cultura, com base em nossa existência. A cultura humana só existe em e através de mentes humanas, em geral conectadas a corpos humanos. Portanto, se nossas mentes têm a capacidade material de acessar a totalidade da esfera das expressões culturais — selecioná-las, recombiná-las — na verdade temos um hipertexto: o hipertexto está dentro de nós, ou antes, está em nossa capacidade interior de recombinar e atribuir sentido dentro de nossas mentes a todos os componentes do hipertexto que estão distribuídos em muitas diferentes esferas de expressão cultural. A Internet nos permite fazer precisamente isso. Não a multimídia, mas a interoperabilidade baseada na Internet de acessar e recombinar todos os tipos de texto, imagens, sons, silêncios e vazios, inclusive toda a esfera da expressão simbólica encerrada no sistema de multimídia. Assim, o hipertexto não é produzido pelo sistema de multimídia usando a Internet como um meio para nos atingir a todos. É, em vez disso, produzido por nós, usando a Internet para absorver expressão cultural no mundo da multimídia e além dele. De fato, isso é o que o Xanadu de Ted Nelson tinha explicitamente em mente, e é isso que deveríamos ter compreendido.

Assim, por causa da Internet, e apesar da multimídia, temos de fato um hipertexto: não *o hipertexto*, mas meu hipertexto, seu hipertexto e o hipertexto de todos os demais. Por enquanto, porém, esses hipertextos, são limitados, porque a largura da banda e o acesso são limitados. E é possível que permaneçam assim, a menos que essa forma descentralizada de expressão cultural possa ser comercializada ou universalmente despojada de seu valor como mercadoria. Temos portanto um hipertexto personalizado, um hipertexto modesto, tão modesto ou tão sofisticado quanto podemos nos permitir. Mas trata-se realmente de um hipertexto individual, feito de expressões culturais multimodais recombinadas em novas formas e novos significados.

Nesse sentido, vivemos de fato no tipo de cultura que, em meus escritos anteriores, chamei "a cultura da virtualidade real" (Castells, 1996-2000). Ela é virtual porque construída basicamente através de processos de comunicação virtuais, eletronicamente baseados. É real (e não imaginária) porque é nossa realidade fundamental, a base material sobre a qual vivemos nossa existência, construímos nossos sistemas de representação, exercemos nosso trabalho, vinculamo-nos a outras pessoas, obtemos informação, formamos nossas opiniões, atuamos na política e acalentamos nossos sonhos. Essa virtualidade é nossa realidade. É isso que caracteriza a cultura na Era da Informação: é principalmente através da virtualidade que processamos nossa criação de significado.

Mas se a virtualidade é a linguagem mediante a qual construímos significado, e o hipertexto é personalizado, surge uma questão fundamental: como podemos compartilhar significado na vida social? Se as expressões culturais estão reunidas numa constelação vasta, diversificada, que pode ser acessada individualmente, e depois reconstruída em seus códigos específicos por todos nós, individualmente, como podemos falar uma linguagem comum? Se o hipertexto existisse fora de nós, internalizado no sistema de multimídia, sofreríamos uma dominação cultural sistemática, mas pelo menos seríamos todos processados sob a mesma fórmula — multifacetados, mas baseados em códigos similares. Mas se, como parece acontecer, fora do mundo da multimídia (que tem decrescente capacidade de incluir redes descentralizadas de comunicação), construímos nossos próprios sistemas de interpretação, com a ajuda da Internet, somos livres, mas potencialmente autistas.

Diante disso, como o significado comum, e portanto a sociedade, é reconstituído sob as condições de um hipertexto personalizado, distribuído? O processo mais óbvio é através de nossa experiência compartilhada. Nossas mentes não são mundos solitários, isolados; estão ligadas a seu ambiente social, de modo que processamos sinais, e buscamos significado, de acordo com o que percebemos através da experiência da vida cotidiana. Mas numa estrutura social — a sociedade em rede — que gera o individualismo estrutural, e experiências sociais cada vez mais distintas, parte desse significado partilhado através da prática é perdido, de modo que áreas de dissonância cognitiva podem crescer proporcionalmente à extensão da construção individual de significado. Quanto mais escolhemos nosso hipertexto pessoal, sob as condições de uma estrutura social em rede e expressões culturais individualizadas, maiores os obstáculos ao encontro de um língua comum, portanto de um significado comum.

É por isso que, além do mecanismo tradicional para o compartilhamento de códigos culturais, derivado do simples fato de viver juntos, na cultura da virtualidade real a comunicação depende em grande parte da existência de protocolos de significado. Estes são pontes de comunicação, independentes da prática comum, entre hipertextos personalizados. No nosso contexto, o mais importante desses protocolos é a arte, em todas as suas manifestações (inclusive, é claro, literatura, música, arquitetura e desenho gráfico). De fato, a arte sempre foi uma ferramenta para a construção de pontes entre pessoas de diferentes países, culturas, classes, grupos étnicos, gêneros e posições de poder — pontes de significado, por vezes através da expressão dos conflitos sociais entre as pessoas de ambos os lados de uma contradição significativa. A arte sempre foi um protocolo de comunicação para restaurar a unidade da experiência humana além da opressão, da diferença e do conflito. As pinturas dos poderosos em sua miséria humana, as esculturas dos oprimidos em sua dignidade humana, as pontes entre a beleza de nosso ambiente e os infernos interiores de nossa psique — como nas paisagens de Van Gogh — tudo são meios para ultrapassar as agruras inescapáveis da vida, para encontrar a expressão de alegria, de dor, de sentimento, que nos reúne e torna a vida nesse planeta suportável afinal de contas.

A arte sempre foi um construtor de pontes entre as expressões diversas, contraditórias, da experiência humana. Mais do que nunca, esse poderia ser seu papel fundamental numa cultura caracterizada pela fragmentação e a potencial não comunicação de códigos, uma cultura onde a multiplicidade de expressões pode de fato solapar o compartilhamento. A falta de significado comum poderia abrir caminho para a alienação generalizada entre os seres humanos — todos falando uma língua diferente, construída em torno de seu hipertexto personalizado. Num mundo de espelhos quebrados, feito de textos não comunicáveis, a arte poderia ser, sem nenhum programa deliberado, simplesmente por ser, um protocolo de comunicação e uma ferramenta de reconstrução social. Por sugerir, através de uma ironia que desarma ou de pura beleza, que ainda somos capazes de estar juntos, e ter prazer nisso. A arte, cada vez mais uma expressão híbrida de materiais virtuais e físicos, pode ser uma ponte cultural fundamental entre a Net e o eu.

Links de leitura

BORGMAN, Christine L. (2000) *From Gutenberg to the Global Information Infrastructure: Access to Information in the Networked World.* Cambridge, MA: MIT Press.

BOYD, Frank; Brickwood, Cathy; Broeckman, Andreas; Haskel, Lisa; Kluitenberg, Eric; e Stikker, Marleen (orgs.) (1999) *New Media Culture in Europe.* Amsterdã: Uitgeverij de Balie Virtual Platform.

BUSINESS *Week* (2001) "Showtime for AOL/Warner", janeiro, 15, p.57-64.

CAFASSI, Emitio (org.) (1998) *Internet: politicas y comunicacion.* Buenos Aires: Biblos.

CASTELLS, Manuel (1996/2000) *The Rise of the Network Society,* 2ª ed., p.355-406. Oxford: Blackwell.

CROTEAU, David e Hoynes, William (2000) *Media/Society: Industries, Images, and Audiences,* 2ª ed. Thousand Oaks, CA: Fine Forge Press.

DUMORT, Alain (2000) "New media and distant education: an EU-US perspective", *Information, Communication and Society,* 3(4), p.546-56.

THE *Economist* (2000) "E-entertainment survey", 7 de outubro.

THE *Economist* (2001) "Television takes a tumble", 20 de janeiro.

EKMAN, Richard e Quandt, Richard E. (orgs.) (1999) *Technology and Scholarly Communication.* Berkeley, CA: University of California Press.

JANKOWSKI, Nicholas; Jones, Steve; Samarajiva, Rohan e Silverstone, Roger (orgs.) (1999) *What's New about New Media?*, edição especial de *New Media and Society,* vol.1. Londres: Sage.

JONES, Steve (org.) (1999) *Cybersociety 2.0.* Londres: Sage.

KERCKHOVE, Derrick de (1997) *Connected Intelligence: The Arrival of the Web Society.* Toronto: Somerville House.

LEVY, Pierre (1995) *Qu'est-ce que le virtuel?* Paris: La Découverte.

NELSON, Chris e Jones, Steve (2001) "Revolutionary times for music", *Boston Globe,* 16 de janeiro: A11.

OWEN, Bruce M. (1999) The *Internet Challenge to Television.* Cambridge, MA: Harvard University Press.

PACKER, Randall e Jordan, Ken (orgs.) (2001) *Multimedia: From Wagner to Virtual Reality.* Nova York: W.W. Norton.

SCHILLER, Dan (1999) *Digital Capitalism: Networking the Global Market System.* Cambridge, MA: MIT Press.

SILVERSTONE, Roger e Hirsch, Eric (1992) *Consuming Technologies. Media and Information in Domestic Spaces.* Londres: Routledge.

SUAREZ, Manuel (2001) "Free music, the music industry, and the Internet", University of California, Berkeley, artigo de pesquisa inédito para o seminário CP229.

UNESCO (1999) *World Communication Report, 1999-2000.* Paris: Unesco.

e-Links

www.artmuseum.net
Sobre arte eletrônica.

www.worldofescher.com
Sobre os mosaicos de Escher.

CAPÍTULO 8

A geografia da Internet: lugares em rede

A Era da Internet foi aclamada como o fim da geografia. De fato, a Internet tem uma geografia própria, uma geografia feita de redes e nós que processam fluxos de informação gerados e administrados a partir de lugares. Como a unidade é a rede, a arquitetura e a dinâmica de múltiplas redes são as fontes de significado e função para cada lugar. O espaço de fluxos resultante é uma nova forma de espaço, característico da Era da Informação, mas não é desprovida de lugar: conecta lugares por redes de computadores telecomunicadas e sistemas de transporte computadorizados. Redefine distâncias, mas não cancela a geografia. Novas configurações territoriais emergem de processos simultâneos de concentração, descentralização e conexão espaciais, incessantemente elaborados pela geometria variável dos fluxos de informação global.

Explorarei os contornos desse espaço, focalizando em primeiro lugar a geografia da própria Internet. Em seguida analisarei a influência de tecnologias da informação e da comunicação sobre a transformação espacial de cidades e regiões. Abordarei também um mito de nosso tempo: o fim do local de trabalho graças ao teletrabalho, o trabalho à distância, relatando os desenvolvimentos reais ocorridos na mobilidade metropolitana. Considerarei as mudanças potenciais introduzidas pela Internet em nosso ambiente doméstico e em nossa relação com o espaço público. Por fim, examinarei a diferenciação social gerada por essa geografia interconectora.

A geografia da Internet

A dimensão geográfica da Internet pode ser analisada de três perspectivas: sua geografia técnica, a distribuição espacial de seus usuários e a geografia econômica da produção da Internet. A *geografia técnica* diz respeito à infraestrutura de telecomunicações da Internet, às conexões entre os computadores que organizam seu tráfego (roteadores) e à distribuição da banda larga nela; isto é, as linhas de telecomunicação dedicadas ao tráfego de pacotes de dados. Vários pesquisadores pioneiros trabalharam no mapeamento da Internet por algum tempo, mais notavelmente John Quaterman, chefe do MIDS.com, destacando-se também o trabalho conduzido em torno da firma de consultoria Telegeography (2000), fundada por John Staple. Cheswick e Burch (2000), trabalhando a partir dos Laboratórios Bell, montaram um banco de dados notável, que se desenvolve sobre a topografia das conexões entre nós da Internet. Martin Dodge (1998-2001) (Cybergeography.com) e Townsend (2001) também contribuíram para o mapeamento da infraestrutura da Internet, enquanto outros pesquisadores, entre os quais Cukier (1999) e Abramson (2000), analisaram o significado dessa configuração espacial. Tomo a liberdade de remeter o leitor aos websites listados no fim do capítulo para visualizar, com a ajuda de belas imagens, a estrutura e a evolução da rede técnica da Internet.

Esses estudos mostram a complexidade, a penetração e o alcance global do *backbone* da Internet. Cada nó está conectado a todos os outros através de uma miríade de rotas possíveis. No entanto, como têm uma capacidade de largura da banda muito maior que o resto do mundo, os EUA desempenham um papel central na conexão entre países. Segundo Cukier, em 1999 a estrutura técnica da Internet "assemelhava-se a uma estrela, com os Estados Unidos no seu centro" (1999, p.53). Ocorre frequentemente que as conexões entre duas cidades europeias ou asiáticas, para não falar de cidades africanas ou latino-americanas, são primeiro roteadas através de um nó nos Estados Unidos. No entanto, segundo Telegeography, isso está mudando, à medida que a largura da banda aumenta em outras áreas do mundo, particularmente na Europa. A maior parte do tráfego continua sendo roteada através dos Estados Unidos, mas novos nós emergem como roteadores-chave. Townsend (2001) observa que áreas metropolitanas importantes dependem de *backbone* composto de uma rede de cidades em rede. Em suma, tecnicamente falando, o *backbone* da Internet é global em seu alcance, mas territorialmente desigual, em termos de capacidade, em seu traçado. Enquanto as diferenças entre países declinam, a dependência para com os Estados Unidos está sendo gradualmente substituída por dependência técnica para com a conexão com uma rede ampla, com banda larga, de redes que liguem os maiores centros metropolitanos em todo o mundo, com os nós principais ainda se localizando predominantemente nos Estados Unidos.

No tocante à *geografia dos usuários*, as figuras 2 e 3, elaboradas por Matthew Zook com base em levantamentos da NUA Surveys, mostram a distribuição extremamente desigual da Internet em setembro de 2000, em termos tanto do número de usuários quanto da taxa de penetração em relação à população de cada país. Assim, a América do Norte, com seus mais de 161 milhões de usuários, era a região dominante do mundo, e, somada à Europa, com seus 105 milhões de usuários, constituía a maior parte do total de 378 milhões de usuários de Internet, em marcante contraste com a distribuição da população no planeta. Assim, a região da

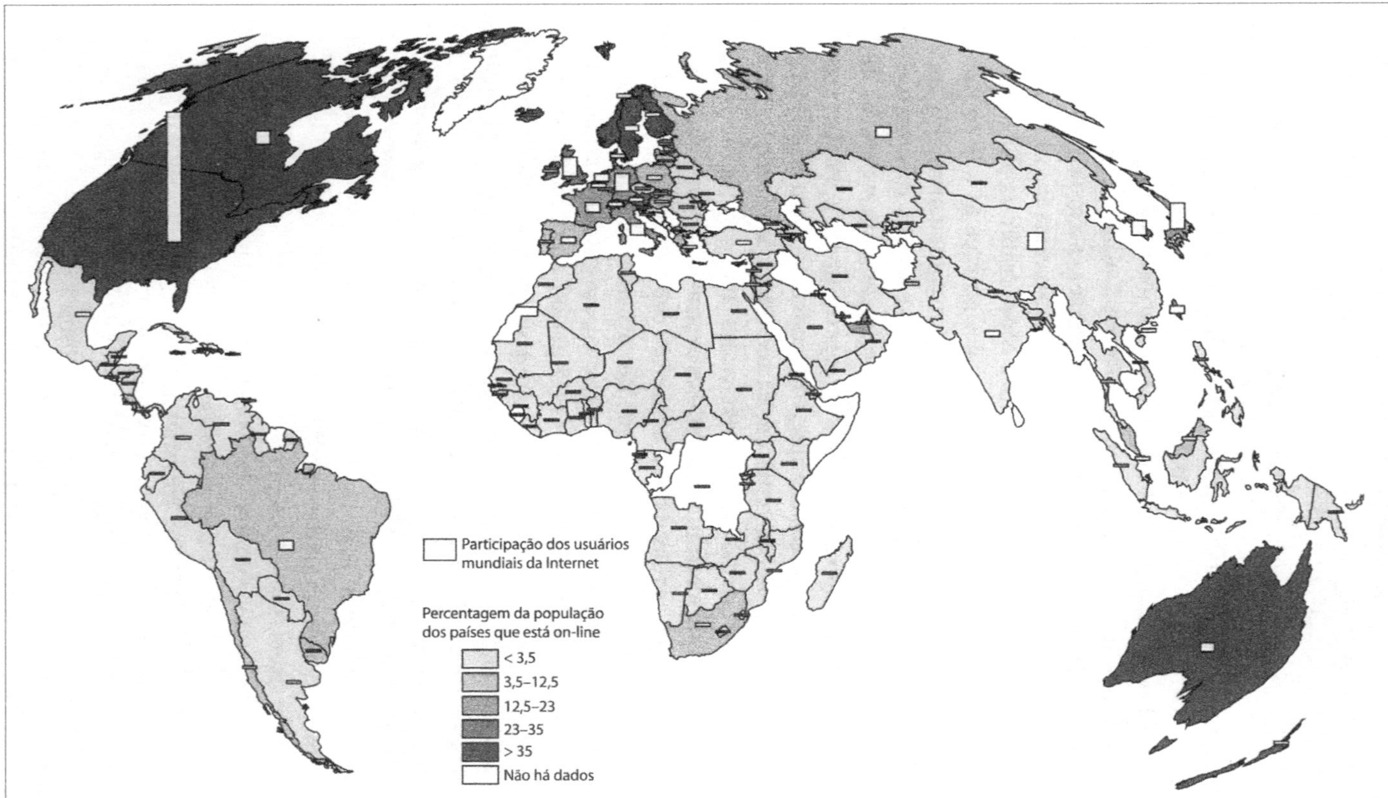

Figura 2. Participação dos usuários mundiais da Internet e percentagem da população que está on-line em todos os países do mundo, setembro de 2000. *Fonte*: Zook (2001a)

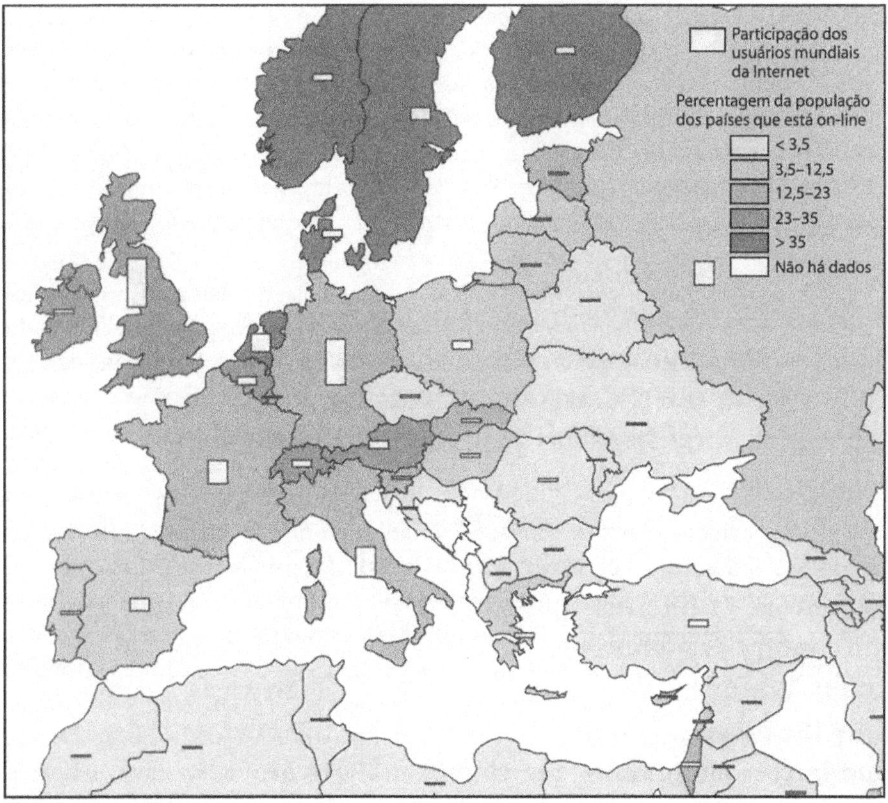

Figura 3. Participação dos usuários mundiais da Internet e percentagem da população que está on-line na Europa, setembro de 2000. *Fonte*: Zook (2001a)

Ásia oriental, com dois terços da população do mundo, contava somente 90 milhões de usuários, cerca de 23,6% do total; a América Latina tinha apenas cerca de 15 milhões de usuários; o Oriente Médio, 2,4 milhões e a África 3,1 milhões, a maioria na África do Sul. Em termos de densidade de uso da Internet, a Escandinávia, a América do Norte, a Austrália e (muito curiosamente) a Coreia do Sul despontam claramente acima de todos os outros países, seguidos pelo Reino Unido, a Holanda, a Alemanha, o Japão, Cingapura, Taiwan, Hong Kong e depois o sul da Europa; a uma distância maior vinham o resto da Ásia, a América Latina, o Oriente Médio e, em último lugar, a África.

Detalharei as implicações dessa difusão diferencial da Internet no Capítulo 9. Contudo, ao explorar sua geografia, é essencial enfatizar que o uso da Internet é extremamente diferenciado em termos territoriais, em conformidade com a distribuição desigual de infraestrutura tecnológica, riqueza e educação no planeta. Esse padrão geográfico evolui com o tempo. Assim, de acordo com a NUA, nos primeiros levantamentos globais do uso da Internet no final de 1996, de um total de 45 milhões, a América do Norte respondia por 30 milhões, com outros nove milhões na Europa, e o resto do mundo partilhando os seis milhões restantes (a maior parte deles na Austrália, Japão e Ásia oriental). O uso da Internet está se difundindo rapidamente, mas essa difusão segue um padrão espacial que fragmenta sua geografia segundo riqueza, tecnologia e poder: é a nova geografia do desenvolvimento.

Dentro dos países, há também grandes diferenças espaciais na difusão do uso da Internet. As áreas urbanas vêm em primeiro lugar, seja em países desenvolvidos ou em desenvolvimento, e as áreas rurais e as pequenas cidades ficam consideravelmente para trás em seu acesso ao novo meio, numa flagrante negação da imagem, acalentada pelos futurólogos, da cabana eletrônica, o trabalhar e viver no campo. O atraso na difusão da Internet em áreas rurais foi observado nos Estados Unidos, na Europa, e, mais ainda, nos países em desenvolvimento. Por exemplo, na China, as três maiores cidade, Beijing, Xangai e Cantão, respondiam em setembro de 2000, segundo levantamentos da NUA, por cerca de 60% dos usuários da Internet no país. Em contrapartida, a taxa de penetração para o país como um todo permanecia em menos de 2% da população. Em áreas urbanas, as grandes áreas metropolitanas e, em particular, as cidades mais importantes tendem a ser as que adotam a Internet com mais rapidez e em maior proporção. Há exceções, porém, em países com estrutura urbana descentralizada, como a Alemanha, onde Munique, Berlim e Hamburgo adotaram a Internet mais rapidamente, ou os Estados Unidos, onde áreas dinâmicas, como Austin ou Seattle, foram usuárias intensas antes de cidades industriais mais antigas, como Chicago ou Filadélfia. No entanto, em geral, há forte correlação entre a predominância metropolitana e a adoção precoce do uso da Internet. Assim, a difusão da Internet avança desigualmente no tempo e no espaço por camadas sucessivas de incorporação que poderão se refletir numa diversidade de geografias sociais no futuro.

Contudo, embora se espere que o uso da Internet se difundirá amplamente nos próximos anos, pelo menos nos países mais desenvolvidos e nas áreas metropolitanas do mundo em desenvolvimento, *uma geografia econômica, mais seletiva, está emergindo no que diz respeito à produção da Internet.* Isso é certamente o que ocorre na fabricação de equipamentos e no projeto de tecnologia da Internet. O Vale do Silício e suas redes globais, somados à rede mundial da Ericsson centrada na Suécia, a rede mundial da Nokia centrada na Finlância, a rede mundial da NEC centrada no Japão e talvez algumas poucas outras redes montadas em torno de corporações poderosas da era pré-Internet (AT&T, IEM, Microsoft, Motorola, Phillips, Siemens, Hitachi) continuam a concentrar num pequeno número de ambientes de inovação a maior parte do know-how tecnológico em que a Internet se baseia. De fato, a Cisco Systems, controlando mais de 80% do mercado de roteadores para a

Internet, estava planejando no fim de 2000 construir um campus gigantesco em Coyote Valley, perto de San Jose, no Vale do Silício, para alojar 20.000 empregados, além dos milhares que já trabalham para a empresa na área, de modo a concentrar a maior parte de sua força de trabalho global em alguns quilômetros.

Embora novos centros de inovação tecnológica relacionados com a Internet, como Austin e Denver-Boulder, estivessem crescendo rapidamente, a geografia global do hardware relacionado com a Internet segue o padrão identificado anos atrás por mim e Peter Hall em nosso mapeamento mundial de tecnopólos (Castells e Hall, 1994): densas concentrações espaciais de grandes companhias e novas empresas, bem como de seus fornecedores subsidiários, localizadas num pequeno número de nós tecnológicos, em geral na periferia de grandes áreas metropolitanas, depois interligadas por telecomunicações e transporte aéreo. Não difusão espacial indiferenciada, mas concentração metropolitana, extremamente seletiva, e interconexão global. Um padrão de localização semelhante parece ser seguido pelas companhias de software, os serviços de mídia e os provedores de serviços da Internet. Contudo, as áreas metropolitanas que abrigam as firmas mais importantes refletem as origens diversas de cada companhia: por exemplo, Washington, DC, sede da AOL, ou Seattle, sede da Amazon. A Yahoo!, a e-Bay, a e*Trade, e uma longa lista de líderes da indústria da Internet em seus primórdios, brotaram dos meios empresariais do Vale do Silício e de São Francisco.

Apesar disso, como enfatizei no Capítulo 3 sobre negócios eletrônicos, seria muito estreito considerar a indústria da Internet como composta exclusivamente por fabricantes de hardware, companhias de software, provedores de serviços e portais da Internet. A Internet comercial não envolve apenas companhias da web, ou companhias na web. Assim, precisamos de uma avaliação da geografia dos provedores de conteúdo da Internet de maneira geral; isto é dos domínios da Internet de todos os tipos que geram, processam e distribuem informação. Como a informação é o produto-chave da Era da Informação, e a Internet é a ferramenta fundamental para a produção e comunicação dessa informação, a geografia econômica da Internet é, em geral, a geografia dos provedores de conteúdo da Internet.

Matthew Zook empreendeu o esforço analítico mais rigoroso já feito para mapear os provedores de conteúdo da Internet e interpretar sua configuração espacial no mundo, em países, em regiões e em cidades, entre 1996 e 2001 (Zook, 2000a, b; 2001a, b). Para isso, montou um banco de dados localizando uma amostra aleatória de domínios na Internet, com base em seus endereços postais, segundo uma metodologia que pode ser verificada em seu website (ver o Apêndice a este capítulo). Mapeou também os milhares de websites mais visitados (classificados por Alexa.com), medidos pelo número de solicitações de usuários, e os classificou por números de páginas consultadas. As figuras 4 a 7 (ver p.177-80) mostram onde se localizam os provedores de conteúdo da Internet, situados pela localização dos nomes de domínio, no mundo, na Europa, nos Estados Unidos e na cidade de Nova

York em julho de 2000. Zook calculou tanto o número de domínios no mundo e em cada país, quanto a densidade dos domínios, padronizando por população para cada país, e pelo número de negócios no caso da Internet comercial nos Estados Unidos. A leitura das tabelas de Zook para sua amostra de julho de 2000 (que não são dadas aqui para efeito de simplicidade), mostra que os Estados Unidos detêm a parte do leão em matéria des domínios na Internet, com cerca de 50% do total, seguidos pela Alemanha com 8,6% e a Grã-Bretanha com 8,5%. O Canadá (3,6%), a Coreia do Sul (2,5%) e a França (2,1%) estavam no meio, com todos os demais países abaixo de 2%.

Padronizando por população, a predominância do mundo desenvolvido é ainda mais acentuada, com os EUA mostrando uma proporção de 25,2 domínios da Internet por mil habitantes, comparados a 0,5 do Brasil, a 0,2 da China e a 0,1 da Índia. A Europa revela uma forte diversidade interna, com a Suíça, a Dinamarca, a Finlândia e a Holanda vindo em primeiro lugar, com mais de 15,0 para mil habitantes, e o sul da Europa na traseira, com a Espanha, por exemplo, mostrando uma proporção de 3,4 por mil e representando apenas 1% dos domínios do mundo. O caso do Japão é significativo, correspondendo apenas a 1,6% dos domínio dos mundo, com uma proporção domínio/população de apenas 1,7 por mil, embora seja provável que esteja mudando rapidamente com a expansão do Do-Co-Mo.

O que esses dados dizem é que os domínios da Internet são extremamente concentrados por país, com predominância substancial pelos EUA. Essa concentração é muito mais elevada que a de usuários da Internet, o que sugere uma assimetria crescente entre produção e consumo do conteúdo da Internet, com os EUA produzindo para todos os demais, e o mundo desenvolvido produzindo para o resto do mundo, com exceção do Japão, que consome muito mais do que produz. A Coreia do Sul representa um caso interessante, pois exibe uma das taxas de penetração mais altas do mundo tanto na produção quanto no consumo de conteúdo da Internet. Embora não haja nenhuma explicação convincente para essa especificidade sul-coreana, a anomalia deveria introduzir cautela contra uma interpretação cultural apressada para o atraso do Japão na provisão de conteúdo da Internet.

Esses dados deveriam ser interpretados numa perspectiva temporal dinâmica. Em 1997, Quaterman relatou que 83% do todos os domínios ponto.com localizavam-se nos EUA, enquanto os EUA, o Canadá e o Reino Unido representavam 90% de todos os domínios ponto.com. Em janeiro de 2000, os números relativos haviam declinado para 67% e 74% (lembremos que o banco de dados de Zook abrange todos os domínios, não só os ponto.com). Assim, há realmente uma tendência a maior difusão na provisão de conteúdo da Internet comercial. Mas essa difusão geográfica começa a partir de um nível muito alto de concentração espacial num pequeno número de países, cuja predominância no projeto e na distribuição de conteúdo será sentida por um tempo considerável. Além disso, muitos desses pro-

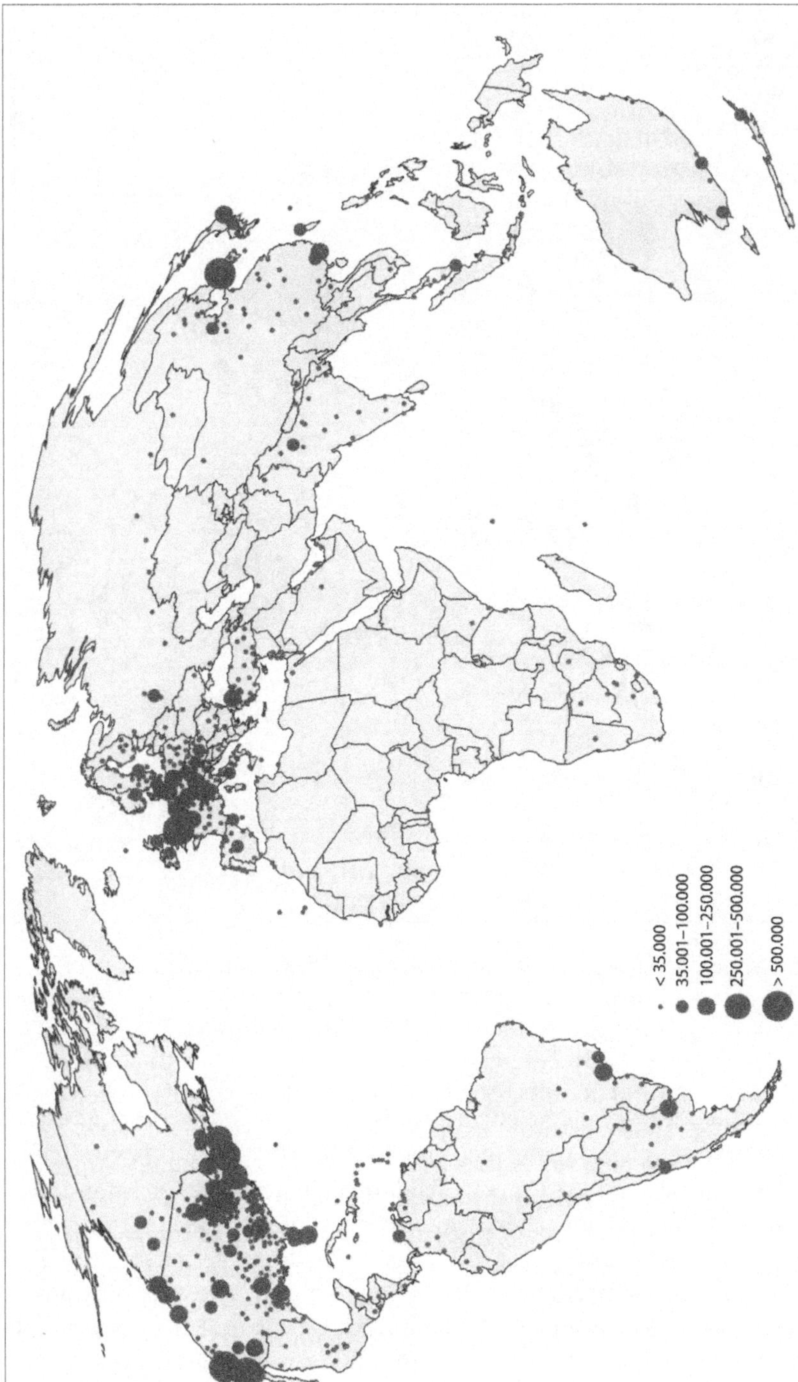

Figura 4. Número total de nomes de domínio na Internet .com, .org, .net. e código de país por cidade no mundo, julho de 2000. *Fonte:* Zook (2001a)

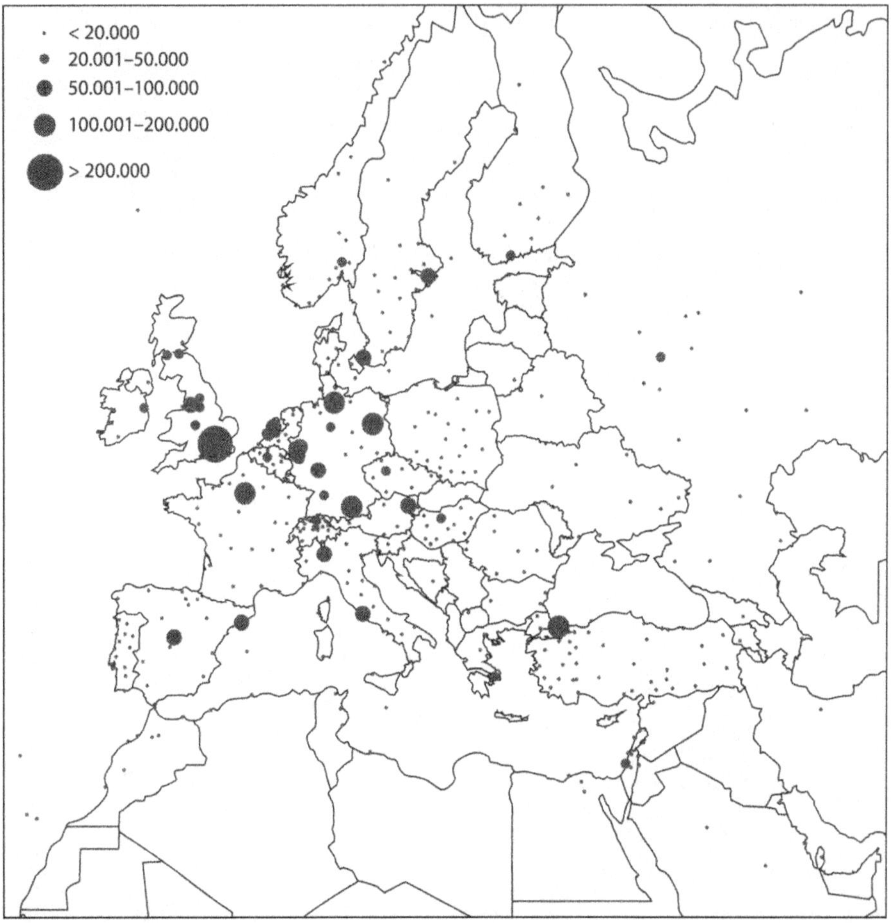

Figura 5. Número total de nomes de domínio na Internet .com, .org, .net e código de país por cidade na Europa, julho de 2000. *Fonte*: Zook (2001a)

vedores de conteúdo ingressaram em mercados estrangeiros com *expertise* e capital (por exemplo, a Yahoo! foi o portal mais amplamente usado na Europa em 2000).

A predominância dos EUA é ainda maior quando medida em termos de sites mais solicitados e número de páginas consultadas. Em 2000, os EUA respondiam por 65% de todos os websites mais visitados, e 83% do número total de páginas consultadas pelos usuários da Internet. Novamente a Coreia do Sul é o fenômeno surpreendente aqui, classificando-se em segundo lugar após os EUA em sua percentagem do total de páginas consultadas — um tributo ao alto nível de uso da Internet coreana pelos coreanos. A Coreia do Sul respondia por apenas 5,6% do total de

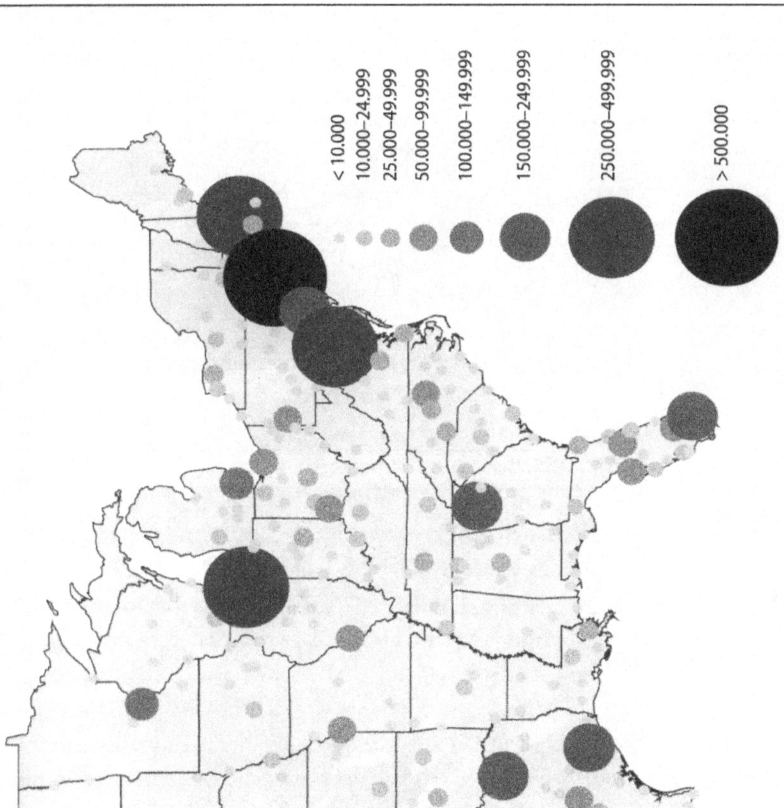

Figura 6. Número total de nomes de domínio na Internet .com, .org, .net e código de país por cidade nos EUA, julho de 2000. *Fonte:* Zook (2001a)

Figura 7. Distribuição de nomes de domínio na Internet por *zip code* na Região Metropolitana de Nova York, julho de 2000. *Fonte*: Zook (2001a)

páginas consultadas, mas essa percentagem estava muito acima dos 2,9% do Reino Unido ou o 1,1% da Alemanha. Como o Japão também se saiu melhor em websites e número de páginas consultadas do que em provisão de conteúdo, é possível que a barreira da língua no acesso a sites em inglês favoreça o conteúdo de Internet nacionalmente baseado.

Os dados de Zook permitem também analisar a localização dos domínios da Internet por cidade, com um banco de dados de 2.500 cidades no mundo todo. Os resultados são extremamente significativos. Em janeiro de 2000, as cinco primeiras cidades, reunindo 1% da população mundial, abrigavam 20,4% dos domínios da Internet. As cinquenta primeiras cidades, com apenas 4% da população do mundo, continham 48,2% dos domínios da Internet, e a 500 primeiras, com 12,4% da população, representavam 70% dos domínios da Internet. Além disso, a concentração dos domínios da Internet entre 1998 e 2000 aumentou para as cinco primeiras cidades em 2,7 pontos percentuais e para as dez primeiras em 1,3 ponto percentual. Isso contrasta com o fenômeno da difusão da Internet a partir de sua localização original. Em outras palavras, a provisão de conteúdo da Internet é cada vez mais, e de maneira esmagadora, um fenômeno metropolitano.

Onde se localizam essas concentrações da Internet? Segundo os dados de Zook, em janeiro de 2000, 17 das vinte primeiras cidades na classificação dos domínios da Internet estavam nos Estados Unidos. A maior concentração ficava na grande área metropolitana de Nova York, seguida pela grande área metropolitana de Los Angeles e São Francisco-Oakland-San Jose. Londres veio em quarto lugar, Seul em sétimo e Hong Kong em nono. Dentro dos países, a regra geral é a concentração metropolitana dos domínios da Internet, particularmente nas maiores áreas metropolitanas. Assim, Londres reúne 29% dos domínios britânicos, e a maior densidade no Reino Unido relativamente à sua população. Essa predominância de Londres na provisão de conteúdo da Internet foi verificada também no estudo de Dodge e Shiode (2000) sobre o "território" da Internet no Reino Unido, pelo cálculo da distribuição espacial dos endereços IP. Birmingham, Cambridge, Oxford e Nottingham, completavam a camada superior da geografia da Internet britânica. Na França, Paris concentrava 26,5% dos domínios da Internet. Na Espanha, Madri e Barcelona juntas representavam mais de 50% dos domínios da Internet. Estocolmo concentrava a maior fatia da provisão de conteúdo da Internet na Suécia, e o mesmo faziam Helsinki na Finlândia e Copenhague na Dinamarca. Só a Alemanha tem um sistema descentralizado de provisão de conteúdo da Internet, com Berlim, Munique e Hamburgo partilhando percentagens relativamente baixas de concentração, à frente das demais áreas. Isso reflete a hierarquia plana do sistema urbano alemão, sugerindo que a provisão de conteúdo da Internet adapta-se à estrutura metropolitana preexistente, em vez de invertê-la. Contudo, quando os locais dos domínios foram ajustados para a população, Zurique e Munique despontaram na frente da classificação europeia, refletindo o papel de Zurique nas finanças e o de Munique em indústrias de alta tecnologia e de mídia.

Nos Estados Unidos, há uma predominância metropolitana esmagadora em provisão de conteúdo da Internet, com uma estrutura particularmente concentrada no topo da classificação. Em termos de domínios da Internet, Nova York, Los Angeles e São Francisco/Vale do Silício estão muito à frente das demais cidades. A quarta e a quinta maiores áreas (Seattle e Washington) somadas abarcam 18,7% dos domínios do mundo inteiro, com 38,1% dos mil sites mais solicitados do mundo, bem como por 64,6% das páginas consultadas dos mil sites principais. Em contraposição, o resto dos EUA representavam apenas 27% dos primeiros websites do mundo e 16,9% em número de páginas consultadas. Em outras palavras, a concentração dos provedores de conteúdo da Internet nos EUA reflete de fato sua concentração num pequeno número de áreas metropolitanas, e particulamente nos primeiros lugares dessa hierarquia metropolitana da Internet, formada por Nova York, Los Angeles, São Francisco, Seattle e Washington.

Medindo a especialização da provisão de conteúdo da Internet nessas áreas, padronizando pela população e pelo número de negócios, uma nova hierarquia aparece, com a área da Baía da São Francisco em primeiro lugar, Los Angeles em terceiro e Nova York em décimo quarto, com áreas menores, extremamente concentradas na provisão da Internet ocupando lugar elevado na lista. Esse é o caso de Provo-Orem (Utah), San Diego, e (é claro) Las Vegas (jogo, pornografia, informação turística). O importante nesta análise é que a hierarquia de domínios da Internet não acompanha realmente a distribuição da população nos Estados Unidos. Por exemplo, a área da Baía de São Francisco situa-se muito acima da de Chicago em números absolutos de domínios e em termos de especialização. São Francisco tem um número de nomes de domínios por firma duas vezes maior que o de Chicago, Filadélfia, Dallas ou Houston.

Finalmente, deslocando-se para dentro das regiões metropolitanas, Zook mostra o alto nível de concentração de domínios da Internet em certas áreas. Assim, na cidade de São Francisco, há uma extraordinária concentração de provedores de conteúdo da Internet na área do South of Market. Em Nova York, a figura 7 mostra a esmagadora concentração em Manhattan e, dentro de Manhattan, num pequeno número de áreas: a chamada Silicon Alley, na ponta de Manhattan; e ao sul do Central Park, no East Side. Em Los Angeles, há também um padrão de concentração espacial de provedores de conteúdo da Internet num pequeno número de áreas, em particular nas redondezas de Santa Monica, o Ventura Freeway Corridor e o San Gabriel Valley.

Assim, a pesquisa mostra que a provisão de conteúdo da Internet, tal como medida por endereços de domínio, segue um padrão de elevada concentração espacial. Essa atividade supostamente livre e solta tem um quociente de localização mais alto que a maioria das demais indústrias. Concentra-se num pequeno número de países, localiza-se esmagadoramente em áreas metropolitanas, em particular em algumas das mais ricas do mundo; concentra-se em geral (mas não sempre) nas maiores áreas metropolitanas de cada país; e concentra-se num pequeno número de áreas metropolitanas importantes de cada país, com elevados níveis de especialização naquelas áreas que deram início à Internet comercial; e concentra-se em áreas e bairros específicos dentro das áreas metropolitanas. A geografia dos provedores de conteúdo da Internet caracteriza-se pelo controle dos sites virtuais do mundo exercido a partir de um pequeno número de lugares físicos. A questão é por quê?

Zook investigou a matéria nos Estados Unidos, usando tanto análise estatística quanto estudo de caso. Há três respostas principais. A primeira refere-se às conexões com a estrutura metropolitana da economia da informação. Os domínios da Internet estão relacionados com organizações de produção de informação. Os grandes agrupamentos espaciais dessas organizações dedicadas a serviços avançados, finanças, mídia, entretenimento, educação, saúde, tecnologia, e assim por diante, situam-se predominantemente em áreas metropolitanas, em particular em áreas como Nova York, Los Angeles e Washington. Assim, a configuração espacial da Internet acompanha não a distribuição da população, mas a concentração metropolitana da economia da informação. Esta não é, contudo, a única resposta, porque grandes centros de produção de informação, como a área de Chicago, não têm classificação tão alta como provedores de conteúdo da Internet.

A segunda resposta refere-se à conexão com ambientes preexistentes de inovação tecnológica, que fornece o know-how de novas tecnologias, e com rede de fornecedores, capaz de apoiar novas iniciativas empresariais: esse é o caso da área da Baía de São Francisco, de Seattle, Austin, San Diego, Denver-Boulder, e vários centros de alta tecnologia que deslizam sobre a nova onda da revolução da informação-tecnologia. Mas isso só explica parcialmente o caso de Nova York, a maior concentração de provedores de conteúdo da Internet em 2000. Nova York ergueu-se sobre a *expertise* em design acumulada no mundo da mídia, da publicidade e da arte, mas tinha pouca base tecnológica própria. Zook descobriu que o elo perdido, que explica o papel proeminente tanto de Nova York quanto de São Francisco na provisão de conteúdo da Internet, é a estrutura espacial da indústria de capital de risco, inclusive a versão personalizada dos financiadores (Zook, 2001a).

O capital de risco desempenha um papel essencial no financiamento da inovação e da iniciativa empresarial na economia da Internet, como mostrei no Capítulo 3. Capitalistas de risco têm uma íntima ligação com novas companhias da Internet. Trabalham com elas numa base semanal, ajudam-nas a se desenvolver e as aconselham, são parte do mesmo processo de trabalho (Gupta, 2000). Em outras palavras, o capital de risco é um componente essencial da indústria da Internet. E a geografia do capital de risco é extremamente concentrada. No final da década de 1950, no primeiro estágio da revolução conduzida pela microeletrônica, ele se concentrava nas áreas de São Francisco e Boston, embora bancos de investimento sediados em Nova York tenham sido sempre uma importante fonte de capital em toda parte (por exemplo, a emblemática companhia de microeletrônica do Vale do Silício, Fairchild Semiconductors, foi iniciada com capital de investidores de Nova York). Na década de 1990, Nova York tornou-se um participante de vulto na indústria de conteúdo da Internet, bem como Los Angeles, ambas financiadas por capital de risco. As razões dessa configuração espacial das firmas de capital de risco são duplas. A maior parte do capital de risco teve origem na indústria de alta tecnologia, a partir de investidores que haviam ganhado dinheiro com ela, conheciam-na bem e estavam dispostos a assumir riscos em razão de seu conhecimento dos segredos do negócio, muitas vez com apoio de investimento externo, particularmente de Nova York. O conhecimento especial da indústria foi, no entanto, essencial para o desenvolvimento de um setor de capital de risco dinâmico e rico na área da Baía de São Francisco.

O processo pelo qual Nova York se tornou um centro da indústria de conteúdo da Internet foi diferente. As firmas de Wall Street aprenderam com o Vale do Silício o quanto os investimentos em tecnologia podiam ser lucrativos. Geraram unidades especializadas para examinar oportunidades, numa época em que a cultura empresarial de Nova York estava explodindo e descobrindo o potencial da Internet em sua dimensão cultural/comercial. A convergência da economia da informação, do dinheiro, da mídia, da arte e do know-how em negócios de Nova York deslanchou a Silicon Alley, e mais, reinventando de novo a economia de Nova York. A geografia da produção para a Internet é a geografia da inovação cultural. Uma geografia que, como Peter Hall (1998) demonstrou, enraizou-se historicamente nos principais centros urbanos do mundo — e continua lá.

A Era da Internet: um mundo urbanizado de metrópoles esparramadas

Um dos mitos fundadores da futurologia acerca da Era da Internet diz respeito ao fim das cidades. Por que manter essas criaturas incômodas e imundas do nosso passado quando temos a possibilidade tecnológica de trabalhar, viver, comunicarmo-nos e divertirmo-nos no alto da nossa montanha, no nosso paraíso tropical ou na nossa casinha na pradaria? No entanto, enquanto você lê este livro, nosso planeta azul estará provavelmente ultrapassando o limiar em que 50% da população do mundo vive em cidades (a partir de 37% em 1970), e, segundo as projeções, cerca de dois terços da população estarão urbanizados em 2025. A África subsaariana, a região menos urbanizada do mundo, é a que tem a taxa mais rápida de crescimento urbano (5,2% ao ano em 1975-95), de modo que, em 2020, 63% da população estará provavelmente vivendo em cidades. Em 1998-9, a Europa ocidental era 82% urbana, a Rússia 75%, e os Estados Unidos 77%. Em 1996, o Japão e a península coreana eram 78% urbanos, o Brasil 80%, a Ásia do Sudeste 37%, o Paquistão 35%. A China, com 30% em 1996, e a Índia, com 28% em 1998, continuavam sendo, em geral, países rurais e sua população representa mais de um terço da humanidade. Contudo, segundo projeções, a população urbana da Índia vai quase dobrar entre 1996 e 2020, saltando de 256 milhões para 499 milhões. Prevê-se que a população urbana da China crescerá ainda mais depressa, passando de 377 milhões em 1996 para 712 milhões em 2020, representando assim mais da metade da população total projetada da China. Ao que tudo indica, o século XXI verá um planeta amplamente urbanizado, com a população cada vez mais concentrada em imensas regiões metropolitanas — ficando a maior parte da massa de terra do planeta esparsamente habitada.

Na virada do milênio, nos países ricos, a proporção de pessoas que viviam em áreas com mais de um milhão de habitantes era 30%, e um terço dos latino-americanos vivia nessas grandes áreas metropolitanas. Além disso, as categorias estatísticas são enganosas, porque as unidades espaciais funcionais em que as pessoas vivem abrangem populações muito maiores, ligadas por meios de transporte rápidos que encolhem as distâncias e dão às pessoas a opção de viver num importante nó econômico e social sem estar na proximidade de um de seus centros. O planeta inteiro está sendo reorganizado em torno de gigantescos nós metropolitanos que absorvem uma proporção crescente da população urbana, ela própria a maioria de toda a população da Terra.

Mas que tem a Internet a ver com isso? Primeiro, a história que acabei de contar é oposto da história oficial de futurólogos que falam a partir da Internet. Li, em meados de 2000, um dos representantes mais destacados do ramo prevendo mais uma vez o fim das cidades e declarando que a Internet seria a oportunidade de ouro para as regiões rurais do mundo, como a América do Sul — que, é claro, na mesma data já era pelo menos 80% urbana. Assim, os dados reais sobre a configuração espacial dos assentamentos humanos são um saudável lembrete das realidades de nosso mundo quando tentamos descobrir a dimensão espacial da Internet. Mas, em segundo lugar, o que é ainda mais importante, a Internet é de fato o meio tecnológico que permite que a concentração metropolitana e a interconexão global prossigam simultaneamente. A economia integrada em rede, que a Internet conduz, é uma economia constituída de regiões muito grandes, interconectadas. Vou explicar.

Enquanto nossa economia e sociedade são construídas em torno de redes descentralizadas de interação, o padrão espacial dos assentamentos humanos caracteriza-se por uma concentração territorial sem precedentes da população e das atividades (Borja e Castells, 1997). Por que isso? Por que áreas urbanas e metropolitanas continuam a crescer em tamanho e complexidade, apesar de termos crescente capacidade tecnológica para trabalhar e interagir à distância? A razão fundamental é a concentração dos empregos, das atividades geradoras de renda, dos serviços e das oportunidades de desenvolvimento humano nas cidades, em particular nas maiores áreas metropolitanas. Isso ocorre, por um lado, porque a crescente produtividade no setor avançado da economia e a crise das atividades agrícolas e extrativas eliminam empregos em áreas rurais e regiões atrasadas, induzindo novas migrações campo-cidade. Por outro lado, as áreas metropolitanas concentram as atividades geradoras de valor mais alto, tanto na indústria quanto nos serviços; por serem fontes de riqueza, elas fornecem empregos, tanto direta quanto indiretamente. E como nelas o nível de renda é mais alto, essas áreas oferecem maiores oportunidades para o fornecimento de serviços essenciais, como educação e saúde. Além disso, mesmo para aqueles migrantes no nível mais baixo da sociedade urbana, o excesso de oportunidades proporciona melhores chances de sobrevivência, em primeiro lugar, e de promoção de gerações futuras, depois, do que qualquer coisa que poderiam encontrar em áreas rurais cada vez mais marginalizadas e regiões atrasadas. Enquanto as áreas metropolitanas continuarem a ser centros culturais de inovação, seus residentes terão acesso a oportunidades ímpares de aprimoramento cultural e fruição pessoal, melhorando assim a qualidade e a diversidade de seu consumo.

Contudo, por que o novo sistema de produção e administração da Era da Informação favorece a concentração metropolitana? Geração de conhecimento e processamento de informação são as fontes de valor e poder na Era da Informação. Ambos dependem de inovação e de capacidade de difundir inovação em redes que induzam sinergia ao partilhar essa informação e esse conhecimento. Uma tradição de vinte anos de pesquisa urbana e regional mostrou a importância de complexos territoriais de inovação na facilitação da sinergia. O que Philippe Aydalot, Peter Hall e eu chamamos algum tempo atrás de "ambientes de inovação" parece estar no coração da capacidade que têm as cidades, particularmente as cidades grandes, de se tornar as fontes de riqueza na Era da Informação. Esse é certamente o caso do Vale do Silício (e da área da Baía de São Francisco em geral), o nascedouro reconhecido da revolução da informação-tecnologia (Saxenian, 1994). Mas, como Peter Hall e eu mostramos em nosso levantamento mundial de tecnopólos, a tese se estende a todas as sociedades. Todos os principais centros de inovação tecnológica surgiram em grandes áreas metropolitanas e a partir delas: Tóquio-Yokohama, Londres, Paris, Munique (sucedendo a Berlim após a guerra), Milão, Estocolmo, Helsinki, Moscou, Beijing, Xangai, Seul-Inchon, Taipei-Hsinchu, Bangalore, Bombaim, São Paulo-Campinas, e, nos EUA, a área da Baía de São Francisco, Los Angeles/Tecnopólo do Sul da Califórnia, Grande Boston e, mais recentemente, Seattle, embora haja ambientes secundários de inovação em áreas como Austin, o triângulo da pesquisa da Carolina do Norte, o corredor de Princeton e Denver. Nova York costumava ser uma grande exceção (que tem uma explicação histórica), grandemente compensada por seu papel inovador nas finanças, nos serviços comerciais, na mídia e nas indústrias culturais. Mas sua capacidade de agarrar a oportunidade da economia da Internet impeliu-a para a vanguarda da inovação. Além disso, Peter Hall ampliou a tese da relação entre cidades e inovação a toda a história ocidental da criatividade cultural e da inovação empresarial (Hall, 1998). Nesse caso, parece lógico que, quando atingimos a Era da Informação, e a criatividade cultural torna-se uma força produtiva, as grandes cidades desfrutem mais do que nunca de sua vantagem competitiva como fontes de riqueza.

Mas o potencial inovador das cidades não se restringe às indústrias de informação-tecnologia. Estende-se a toda uma série de atividades que envolvem informação e comunicação, baseando-se assim em interconexão e na Internet. A inovação é essencial em serviços comerciais avançados, que formam o principal setor lucrativo em nossa economia. Serviços como finanças, seguros, consultoria, serviços legais, contabilidade, publicidade e marketing formam o centro nervoso da economia do século XXI. E eles estão concentrados em grandes áreas metropolitanas, com Nova York/New Jersey, e Los Angeles/Orange County sendo as áreas proeminentes nos Estados Unidos. Os serviços avançados estão desigualmente distribuídos entre o distrito comercial central e os novos centros suburbanos, dependendo da história e da dinâmica espacial de cada área. O decisivo é que os centros de serviços avançados são territorialmente concentrados, erguem-se sobre redes interpessoais de processos de tomada de decisão, estão organizados em torno de uma rede territorial de fornecedores e clientes, e comunicam-se entre si cada vez mais pela Internet.

Um terceiro conjunto de atividades geradoras de valor concentrado em áreas metropolitanas é o das indústrias culturais: mídia, sob todas as suas formas; entretenimento; arte; moda; atividade editorial; museus; indústrias da criação cultural, em geral. Essas indústrias estão entre as atividades geradoras de maior valor, e de crescimento mais rápido, em todas as sociedades avançadas. Também elas dependem da lógica espacial de ambientes de inovação territorialmente concentrados e de interações face a face no cerne do processo de inovação — para serem complementadas, não contrariadas, por interação on-line.

Em quarto lugar, em todo o âmbito das atividades associadas com a emergência da nova economia, trabalhadores e empresários com elevado nível de educação são o fator-chave da inovação e da criação de valor. Esses criadores de conhecimento são atraídos para áreas urbanas vibrantes, para cidades como São Francisco, Nova York, Londres, Paris, Barcelona. E eles constroem suas redes e ambientes que atraem talento adicional. Esta é a argumentação desenvolvida por Kotkin (2000) para explicar a dinâmica diferencial das cidades norte-americanas no final da década de 1990.

Associemos agora essas tendências com a observação de Zook acerca da crescente concentração de domínios da Internet nas maiores áreas metropolitanas do mundo. Como a Internet processa informação, seus centros situam-se nos principais sistemas de informação que são a base da economia e das instituições das regiões metropolitanas. Isso não significa, no entanto, que a Internet é apenas um fenômeno metropolitano. É, isto sim, uma rede de nós metropolitanos. Não há nenhuma centralidade, mas nodalidade, baseada numa geometria de interconexão.

É precisamente por causa da existência de redes de telecomunicação, e de computadores que esses ambientes de inovação, essas redes de tomada de decisão de alto nível, podem existir num pequeno número de nós no país, ou no planeta, estendendo-se ao mundo inteiro a partir de um punhado de quarteirões em Manhattan, no Wilshire Boulevard, no Santa Clara County, no South of Market de São Francisco, na City de Londres, no Quartier de l'Opera de Paris, no Shibuya de Tóquio, na Nova Faria Lima de São Paulo. Embora concentrem grande parte da capacidade de produção e consumo de uma vasta hinterlândia, esses complexos territoriais de geração de conhecimento e processamento de informação conectam-se uns com os outros, anunciando uma nova geografia global, feita de nós e redes.

Onde quer, e quando quer, que um nó importante dessa rede se forme, ele se expande e gera uma nova forma espacial, a região metropolitana, que se caracteriza pela conexão funcional entre atividades dispersas num vasto território, em geral definido em termos de um mercado de trabalho específico, um mercado consumidor e um mercado de mídia (por exemplo, a televisão). A região metropolitana não é meramente uma área urbana muito grande. É também uma forma espacial característica, próxima do que um brilhante jornalista, Joel Garreau, rotulou de *Edge City* (Cidade Limite), após descrever novos desenvolvimentos espaciais em algumas das maiores áreas metropolitanas dos Estados Unidos (Garreau, 1991). Na maioria dos casos, a região metropolitana não tem sequer um nome, muito menos unidade política ou instrumentalidade institucional. Quando falamos da "Área da Baía" (em meu caso, designando a área da Baía de São Francisco), estamos nos referindo a uma grande constelação de cidades e condados, que se estende pelo menos desde Santa Rosa, na North Bay, a Santa Cruz no sul da South Bay, e dos penhascos a oeste de São Francisco até os subúrbios externos da East Bay, chegando a Livermore; isto é, quase sete milhões de pessoas vivendo numa área de cerca de 95 quilômetros de comprimento por 65 de largura. Na verdade, a maior cidade na área da Baía de São Francisco não é São Francisco, mas San Jose, com uma população próxima de um milhão em 2000. O verdadeiro padrão de assentamento já está quase se estendendo muito além dessa área, para se ligar ao Central Valley e absorver, cruzando o limite de Nevada, Lake Tahoe, e, rumo ao sul, Monterey e Carmel, como residências secundárias para moradores da Área da Baía.

Um caso ainda mais impressionante é a região metropolitana do sul da Califórnia, que funde em um espaço em grande parte integrado a área que se estende de Ventura no norte à extremidade sul do Orange County, com cerca de 17 milhões de pessoas vivendo, trabalhando, consumindo e viajando nesse território sem fronteiras, nome ou identidade, a não ser como um mercado de trabalho e um mercado de consumo. Além disso, a autoestrada liga o Orange County a San Diego, e cruza a fronteira, com Tijuana, o que faz dessa área uma constelação megaurbana sem nome, multicultural e binacional. Fora da Califórnia, New Jersey-Nova York-Long Island-Rhode Island-Connecticut, a conurbação Washington Maryland-Virginia, ou a megarregião da Nova Inglaterra são exemplos semelhantes de novas aglomerações espaciais.

Na Ásia, estão se formando algumas das maiores regiões metropolitanas do mundo, como aquela em processo de articulação entre Hong Kong-Shenzhen-Cantão-Macau-Zuhai e o delta do rio Pérola, com uma população de cerca de 60 milhões. Ou a de Tóquio-Yokohama-Nagoya, que se estende, passando por Shinkansen, a Osaka-Kobe e Kyoto, dentro de um espectro de tempo de transporte de 3-4 horas (Lo e Yeung, 1996). Seul-Inchon, Xangai-Pudon, região metropolitana de Bancoc, a megalópole de Jacarta, Calcutá, Bombaim (Mumbai), Grande Cidade do México, Grande São Paulo, Grande Buenos Aires, Grande Rio de Janeiro, Paris-Ile de France, Grande Londres e Grande Moscou, são todas grandes áreas, em sua maioria sem limites claros, nem identidade definida, além das imagens vagas do que era outrora sua cidade central. Não estou sequer mencionando áreas de mais de sete milhões de habitantes, como Lima, Bogotá ou Manila, que continuam a crescer tanto como ímãs em relação às suas hinterlândias em crise, quanto como fontes de crescimento e sobrevivência através de suas conexões com redes globais.

Na Europa ocidental, a construção de uma densa rede de trens de alta velocidade está integrando Londres com Paris, Paris com Lyon e Marselha, e com o norte da Itália; Paris-Lille-Bruxelas com a Holanda; e Frankfurt e Colônia com a rede francesa; a partir do sul, a conexão de Lisboa-Sevilha-Madri-Barcelona-Bilbao com a rede europeia está programada para 2004. Em geral, na Europa central/ocidental uma extraordinária concentração de população, produção, administração, mercados e comodidades urbanas está sendo conectada e sendo conectada dentro de um espectro de tempo de transporte de menos de três horas, para não mencionar pontes aéreas com uma densa rede de voos com 40 minutos a duas horas de duração conectando a maior parte da Europa ocidental. Assim, a nova estrutura espacial que emerge no coração da Europa ocidental é a de uma série de regiões metropolitanas interconectadas, cada uma articulando várias conurbações, cada uma com milhões de habitantes e, em conjunto, controlando parte significativa da riqueza e da informação do mundo (Hall, 1997).

Esses assentamentos confundem as distinções tradicionais entre cidade e zona rural, e entre cidades e subúrbios. Incluem, em descontinuidade espacial, áreas construídas de diferentes densidades, espaço aberto, atividades agrícolas, áreas naturais, extensões residenciais e uma concentração de serviços e atividades industriais, espalhados ao longo de eixos de transporte compostos de autoestradas e sistemas de trânsito de massa. Não há um verdadeiro zoneamento — locais de trabalho, de residência e áreas comerciais estão dispersos em várias direções. Além disso, embora essas regiões gravitem em geral em torno de uma grande cidade central, centros urbanos menores vão sendo gradualmente absorvidos em redes intrametropolitanas. Novos nós emergem constantemente à medida que certas áreas concentram atividades comerciais/industriais descentralizadas de suas localizações anteriores. Outras localidades crescem em seu papel de provedoras de serviços para a população metropolitana em geral. Essa estrutura regional metropolitana é inteiramente dependente de transporte e comunicações. E os sistemas de comunicação e informação são organizados pela Internet e em torno dela. O trabalho à distância, a partir de casa, ou entre locais espacialmente separados, aumenta consideravelmente — mas não na forma prevista pelos futurólogos. Em vez do teletrabalho, estamos observando o surgimento de uma mobilidade metropolitana multimodal. Passo a desenvolver esta ideia fundamental.

Teletrabalho, televida e os novos padrões de mobilidade urbana

Supunha-se que o trabalho a partir da cabana eletrônica seria o precursor de um novo tipo de assentamento humano, com os locais de trabalho desaparecendo e os lares se transformando no centro de uma atividade multifuncional. Na verdade, o teletrabalho não é uma prática disseminada e o trabalho feito a partir de casa é apenas parcialmente relacionado com a Internet. Assim, nos EUA, supostamente a área mais avançada do mundo em termos de flexibilidade dos padrões de trabalho, em 1997 estimava-se que somente 6,43% da força de trabalho trabalhavam em casa em bases regulares, com 47% deles trabalhando em média 15 horas por semana, e os demais cerca de 23 horas por semana (US Bureau of Labor Statistics, elaborado por Zayas, 2000). Ademais, apenas uma fração desses trabalhadores trabalhava predominantemente a partir de casa, e muitos não usavam computadores. Numa série de estudos realizados por Mohktarian e por Handy na década de 1990 (Mohktarian, 1991, 1992; Mohktarian, Handy e Salomon, 1995) foi demonstrado que a percentagem da força de trabalho que trabalhava a partir de casa num dado dia na Califórnia era, em média, menos de 2%. De fato, um levantamento nacional feito em 1991 sobre o trabalho em casa nos EUA constatou que menos da metade dos que trabalhavam a partir de casa usavam computadores; o resto trabalhava com um telefone, caneta e papel (Mohktarian, 1992, p.12). Um levantamento de 1993 realizado pela Link Resources nos EUA estimou em 6,1% a proporção de trabalhadores americanos trabalhando a partir de casa, mas na média só o faziam um ou dois dias por semana. Um levantamento feito em 1999 pela Pratt Associates nos EUA estimou a percentagem dos que trabalhavam em casa em cerca de 10%, mas esse trabalho se limitava a nove dias por mês em média (relatado por Zayas, 2000).

Numa das análises mais abrangentes do fenômeno, Gillespie e Richardson (2000) analisaram dados sobre teletrabalho, local de trabalho, teleserviços e deslocamento metropolitano numa perspectiva comparativa, comparando o Reino Unido com outros países europeus e com os EUA. Em conformidade com outros pesquisadores sobre teletrabalho, eles começaram distinguindo vários tipos de trabalho à distância, depois reviram os dados para cada forma de atividade. Verificaram que o trabalho eletrônico em casa era limitado em todos os contextos, e em geral de tempo parcial, tomando um ou dois dias por semana. A maior parte dos que fazem trabalho eletrônico em casa ainda precisa se deslocar para seu escritório na maioria dos dias. Alguns estudos sugerem que as viagens economizadas com o trabalho em casa seriam feitas em transportes públicos, não em automóveis. De fato, outros estudos parecem indicar que o teletrabalho aumenta o uso do automóvel, porque o torna disponível para outros membros da família e porque reduz o "encadeamento", isto é, o processo pelo qual as pessoas deixam as crianças na escola e apanham as compras da mercearia a caminho do trabalho. A possibilidade de trabalhar em casa em tempo parcial, particularmente para a força de trabalho profissional, leva a moradias situadas mais longe dos locais de trabalho, aumentando assim a distância daqueles deslocamentos que continuam necessários. Assim, acima de tudo, o estudo de Mahktarian, Handy e Salomon (1991) mostrou que nos EUA, para os que trabalham em casa uma média de 1,2, dia por semana, telecomunicando-se com o escritório, a redução de quilômetros viajados por veículo era menor que 0,51%. Gillespie e Richardson (2000) estimam que no Reino Unido a redução é provavelmente menor.

Há, contudo, outras formas de trabalho à distância, com base na Internet, que têm importantes consequências espaciais. Um é o desenvolvimento de escritórios remotos, ou "centro de chamadas" (*call centers*), situados na periferia de áreas metropolitanas. Em vez de levar equipamentos sofisticados de telecomunicações para as casas de seus trabalhadores, companhias constroem "centros de chamadas" e centros de processamento de dados que concentram trabalhadores mas difundem as chamadas que recebem por todo o país e por todo o mundo. Muitos desses centros, por exemplo na Grã-Bretanha, estão situados em áreas de baixo custo, geralmente servidos por empregadas que moram nos subúrbios ou pequenas cidades na área de influência de grandes cidades (como Edimburgo, Glasgow, Leeds, que vêm atraindo serviços de telebanco). As razões para a concentração do trabalho nesses telecentros ligam-se principalmente a procedimentos administrativos, mas não se relacionam necessariamente ao desejo de controlar o trabalhador. De fato, num sistema inteiramente computadorizado, seria fácil monitorar constantemente a atividade do trabalhador. Mas o que a administração da informação exige é, na verdade, o oposto: dar aos trabalhadores toda a iniciativa com que possam lidar, sob condições definidas e organizadas pela administração. Transmissão informal de informação, conhecimento tácito da companhia, dinâmica de grupo e economias de escala para equipamento avançado de telecomunicações parecem estar entre os elementos-chave subjacentes ao crescimento dessas "fábricas de comunicação eletrônica" que se tornam uma nova forma de local de trabalho na economia da Internet.

Numa impressionante manifestação da nova concentração espacial das operações de negócios telecomunicadas, houve um *boom* dos "hotéis de telecomunicação" no centro de Los Angeles no final da década de 1990. Aproveitando o espaço deixado vazio pelos escritórios no centro, em consequência da crise da economia de Los Angeles em 1990-4, firmas especializadas em telecomunicações e transferência de dados relacionada à Internet ocuparam prédios comerciais e históricos para fornecer o uso de equipamento de telecomunicações a dúzias de firmas. Isso criou um agrupamento do que alguns observadores chamam de "fábricas de telecomunicações", levando a um deslocamento de moradores, negócios e comodidades culturais (Horan, 2000, p.4).

Outro desenvolvimento importante é o teletrabalho móvel, que está prestes a crescer espetacularmente com a explosão do acesso à Internet sem fio (WAP) e móvel. Profissionais passam cada vez mais tempo no campo, relacionando-se com seus clientes e sócios, viajando pela área metropolitana, pelo país e pelo mundo, mantendo ao mesmo tempo contato com seu escritório via Internet e telefones móveis (Kopomoa, 2000). Atualmente as companhias estão reduzindo os serviços de escrivaninha de seus empregados, de modo que usem o espaço apenas quando ele é de fato necessário. Assim, o modelo emergente de trabalho não é o teletrabalhador em casa, mas o trabalhador nômade e o "escritório em movimento".

O que a Internet torna possível é uma configuração múltipla dos espaços de trabalho. Em sua esmagadora maioria, as pessoas têm locais de trabalho onde vão regularmente. Mas muitos também trabalham a partir de casa (não em vez de seu local de trabalho usual, mas além dele), trabalham de seus carros, trens e aviões, de seus aeroportos e hotéis, durante suas férias e à noite — estão sempre disponíveis, enquanto seus bipes e telefones móveis nunca param de tocar. A individualização dos arranjos de trabalho, a multilocalização da atividade e a possibilidade de conectar tudo isso em torno do trabalhador individual inauguram um novo espaço urbano, o espaço da mobilidade infinita, um espaço feito fluxos de informação e comunicação, administrado em última instância com a Internet.

O quadro se torna ainda mais complexo se, além de serviços profissionais, introduzimos a administração da vida cotidiana, do telebanco às telecompras. Os lugares não desaparecem, as pessoas continuam indo fazer compras no shopping center — depois de verificar opções e preços na Internet, ou vice-versa. Isso, por sua vez, aumenta, não diminui, as necessidades de mobilidade e transporte. Resumindo seus achados, Gillespie e Richardson (2000, p.242) escrevem:

> O cenário da "demanda reduzida de viagem"... pode ser decididamente enganoso ... Não só as tecnologias de comunicação estão expandindo os "espaços de atividade" em que o trabalho tem lugar, aumentando a distância das viagens, como, além disso, os padrões de viagem associados a novos modos de trabalhar estão se tornando mais difusos e menos nodais, e por isso mais dificilmente realizáveis por

transporte público. Esse efeito é exacerbado por companhias que ajustam suas instalações para acomodar mais eficazmente novas maneiras de trabalho, provocando uma redução da demanda de escritórios no centro da cidade e um aumento da demanda de espaço de escritórios em ambientes de conjuntos de escritório na periferia com altos níveis de acessibilidade ao sistema de vias expressas. Ao mesmo tempo, a substituição do atendimento face a face pelo atendimento telemediado nos serviços bancários e outros pode vir solapar ainda mais o papel dos centros e das ruas principais das cidades, à medida que agências são fechadas e clientes passam a ser atendidos a partir de grandes centros de teleserviços, eles próprios geralmente situados em conjuntos de escritórios na periferia ... O teletrabalho e as teleatividades são, portanto, mais bem-compreendidos não como desenvolvimentos que eliminam a demanda de mobilidade, mas sim como formas do que seria adequado descrever como "hipermobilidade".

Portanto, as regiões metropolitanas na Era da Internet caracterizam-se, simultaneamente, pela dispersão e pela concentração espacial, pela mistura de padrões de uso da terra, pela hipermobilidade e a dependência das comunicações e dos transportes, tanto intrametropolitanos quando internodais. O resultado é um espaço híbrido, feito de lugares e fluxos: um espaço de lugares interconectados.

Locais de moradia no espaço dos fluxos: a e-topia de William Mitchell

Por alguns parágrafos, vou quebrar uma regra básica que sigo na maioria dos meus textos. Vou explorar algumas das implicações futuras de nosso ambiente de vida moldado pelas tecnologias da informação em desenvolvimento. Farei isso baseando-me na análise de William Mitchell. Em geral desconfio de visões do futuro. Mas o conhecimento que Mitchell tem do assunto é tão profundo, e ele é tão cuidadoso ao situar a previsão tecnológica na complexidade de interações sociais e culturais, que relatando sua análise espero acrescentar uma nova dimensão à compreensão das transformações espaciais associadas com a ascensão da Internet e sua futura expansão como um ambiente de comunicações (Mitchell, 1999, comunicação pessoal, 2001).

As tendências na relação entre arquitetura, planejamento e tecnologia parecem estar se movendo na direção da construção de "ambientes inteligentes". Trabalhos em curso no Media Lab do MIT, particularmente o desenvolvido por Joe Jacobson, centram-se em materiais sensíveis a estímulos elétricos, de modo que nosso ambiente cotidiano poderia ser feito de sensores que nos cercariam como pigmento na parede. Naturalmente, isso se estende também a nossas roupas, nossos carros, nossos objetos e nossos ambientes de trabalho. Tecnologias de interconexão do tipo Jini permitiriam a esses objetos comunicarem-se entre si, e conosco por solicitação nossa, num ambiente flexível de informação. Eu acrescentaria de minha parte que a tecnologia "Blue Tooth" introduzida pela Nokia/Ericsson em 2000 pode aperfeiçoar essa rede de constante interconexão de nossos objetos diários. A Internet de banda larga, sempre conectada, e o acesso móvel a ela podem nos ligar permanentemente com nosso ambiente doméstico e com o mundo em geral. A casa conectada pode ser necessária para o manejo da diversidade de tarefas/experiências que provavelmente terão lugar nela. A casa não se transforma no local de trabalho, e em muitos caso é o local de trabalho que pode ganhar um aspecto de casa para profissionais pouco sociáveis, solitários, como Arlene Hochschild (1997) constatou em sua pesquisa com funcionários de uma grande empresa. O lar, contudo, torna-se multidimensional, e precisa apoiar uma diversidade de experiências, funções e projetos para uma família cujos membros têm crescente diversidade de interesses. Como Mitchell (1999, p.22-3) escreve:

> Isto não significa que nos tornaremos em geral teletrabalhadores em tempo integral, permanecendo em casa, e que locais de trabalho tradicionais — em particular escritórios no centro da cidade — vão simplesmente desaparecer. Apesar de décadas de interesse na possibilidade do teletrabalho, há pouca evidência de que ele vá se tornar tão dominante. Mas veremos certamente horários e padrões espaciais de trabalho cada vez mais flexíveis, e muitas pessoas dividirão seu tempo, em diferentes proporções, entre tipos tradicionais de locais de trabalho, ambientes de trabalho *ad hoc* que servem enquanto eles estão em trânsito, e locais de trabalho em casa eletronicamente equipado ... Não teremos um mundo em que não há mais "aquele lugar" ... De fato, será exatamente o contrário. Tiraremos cada vez mais proveito da tecnologia digital de telecomunicações, para permanecer em contato mais estreito com lugares particularmente significativos para nós, quando viajamos. Continuará havendo um lugar que chamamos de "lar".

E esse lar terá seu *genius loci* (o gênio do lugar), uma intranet que conectará dispositivos equipados com sensores e um software potente, capaz de responder às necessidades dos que moram no lugar, "focalizando recursos globais em tarefas locais". As construções desenvolverão sistemas eletrônicos de rede, conectando-se umas com as outras e com cada unidade na construção. As implicações para o planejamento e o zoneamento são consideráveis, a começar pelo fim da distinção entre funções residenciais e de trabalho numa dada área espacial. De fato, o South of Market de São Francisco e o South of Houston de Nova York caracterizam-se como espaços de residência/trabalho que reconstroem a unidade da experiência da era pré-industrial, estando ao mesmo tempo ligados ao mundo via Internet. Os projetistas urbanos sentem-se particularmente inspirados pela rica textura potencial desse espaço de usos mistos e atividade multidimensional.

Na verdade, o desafio para arquitetos e planejadores urbanos é como evitar o isolamento, como reintegrar a autossuficiência de espaços individualizados com a experiência compartilhada de lugares comuns em que a vida urbana continuará se baseando. Como Mitchell (2000, p.82) escreve: "Para arquitetos e planejadores urbanos, a tarefa complementar é criar um tecido urbano que proporcione a grupos sociais oportunidades de se cruzar e sobrepor, em vez de permanecer isolados pela distância ou barreiras de defesa — o laptop na mesa, na varanda do café, em vez do computador pessoal no condomínio gradeado.

As cidades enfrentam um desafio: ao longo de toda a história elas foram formas socioespaciais capazes de articular comunicação sincrônica e assincrônica, o processo essencial de transformar informação em tomada de decisão. A Internet substitui essa função. Assim, as atividades baseadas no lugar, em que as cidades se fundam, precisam competir acrescentando valor a experiências face a face que só podem ter lugar em cidades. Disto se segue que o espaço público e a monumentalidade (museus, centros culturais, arte pública, ícones arquitetônicos) desempenharão um papel decisivo na demarcação do espaço e na facilitação da interação significativa. De que modo essas permutas entre fluxos eletrônicos e lugares urbanos se traduzem em formas espaciais é uma questão em grande parte contingente, dependendo da história, da cultura e das sociedades: "É um erro generalizar demais, como gurus futuristas vêm tendendo a fazer. As diversas formas arquitetônicas e urbanas do futuro refletirão certamente os equilíbrios e combinações de modos de interação que vêm a funcionar melhor para pessoas particulares que, em momentos e lugares particulares, encaram sua própria circunstância específica dentro de uma nova economia da presença" (Mitchell, 1999, p.144).

Com base na teoria de Mitchell, Thomas Horan relatou o desenvolvimento de novas formas de planejamento arquitetônico, urbano e metropolitano que tratam de maneira funcional e simbólica a especificidade desses novos "locais fluidos". Refere-se com isso à "necessidade de planejamento local para lidar com a fluidez espacial sem precedentes que temos hoje para levar a cabo atividades diárias em qualquer lugar e a qualquer hora" (Horan, 2000, p.13). Ele examina várias experiências de planejamento nos Estados Unidos e na Europa, de residências a bibliotecas públicas e redes comunitárias, que mostram o surgimento de um espaço híbrido de lugares urbanos e redes eletrônicas cuja compreensão e tratamento formam a nova fronteira do planejamento arquitetônico e urbano. De fato, como Mitchell (2000, p.155) conclui: "O poder do lugar ainda prevalecerá ... Ambientes físicos e cenários virtuais funcionarão de maneira interdependente e na maioria das vezes se complementarão mutuamente dentro de padrões transformados de vida urbana, em vez de serem substituídos dentro de padrões existentes. Algumas vezes usaremos redes para evitar ir a lugares. Outras, porém, continuaremos indo a lugares para nos interconectar."

Nem todos, porém, parecem estar sendo convidados para o espaço novo e significativo prometido pela Era da Internet, porque as cidades de nosso tempo estão sendo cada vez mais segregadas pela lógica de redes fragmentadoras.

Cidades duais e nós globais: redes fragmentadoras

O que caracteriza a lógica de interconexão embutida na infraestrutura baseada da Internet é que os lugares (e as pessoas) podem ser tão facilmente desligados quanto podem ser ligados. A geografia das redes é uma geografia tanto de inclusão quanto de exclusão, dependendo do valor atribuído por interesses socialmente dominantes a qualquer lugar dado. Numa investigação pioneira, Stephen Graham e Simon Marvin (2001) mostraram que as redes da infraestrutura urbana estão fragmentando áreas urbanas no mundo todo, em países desenvolvidos e em desenvolvimento. Infraestruturas urbanas construídas com base no princípio do serviço universal formam a pedra angular da urbanização moderna, sendo subjacentes à formação de cidades industriais como sistemas social e funcionalmente integrados. Durante a década de 1990, a liberalização, a privatização e a desregulação, de par com a rápida mudança tecnológica e a globalização dos investimentos, inverteram a tendência histórica, diversificando a infraestrutura urbana com base em capacidade de mercado, prioridades funcionais, privilégios sociais e escolhas políticas. Graham e Marvin documentam a crescente especialização e segmentação da infraestrutura no fornecimento de água e energia, transportes (estradas, ferrovias, aeroportos, trânsito de massa) e nas telecomunicações.

Os usos da Internet dependem não só da conectividade como da qualidade na conexão. Linhas telefônicas-padrão não são suficientes para transportar e distribuir o potencial da comunicação baseada na Internet. A competição de mercado e a desregulação criaram, pelo mundo todo, diferenças extraordinárias entre as cidades, e dentro delas, na capacidade de se interconectar com eficiência. Redes de fibra óptica e sistemas avançados de telecomunicação tornaram-se uma condição necessária para a competição entre cidades na economia global. Assim, no mundo inteiro, áreas-chave de negócios estão sendo dotadas de equipamentos de telecomunicação de ponta, formando o que Graham e Marvin chamam de os "nós globais"; isto é, áreas específicas que se conectam com áreas equivalentes em qualquer lugar do planeta, ao mesmo tempo em que estão frouxamente integradas, ou não integradas em absoluto com a hinterlândia que as cerca. Eles citam o caso das "novas cidades na cidade", enclaves de desenvolvimento de Bangcoc, bem como o supercorredor de multimídia na Malásia. Eu mesmo poderia acrescentar o desenvolvimento da Nova Faria Lima na periferia de São Paulo, que assume a dianteira, como o nó global do Brasil, sobre o decadente centro da cidade e a antiga concentração de negócios ao longo da Avenida Paulista. Ou o desenvolvimento de Pudong, separada pelo rio do centro de Xangai, um gigantesco complexo de negócios organizado em torno de sistemas avançados de telecomunicação e consideravelmente isolado de boa parte da atividade que tem lugar na tumultuada metrópole chinesa.

Mas essa "glocalidade" não está confinada ao mundo em processo de industrialização. Graham e Marvin descrevem como a City de Londres instalou nos últimos anos a mais avançada infraestrutura de telecomunicações na Europa, com pelo menos seis redes de fibras ópticas superpostas. Ou então o novo centro global de negócios de Lima, na área de San Andres, cujo papel determinante e impacto segregador sobre o crescimento metropolitano de Lima foi documentado por Miriam Chion (2000). Quanto a Graham e Marvin (2001), a análise que fazem de uma dessas redes de telecomunicação na City de Londres, operada pela COLT, uma empresa de telecomunicações, mostra a concentração de sua capacidade de transporte no distrito financeiro, com extensões granulares mais amplas chegando até o West End e aos novos espaços de negócios nos Docklands. Outra rede londrina, construída pela WorldCom, com apenas 180km de fibra óptica dentro da City de Londres, já conseguira em 1998 20% de todo o tráfego internacional de telecomunicações do Reino Unido. Schiller (1999) documenta desenvolvimentos semelhantes no Reino Unido e nos Estados Unidos, e Kiselyova e Castells (2000) encontraram um padrão análogo na reestruturação das telecomunicações russas na década de 1990.

Em geral, há uma tendência global à construção de infraestruturas de telecomunicação voltadas para um objetivo particular, que contornam o sistema telefônico geral, ligando diretamente os principais centros de negócios que geram e consomem uma proporção esmagadora do tráfego de dados pela Internet. Redes da Internet segmentam também cidades em termos do poder de compra atribuída a cada área por uma pesquisa de mercado. Nos Estados Unidos, em meados da década de 1990, cerca de 86% da capacidade de entrega de dados da Internet estavam concentrados nos subúrbios afluentes e nos centros de negócios das vinte maiores cidades.

Redes fragmentadoras acentuam as tendências globais à segregação socioespacial em cidades do mundo todo, tendências cuja manifestação extrema é a profusão de comunidades protegidas por grades em muitos países do mundo, da Califórnia ao Cairo, de Johannesburg a Bogotá (Blakely e Snyder, 1997). De fato, Douglas Massey (1996) mostrou que o aumento da segregação espacial na década de 1990 deveu-se principalmente à separação espacial escolhida por grupos afluentes, que temem a cidade e a deixam. Nesse contexto, a Internet permite a enclaves afluentes segregados continuar em contato entre si e com o mundo, ao mesmo tempo em que rompem seus laços com o ambiente descontrolado que os cerca. O atraso da infraestrutura de telecomunicações de espaços desvalorizados reforça seu isolamento e cava as trincheiras de sua existência baseada no lugar. Um novo dualismo urbano está surgindo da oposição entre o espaço de fluxos e o espaço de lugares: o espaço de fluxos, que conecta lugares à distância com base em seu valor de mercado, sua seleção social e sua superioridade infraestrutural; o espaço de lugares, que isola pessoas em seus bairros em decorrência de suas chances exíguas de acesso a melhores locais (por causa de barreiras de preço), bem como à globalidade (por causa da falta de conectividade adequada). Isso é, contudo, apenas uma tendência estrutural, porque as pessoas reagem efetivamente contra sua exclusão e afirmam seus direitos e valores, muitas vezes usando a Internet para resistência e em apoio a seus projetos alternativos, como analisei no Capítulo 6. Entretanto, na ausência de mobilização social e de políticas norteadas pelo interesse público, as redes fragmentadoras, consequência da desregulação excessiva das telecomunicações e da Internet, ameaçam contribuir para uma nova e fundamental clivagem social: a divisão digital global.

Apêndice: Metodologia e fontes para a construção dos mapas dos domínios e dos usuários da Internet

Os mapas dos usuários e dos domínios da Internet foram pesquisados, desenvolvidos e traçados por Matthew Zook, como parte de sua dissertação de doutorado na Universidade da Califórnia, em Berkeley (Zook, 2001a). Esses mapas são reproduzidos neste livro com o consentimento e o apoio de Matthew Zook. Meus mais profundos agradecimentos a ele por sua generosidade.

Mapas de domínios

O conjunto de dados para os nomes de domínio.com, .org, .net e .edu baseia-se numa tabulação conduzida por Matthew Zook em julho de 2000. Usa um programa utilitário da Internet conhecido como "whois", que devolve informação de contato para um domínio particular. Incluída nessa informação há um endereço para correspondência, nomes de contato com números de telefone e e-mails, a data em que o nome do domínio foi registrada, a última vez que foi atualizado e os servidores de nomes responsáveis pelo domínio.

A atribuição de códigos geográficos dos domínios eletrônicos de cidades fora dos EUA é feita através da formação de pares de país-cidade num banco de dados global de cidades. A localização de um domínio num país específico é quase 100% bem-sucedida e sua localização numa cidade específica tem cerca de 60% de sucesso. Essa taxa mais baixa de sucesso se deve em grande parte a um banco de dados incompleto das cidades do mundo. A atribuição de códigos geográficos dos domínios eletrônicos a áreas metropolitanas dos EUA baseou-se em códigos postais, e no uso de um código postal para a tabela de conversão MSA (Metropolitan Statistical Area, nome dado a áreas que podem abranger um ou mais condados).

O levantamento de julho de 2000 usou uma amostra aleatória de 4% de todos os nomes de domínio (tamanho da amostra = ~ 750.000). A amostra é obtida pela consulta a combinações aleatoriamente escolhidas de três dígitos, p.ex. def ou sxl, escolhendo-se depois aleatoriamente 15% dos domínios que começam com essa combinação. Como combinações de três dígitos não são geograficamente tendenciosas, isso fornece uma seleção aleatória para a determinação das localizações geográficas dos domínios. Já que esses números se baseiam em amostras, há um grau de erro associado a eles. Dado o grande tamanho da amostra, porém, esse erro é menor que 0,1%.

As contagens para os domínios de código de país, baseiam-se em estatísticas disponíveis na home page de cada registro de código de país e são suplementados por dados de DomainStats (http://www.domainstats.com/). Mais informação, análise e dados recentes sobre a geografia dos nomes de domínio estão disponíveis no website de Matthew Zook (http://www. zooknic.com/).

Mapas de usuários

A estimativa feita pela NUA do número de usuários da Internet em todo o mundo baseia-se na agregação de levantamentos devidos a uma variedade de fontes no mundo todo. Ver http://www.nua.ie/surveys/howãmanyãonline/methodology.html para mais detalhes.

Links de Leitura

ABRAMSON, B.D. (2000) "Internet globalization indicators", *Telecommunications policy*, 24, p.69-74.

AUDRETSCH, David B. e Feldman, Maryann P. (2000) "The telecommunications revolution and the geography of innovation", in James Wheeler, Yuko Aoyama e Barney Warf (orgs.), *Cities in the Telecommunications Age: The Fracturing of Geographies*. Londres: Routledge.

BALDASSARE, Mark (2000) *California in the New Millennium: The Changing Social and Political Landscape*. Berkeley, CA: University of California Press.

BLAKELY, Edward J. e Snyder, Mary G. (1997) *Fortress America: Gated Communities in the United States*. Washington, DC: The Brookings Institution.

BORJA, Jordi e Castells, Manuel (1997) *Local and Global: The Management of Cities in the Information Age*. Londres: Earthscan.

CASTELLS, Manuel (1989) *The Informational City*. Oxford: Blackwell.

______ (1996/2000) *The Rise of the Network Society*. Oxford: Blackwell.

______ e Hall, Peter (1994) *Technopoles of the World: The Making of Twenty-first Century Industrial Complexes*. Londres: Routledge.

CHION, Miriam (2000) "Globalization and localization in the transformation of metropolitan Lima in the 1990s", dissertação de doutorado inédita, University of California, Department of City and Regional Planning, Berkeley, Califórnia.

CUKIER, K.N. (1999) "Bandwidth colonialism? The implications of Internet infrastructure on international e-commerce", artigo apresentado na INET'99 Conference, 22-5 de junho, San Jose, Califórnia.

DANIELS, Peter W. (1993) *Service Industries in the World Economy*. Oxford: Blackwell.

DODGE, Martin e Shiode, Narushige (2000) "Where on earth is the Internet? An empirical investigation of the geography of the Internet real estate?", in James Wheeler,

Yuko Aoyama, e Barney Warf (orgs.), *Cities in the Telecommunications Age: The Fracturing of Geographies*, p.42-53. Londres: Routledge.

FREIRE, Mila e Stren, Richard (orgs.) (2001) *The Challenge of Urban Government: Policies and Practices.* Washington, DC: The World Bank Institute.

GARREAU, Joel (1991) *Edge City: Life on the New Frontier.* Nova York: Doubleday.

GILLESPIE, Andrew e Richardson, Ronald (2000) "Teleworking and the city: myths of workplace transcendence and travel reduction," in James Wheeler, Yuko Aoyama e Barney Warf (orgs.), *Cities in the Telecommunications Age: The Fracturing of Geographies*, p.228-48. Londres: Routledge.

GRAHAM, Stephen e Marvin, Simon (1996) *Telecommunications and the City.* Londres: Routledge.

______ (2001) *Splintering Urbanism: Networked Infrastructures, Technological Mobilities, and the Urban Condition.* Londres: Routledge.

GUPTA, Anil K. e Sapienza, Harry J. (1992) "Determinants of venture capital firms' preferences regarding the industry diversity and geographic scope of their investments", *Journal of Business Venturing,* 7, p.347-62.

GUPTA, Udayan (org.) (2000) *Done Deals: Venture Capitalists Tell their Stories.* Boston, MA: Harvard Business School Press.

HALL, Peter (1997) *Megacities in Europe.* Amsterdã: University of Amsterdam, Center for Metropolitan Studies, Megacities Lectures Series.

______ (1998) *Cities in Civilization.* Nova York: Pantheon.

HARVARD Design Magazine (2000) *Sprawl and Spectacle,* edição especial. Cambridge, MA: Harvard Graduate School of Design.

HOCHSCHILD, Arlene R. (1997) *The Time Bind: When Work Becomes Home and Home Becomes Work.* Nova York: Metropolitan.

HORAN, Thomas A. (2000) *Digital Places: Building our City of Bits.* Washington, DC: The Urban Land Institute.

KISELYOVA, Emma e Castells, Manuel (2000) "Russia in the Information Age", in Victoria Bonnell e George Breslauer (orgs.), *Russia in the New Century,* p.126-57. Boulder, CO: Westview.

KOPOMOA, Timo (2000) *The City in your Pocket: Birth of the Mobile Information Society.* Helsinki: Gaudeamus.

KOTKIN, Joel (2000) *The New Geography: How the Digital Revolution is Reshaping the American Landscape.* NovaYork: Random House.

KUNTSLER, James H. (1993) *The Geography of Nowhere.* Nova York: Simon and Schuster.

LEYSHON, Andrew e Thrift, Nigel (1997) *Money/Space: Geographies of Monetary Transformation.* Londres: Routledge.

LO, Fu-chen e Yeung, Yue-man (orgs.) (1996) *Emerging World Cities in the Pacific Asia.* Tóquio: United Nations University Press.

MASSEY, Douglas (1996) "The age of extremes: concentrated affluence and poverty in the twentieth century", *Demography,* 33(4), p.395-441.

MICHELSON, Ronald L. e Wheeler, James O. (1994) "The flow of information in a global economy: the role of the American urban system in 1990", *Annals of the Association of American Geographers,* 84 (1), p.87-107.

MITCHELL, William J. (1995) *City of Bits.* Cambridge, MA: MIT Press.

______ (1999) *E-topia.* Cambridge, MA: MIT Press.

MOHKTARIAN, Patricia L. (1991) "Telecommuting and travel: state of practice, state of the art", *Transportation,* 18 (4), p.319-42.

______ (1992) "Telecommuting in the United States: letting our fingers do the commuting," *Telecommuting Review: The Gordon Report,* 9 (5).

______ , Handy, S.L. e Salomon, L. (1995) "Methodological issues in the estimation of the travel, energy, and air quality impacts of telecommuting", *Transportation Research,* 29A (4), p.283-302.

MOSS, Mitchell L. e Townsend, Anthony (2000) "How telecommunications systems are transforming urban spaces", in James Wheeler, Yuko Aoyama e Barney Warf (orgs.), *Cities in the Telecommunications Age: The Fracturing of Geographies,* p.228-48. Londres: Routledge.

QUARTERMAN, J. (1997) "Is '.com' primarily US or international?", *Matrix News,* 7, p.8-10.

SASSEN, Saskia (1991) *The Global City: London, Tokyo, New York.* Princeton, NJ: Princeton University Press.

SAXENIAN, Anna Lee (1994) *Regional Advantage.* Cambridge, MA: Harvard University Press.

SCHILLER, Dan (1999) *Digital Capitalism: Networking the Global Market System.* Cambridge, MA: MIT Press.

SCOTT, Allen e Soja, Edward (orgs.) (1998) *The City of Los Angeles and Urban Theory at the End of the Twentieth Century.* Berkeley, CA: University of California Press.

TOWNSEND, A. (2001) "Networked cities and the global structure of the Internet", *American Behavioral Scientist,* 44(10), junho.

WALDINGER, Roger (org.) (no prelo) *The New Urban Immigrants.*

WHEELER, James; Aoyama, Yuko e Warf, Barney (orgs.) (2000) *Cities in the Telecommunications Age: The Fracturing of Geographies.* Londres: Routledge.

ZAYAS, Madeleine (2000) "Telecommuting: myths and realities", Berkeley, CA: University of California, artigo de pesquisa inédito para seminário CP 229.

ZOOK, M.A. (2000a) "Internet metrics: using hosts and domain counts to map the Internet globally", *Telecommunications Policy,* 24 (6/7).

______ (2000b) "The web of production: the economic geography of commercial Internet content production in the United States", *Environment and Planning A,* 32, p.411-26.

______ (2001a) "The geography of the Internet industry: venture capital. Internet start-ups, and regional development", dissertação de doutorado inédita, University of California, Department of City and Regional Planning, Berkeley, Califórnia.

______ (2001b) "Old hierarchies or new networks of centrality?: the global geography of the Internet content market", *American Behavioral Scientist*, 44(10).

e-Links

Cheswick, Bill e Burch, Hal (2000) "The geography of cyberspace directory: mapping the Internet", em www.cybergeography.org/mapping.html
Principais projetos de mapeamento da Internet.

Dodge, M. (1998-2001) *Atlas of Cyberspace*, em <www.cybergeography.org/atlas/>

Telegeography (2000) *Hubs and Spokes: A Telegeography Internet Reader*. Washington, DC: Telegeography Inc., em <www.telegeography.com>

www.zooknic.com
Pesquisa em andamento de Matthew Zook sobre a geografia da indústria da Internet.

www.domainstats.com
Atualizações do crescimento de nomes de domínio de código de país.

www.cybergeography.com
Mapas do ciberespaço.

www.alexa.com
Classificação mensal dos mil websites mais visitados.

www.mediametrix.com
Classificação mensal de websites.

www.nua.ie/surveys/howãmanyãonline/index.html
Estimativas estatísticas de usuários na Internet no mundo todo.

CAPÍTULO 9

A divisão digital numa perspectiva global

A centralidade da Internet em muitas áreas da atividade social, econômica e política equivale a marginalidade para aqueles que não têm acesso a ela, ou têm apenas um acesso limitado, bem como para os que são incapazes de usá-la eficazmente. Assim, não surpreende que a proclamação do potencial da Internet como um meio de liberdade, produtividade e comunicação venha de par com a denúncia da "divisão digital" gerada pela desigualdade a ela associada. A diferenciação entre os que têm e os que não têm Internet acrescenta uma divisão essencial às fontes já existentes de desigualdade e exclusão social, numa interação complexa que parece aumentar a disparidade entre a promessa da Era da Informação e sua sombria realidade para muitos em todo o mundo. No entanto, a questão aparentemente simples torna-se complicada a um exame mais atento. É realmente verdade que pessoas e países tornam-se excluídos por estarem desconectados de redes baseadas na Internet? Ou, ao contrário, é por estarem conectados que se tornam dependentes de economias e culturas, numa relação em que têm pouca chance de encontrar seu próprio caminho de bem-estar material e identidade cultural? Sob que condições, e para que objetivos, a inclusão/exclusão em/de redes baseadas na Internet se traduz em melhores oportunidades ou em maior desigualdade? E quais são os fatores subjacentes ao rito diferencial de acesso à Internet e à diversidade de seus usos? Tentarei enfrentar essas questões sob dois diferentes tópicos. Em primeiro lugar, examinarei os vários significados da divisão e sua interação com fontes sociais de desigualdade. Farei isso referindo-me à informação disponível sobre os Estados Unidos, embora tentando usá-la para sustentar implicações analíticas mais amplas. Em segundo lugar, examinarei a divisão numa perspectiva global, já que as diferenças no acesso à Internet entre países e regiões do planeta como um todo são tão consideráveis que podem realmente modificar o significado da divisão e o tipo de questões a discutir.

Dimensões da divisão digital

Em seu significado usual, "a divisão digital" diz respeito à desigualdade de acesso à Internet. Como discuto abaixo, o acesso por si só não resolve o problema, mas é um pré-requisito para a superação da desigualdade numa sociedade cujas funções e grupos sociais dominantes organizam-se cada vez mais em torno da Internet.

Ilustrarei esta análise com dados relativos aos EUA porque há uma boa fonte estatística que analisou o acesso diferencial à Internet desde 1995: o levantamento de uma amostra representativa da população norte-americana conduzido pela National Telecommunications and Informatian Administration (NTIA), do Departamento de Comércio dos EUA (quatro relatórios em 1995, 1998, 1999, 2000; ver NTIA, 1999, 2000). Em agosto de 2000, para a população a partir de três anos, 41,5% das famílias e 44,4% dos indivíduos nos Estados Unidos tinham acesso à Internet, com 51% das famílias tendo computadores em casa. Ainda havia, contudo, consideráveis diferenças no acesso à Internet para vários grupos sociais. Usarei os dados relativos a indivíduos, a menos que indique outra coisa, porque, dadas as tendência tecnológicas atuais ao acesso ubíquo à Internet, os indivíduos são a unidade-chave de cômputo para usos futuros da Internet.

Em termos de renda, enquanto 70,1% das pessoas que ganhavam 75.000 dólares ou mais por ano tinham acesso à Internet, a percentagem era 18,9% para os que ganhavam menos de 15.000, 18,4% para aqueles cuja renda se situava entre 15.000 e 24.999, e 25,3% para aqueles que ganhavam entre 25.000 e 34.999. A educação também importa: entre pessoas com curso superior ou mais elevado, 74,5% tinham acesso à Internet, mas a proporção caía para 30,6% entre os que tinham o ensino médio e para 21,7% entre os que não tinham concluído o ensino médio. Havia também uma divisão etária: somente 29,6% das pessoas com mais de 50 anos tinham acesso, em contraste com 55,4% para o grupo etário 25-49, 56,8% para o grupo 18-24, e 53,4% para o grupo 9-17. Assim, os adolescentes, como um grupo, tinham quase duas vezes mais acesso que indivíduos com mais de 50 anos. A não inclusão na força de trabalho era também um importante fator discriminador na redução do acesso à Internet: 29% em contraste com 56,7% registrados entre indivíduos empregados.

A divisão étnica continuava sendo indicativa do fato de que a Era da Informação não é cega para cores, apesar das declarações otimistas: 50,3% dos brancos e 49,4% dos asiático-americanos tinham acesso à Internet, mas somente 29,3% dos afro-americanos e 23,7% dos hispânicos o tinham. Deve-se observar aqui que os dados para famílias mostram um acesso desigual similar ao revelado pelos dados para indivíduos, mas as famílias afro-americanas têm um limiar de acesso ainda mais baixo que os indivíduos (com 23,5%), a razão disso sendo que afro-americanos tinham algum grau de acesso no trabalho. Por outro lado, as famílias asiáticas tinham a mais alta percentagem de acesso à Internet, com 56,8%, muito acima dos 46,1% para as famílias brancas. Além disso, mesmo para famílias com renda inferior a 15.000 dólares, mais de 33% dos asiático-americanos estavam conectados à Internet, acima de famílias brancas e em acentuado contraste com afro-americanos (6,4%) e hispânicos (5,2%) no mesmo grupo de renda. A composição da família e uma forte ênfase na educação dos filhos pelas famílias asiáticas americanas podem ser fatores responsáveis por esse diferencial. Famílias minoritárias com alto nível educacional, e aquelas situadas nos grupos mais elevados de renda, têm níveis de acesso muito maiores (70,9% para afro-americanos e 63,7% para hispânicos), mas ainda menores que os de grupos similares de brancos e asiático-americanos. A disparidade entre asiático-americanos e brancos, por um lado, e afro-americanos e hispânicos por outro, mantém-se em todos os níveis de renda e educação. Assim, depois de ajustamentos para educação e rede, cerca da metade da disparidade no acesso permanece para afro-americanos e hispânicos. Quanto à disparidade por gênero, em agosto de 2000 ela praticamente desaparecera nos Estados Unidos em termos de acesso: entre indivíduos, 44,6% dos homens e 44,2% das mulheres eram usuários da Internet. Na verdade, outros levantamentos indicam que nos Estados Unidos, em 2000, havia mais mulheres que homens na Internet e elas passavam mais tempo on-line do que eles.

Usando dados relativos às famílias, três outras fontes de diferenças na Internet aparecem. Um é o status familiar: os domicílios não familiares (solteiros ou separados) são os que têm menor probabilidade de ter acesso à Internet (28,1% em contraste com 60,6% para casais casados com filhos), embora famílias chefiadas por mulheres com filhos estejam também em desvantagem (30%). A segunda fonte de divisão diz respeito à geografia: áreas urbanas têm maior probabilidade de ter acesso à Internet, contradizendo as previsões dos futurólogos sobre a cabana eletrônica: 38,9% das famílias rurais tinham acesso em 2000, 2,6 pontos percentuais abaixo da média nacional. A terceira divisão refere-se a deficiências físicas. Com base num levantamento especial conduzido em 1999, a NTIA relatou que, enquanto 43,3% das pessoas sem deficiências não tinham acesso à Internet (seja de casa ou de outro lugar), essa proporção alcançava 71,6% para pessoas com alguma deficiência, 78,9 para pessoas com problemas de visão e 81,5% para as que tinham dificuldade de locomoção. Entretanto, a disparidade entre os que tinham e não tinham deficiências reduz-se quando os níveis de renda aumentam, embora se elevem com a idade. Mulheres com deficiência estavam também em desvantagem em relação aos homens. Em suma, na ausência de políticas corretivas, deliberadas, a deficiência física parece ser um obstáculo no acesso à Internet, em vez de ser uma condição que poderia se beneficiar dos usos potenciais da Internet para a superação de barreiras físicas.

Há também uma disparidade significativa no acesso à Internet para crianças de diferentes grupos de renda, e isso poderia ter consequências consideráveis para o futuro. Segundo um estudo distribuído pela Packard Foundation em 2001 (relatado por Lewin, 2001), a taxa de difusão da Internet entre as crianças norte-americanas foi extraordinariamente rápida na segunda metade da década de 1990: em 1996, menos de 50% das famílias com filhos entre 2 e 17 anos tinham um computador em casa, e só 15% tinham acesso a Internet. Em 2000, 70% das famílias tinham computadores e 52% estavam conectadas à Internet; 20% das crianças entre 8 e 16 anos tinham computadores em seus quartos e 11% tinham acesso à Internet desse local. No entanto, 91% das famílias com rendas superiores a 75.000 dólares ao ano tinham computadores em 2000, ao passo que a proporção caía para 22% para crianças cuja família tinha renda de menos de 20.000 dólares. Além disso, famílias de baixa renda tendiam menos a ter acesso à Internet, mesmo quando tinham computadores.

Para compreender a dinâmica do acesso diferencial, é necessário vê-lo numa perspectiva temporal; como o acesso evolui ao longo do tempo para grupos diferentes. Por razões de comparabilidade estatística, o relatório de 2000 da NTIA focaliza as mudanças ocorridas entre dezembro de 1998 e agosto de 2000. Como esse foi um período-chave na difusão do uso da Internet (aumentou de 32,7% para 44,4% dos indivíduos, e de 26,2% para 41,5% das famílias), a observação é significativa. O fato mais importante é que, com notáveis exceções, a maioria das disparidades está se reduzindo. As taxas de crescimento no uso da Internet são, de maneira quase sistemática, inversamente correlacionadas com o nível de penetração em cada grupo em 1998. Sem dúvida, quanto mais baixo o ponto de partida, maiores as chances estatísticas de uma taxa de crescimento mais elevada, mas se a tendência for extrapolada, as taxas de penetração convergiriam para a maior parte das categorias. Isso foi o que já ocorreu para homens e mulheres (taxa de crescimento de 30% para os homens, de 41% para as mulheres, levando a um nível similar de uso da Internet em 2000). O grupo de renda mais baixa elevou seu uso em 38% em contraste com 19% para o grupo de renda mais alta. Até a disparidade etária, supostamente enraizada na incapacidade de gerações mais velhas de se adaptarem a novas tecnologias, está encolhendo rapidamente, a taxa de crescimento do uso da Internet para indivíduos de mais de 50 anos sendo 53%, muito acima dos 35% registrados para o grupo etário principal (entre 25 e 49 anos) e duas vezes mais alto que a taxa para adolescentes. Além disso, indivíduos com mais de 50 anos tinham uma probabilidade quase três vezes maior de serem usuários da Internet se estivessem na força de trabalho. Em outras palavras, o que importa cada vez mais na determinação do acesso à Internet é menos uma questão de idade que a relação dos indivíduos com o trabalho, à medida que a Internet se torna uma ferramenta profissional indispensável. Outras fontes de acesso diferencial também parecem estar diminuindo. Assim, as áreas rurais, após um início lento, estão saindo do atraso rapidamente, com as famílias das áreas rurais aumentando seu acesso à Internet em 75% em 20 meses. A proporção de famílias com uma só figura parental com acesso à Internet também está aumentando rapidamente, e igualou-se à das famílias com duas figuras parentais nos níveis de renda mais altos. A conectividade entre famílias chefiadas por mulheres dobrou entre 1988 e 2000.

Portanto, no todo, a tendência geral parece ser o fechamento da defasagem no acesso à Internet. Mas há uma grande e significativa exceção a essa tendência: a disparidade étnica cada vez maior. Assim, por um lado, as taxas de crescimento no uso da Internet por grupo étnico foram 54% para afro-americanos e 43% para hispânicos, em contraste com 34% para brancos e 38% para asiático-americanos. Em consequência, ambos os grupos viram suas taxas de difusão para indivíduos aumentar substancialmente, de 19 para 29,3% entre afro-americanos e de 16,6% para 23,7% entre hispânicos. Contudo, apesar dessa taxa de difusão elevada, a discrepância entre as taxas de penetração da Internet nas famílias afro-americanas e em famílias brancas aumentou 4 pontos percentuais entre 1988 e 2000, resultando numa diferença de 22,6 pontos. A disparidade entre famílias brancas e hispânicas cresceu em 5,3 pontos percentuais. Assim, a desigualdade racial continua a ser a marca distintiva dos Estados Unidos, e talvez de outros países, na Era da Internet.

Mas como a desigualdade racial atua especificamente nas diferenças de acesso à Internet? Em vez de entrar numa elaboração, sempre suspeita, sobre diferenças culturais entre raças, os dados disponíveis comparando brancos com afro-americanos no uso da Internet sugerem algumas hipóteses (Hoffman e Novak, 1999). Os pesquisadores não encontraram quaisquer diferenças entre estudantes brancos e afro-americanos no modo como usam a web quando têm um computador em casa. Contudo, estudantes brancos sem computador em casa tendiam muito mais a usar a web em outros locais porque têm um âmbito maior de oportunidades de acesso. Por exemplo, escolas predominantemente brancas têm laboratórios de computação. Estudos mostraram também que afro-americanos e hispânicos tinham menos probabilidade de ter computadores em casa, depois de ajustes para renda e educação. Assim, menos probabilidade de ter um computador em casa, e menos oportunidades de acesso fora de casa, traduziam-se em acesso mais baixo à Internet. Se a posse de um computador em casa e a disponibilidade de seu uso fossem de fato os fatores decisivos subjacentes à divisão digital étnica, as tendências poderiam vir a mudar logo, por duas diferentes razões.

Primeiro, as diferenças em posse de computador entre grupos étnicos, embora ainda consideráveis, parecem ter se estabilizado entre 1998 e 2000: para famílias afro-americanas o diferencial com a média nacional mostrou um pequeno declínio, passando de 18,9 pontos percentuais para 18,4, e para os hispânicos cresceu ligeiramente, de 16,6 pontos percentuais para 17,3, em contraste com a disparidade crescente verificada durante a década de 1990. E à medida que os preços dos computadores caem, e mais aplicativos podem ser encontrados on-line, grupos minoritários e de baixa renda tendem a encontrar maiores incentivos e menores obstáculo à posse de um computador doméstico (Spooner e Rainie, 2000). Em segundo lugar, o declínio do computador pessoal, o desenvolvimento de outros meios tecnológicos de acesso à Internet a partir de aparelhos portáteis, o crescente acesso público em escolas, bibliotecas e centros comunitários e o uso generalizado da Internet no trabalho são tendências que parecem apontar para oportunidades mais amplas de acesso a um computador para minorias — uma barreira muito óbvia à entrada on-line. De fato, um levantamento feito em 2000 pelo Pew Internet and American Life Project, usando sua própria amostra da população norte-americana, encontrou uma redução na disparidade do acesso à Internet entre brancos e afro-americanos: enquanto em 1998 23% dos afro-americanos e 42% dos brancos estavam on-line, as respectivas percentagens em 2000 eram 36% e 50% (Spooner e Rainie, 2000).

Quanto aos hispânicos, além de problemas similares aos encontrados por afro-americanos, o problema da língua pode estar desempenhando um papel, em particular para aqueles imigrantes recentes com conhecimento limitado de inglês, uma vez que 87% dos websites global são unicamente em inglês. Por outro lado, a comunicação barata com seus países de origem pela Internet incentiva imigrantes recentes a estar on-line. A língua por si só não deveria ser um problema, já que a Internet é global e há uma abundância de possibilidades de navegação em espanhol (de fato, o número de páginas da web em espanhol está crescendo mais depressa que o de páginas em inglês). Estudos mostram, contudo, que as minorias tendem a usar a Internet sobretudo para assuntos práticos relacionados a procura de emprego, educação, saúde, informação e administração da vida cotidiana. Assim, para imigrantes, a língua inglesa dos websites dos EUA de que realmente precisam para sua vida no país pode ser um obstáculo. Apesar disso, como os hispânicos vêm crescendo em número, influência e poder de compra, a difusão de websites bilíngues na Internet nos EUA é apenas uma questão de tempo (Cheskin Research, 2000).

Em suma, no que diz respeito à experiência dos EUA, a Internet começou a partir de uma acentuada divisão no acesso, uma divisão que ainda permanece, exceto em termos de gênero, mas o hiato parece estar se fechando à medida que as taxas de difusão atingem a maioria da população. Com taxas projetadas de penetração de 63% dos americanos on-line em 2003, e mais de três quartos por volta de 2005, a divisão digital, em termos de acesso à Internet, será um problema do segmento mais pobre, mais discriminado da população — agravando assim sua marginalidade. Mas para a maioria das pessoas, inclusive a maioria dos indivíduos de grupos minoritários, o acesso à Internet tende a se tornar universal, assim como vemos substanciais divisões preexistentes (entre gêneros, entre áreas rurais e urbanas, entre grupos etários) desaparecer ou diminuir em apenas cinco anos.

Um processo semelhante parece estar ocorrendo em outros contextos. Para citar apenas um caso importante, o estudo da Internet russa por Kiselyova e Castells (2000) mostrou uma divisão significativa em termos de disparidade de idade, classe, gênero e territorial — com Moscou e São Petersburgo respondendo por cerca de dois terços dos usuários da Internet em meados da década de 1990. Contudo, as tendências em 1998-2000 parecem espelhar aquelas verificadas nos Estados Unidos, embora com taxas de penetração muito mais baixas, e com as desigualdades se reduzindo num ritmo mais lento. Por exemplo, a difusão da Internet nas regiões russas estava avançando rapidamente em 1998-2000, e os moscovitas haviam perdido sua esmagadora predominância na população dos usuários da Internet. De maneira semelhante, as mulheres russas estavam dando passos largos em sua presença on-line, à medida que o acesso se tornava mais disponível e o âmbito de aplicativos crescia.

Convém notar, no entanto, que em novembro de 2000, não só o mundo estava muito atrás dos Estados Unidos na difusão da Internet (com exceção da Escandinávia, do Canadá e da Austrália), como a divisão digital, medida em termos de acesso, era mais ampla na Europa que na América do Norte (novamente com exceção dos países da Europa do Norte). Assim, um levantamento conduzido pelo Pro Active Institute, e relatado pela NUA Surveys, mostrou uma média de 25% dos europeus on-line, em contraste com 53% para os EUA. Mas comparando-se os níveis de renda mais altos e mais baixos, as proporções relativas para os EUA eram 82% e 26%, enquanto para a Europa eram 51% e 7%. Também a idade discrimina muito mais na Europa, com 44% das pessoas com 55-64 anos estando on-line nos EUA em contraste com apenas 12% para o mesmo grupo etário na Europa. As mulheres tinham quase a mesma probabilidade de estar on-line que os homens nos EUA (52% para 55%), enquanto na Europa o hiato por gênero permanecia, com as mulheres ficando atrás dos homens por 20% para 35%. Além disso, houve uma grande diferença nacional na prática de acesso on-line entre a Europa do Norte e do Sul: o Reino Unido, a Alemanha e a Holanda tinham um nível de difusão equivalente a dois terços do verificado nos EUA, ao passo que a França, a Itália e a Espanha tinham menos de um terço do nível dos EUA.

O fato de, por toda parte, a ascensão da Internet ter ocorrido em condições de desigualdade social no acesso pode ter consequências duradouras sobre a estrutura e o conteúdo do meio, de maneiras que ainda não podemos compreender plenamente. Isso ocorre porque os usuários moldam a Internet numa medida ainda maior que qualquer tecnologia em razão da velocidade de transmissão de seu feedback e da flexibilidade da tecnologia. Assim, os primeiros usuários podem ter moldado a Internet para os que vieram depois, em termos tanto de conteúdo quanto de tecnologia, do mesmo modo que os pioneiros da Internet moldaram a tecnologia para as massas de usuários na década de 1990. À medida que a tecnologia de acesso se torna mais complexa, mais sofisticada (por exemplo, interface gráfica do usuário), ela pode desacelerar a taxa de adoção entre grupos de menor nível educacional. No entanto, enquanto o fio libertário que criou a Internet fornecia uma teia mundial de possibilidades (embora ao preço de algum elitismo cultural), é possível que os usos amplamente comercializados da Internet no final da década da 1990, seguindo um modelo de consumo e organização social ancorado nos grupos afluentes das mais avançadas sociedades ocidentais, tenham enviesado a prática da Internet de maneiras específicas, ainda por serem reveladas por investigação futura.

A nova divisão tecnológica

Assim que uma fonte de desigualdade tecnológica parece estar diminuindo, uma outra surge: o acesso diferencial a serviço de banda larga de alta velocidade (atualmente usando tecnologias como rede digital de serviços integrados (ISDN), linha de assinantes digital (DSL), modems de cabo, e, num futuro próximo, acesso sem fio à Internet (WAP), o qual, aliás, é em geral de banda estreita no momento em que escrevo). A velocidade e a largura da banda são, é claro, essenciais para o cumprimento da promessa da Internet. Todos os serviços e aplicativos projetados de que as pessoas realmente precisarão para seu trabalho e sua vida dependem do acesso a essas novas tecnologias de transmissão. Assim, é possível que, quando as grandes massas tiverem finalmente acesso à Internet por linha telefônica, as elites globais já tenham fugido para uma esfera mais elevada do ciberespaço. O relatório de 2000 da NTIA incluiu, pela primeira vez em seu levantamento anual da Internet, dados sobre o acesso a serviços de banda larga. Em agosto de 2000, apenas 10,7% das famílias on-line (representando 4,5% de todas as famílias norte-americanas) tinham acesso de banda larga, com as demais famílias on-line conectando-se com a Internet por serviço regular de linha telefônica. A maior parte das famílias conectadas por banda larga usava modems de cabo (50,8%) ou DSL (33,7%), ao passo que a conexão sem fio ou por satélite correspondia a 4,6%. A difusão do acesso de banda larga era, em termos gerais, acentuadamente diferenciada por renda, educação e etnia. Assim, enquanto 13,8% das famílias mais abastadas on-line têm acesso de banda larga, a taxa de penetração era de apenas 7,7% para o grupo mais pobre. Os asiático-americanos tinham a taxa mais alta (11,7%) seguidos pelos brancos (10,8%), afro-americanos (9,8%) e hispânicos (8,9%).

Duas interessantes observações merecem comentário. O grupo de renda mais baixa (abaixo de 5.000 dólares) exibiu uma percentagem relativamente alta de acesso de banda larga (9,9%). Segundo a NTIA, isso pode refletir a importância da banda larga para estudantes, que em geral têm baixo nível de renda, sublinhando o papel crítico do acesso de banda larga para a educação, embora outros analistas suspeitem de que isso está provavelmente ligado a compartilhamento não hierárquico de arquivos de música (Dutton, comunicação pessoal, 2001). O outro ponto diz respeito ao fato de que domicílios não familiares excederam a média nacional de penetração da banda larga por um ponto percentual inteiro (11,7%), em contraste com a classificação relativamente baixa dessa categoria em termos de acesso à Internet referentes a domicílios familiares. Isso pode refletir o fato de que os domicílios não familiares incluem tanto pessoas idosas, com menor tendência a se conectar à Internet, quanto pessoas mais jovens, solteiras, que, quando estão conectadas à Internet, interessam-se pelo novo e cada vez mais amplo âmbito de serviços que requerem a banda larga.

O custo mais baixo e a escolha tecnológica mais ampla do acesso de banda larga provavelmente aumentarão a proporção de famílias com acesso de banda larga nos próximos anos; projeções para os Estados Unidos situam em um terço a proporção das famílias que terão acesso rápido à Internet, em sua diferentes formas, até 2005.

Além disso, tecnologias de acesso à Internet, tanto via DSL quanto (na Europa) por UMTS (sistemas universais de telecomunicação móvel podem se desenvolver com base na assimetria entre emissão e recepção. Isto é, o acesso dos usuários aos provedores de serviços poderia ser rápido, mas a resposta poderia ser lenta. Isso resultaria não numa interatividade horizontal, mas numa forma atualizada de transmissão (Bernard Benhamou e Patrice Riemens, comunicações pessoais, 2001). Velocidades diferenciais poderiam ser reservadas para diferentes usos e usuários, com base nos protocolos da Internet, como 1vp6, levando em conta a discriminação tecnológica de várias formas de tráfego. Quanto mais a tecnologia da expedição se torna flexível, mais a diferenciação baseada no preço pode ser implementada, ampliando o alcance da desigualdade baseada na Internet.

A dianteira de que uma minoria de famílias afluentes está gozando nos usos e serviços fornecidos pela Internet poderá se provar uma fonte importante de desigualdade cultural e social no futuro, uma vez que as crianças da primeira geração da Internet crescerão em ambientes tecnológicos muito diferentes.

A disparidade de conhecimento

Vamos dar um passo adiante na exploração de dimensões menos óbvias da divisão digital. Se há um consenso acerca das consequências sociais do maior acesso à informação é que a educação e o aprendizado permanente tornam-se recursos essenciais para o bom desempenho no trabalho e o desenvolvimento pessoal. Embora aprendizado seja mais amplo que educação, as escolas ainda têm muito a fazer com relação ao processo de aprendizado. Em sociedades avançadas, elas estão se conectando rapidamente à Internet. Nos EUA, a percentagem de escolas públicas conectadas à Internet aumentou de 35% em 1994 para 95% em 1999, e chega a quase 100% em 2001. Mais significativamente, enquanto em 1994 somente 3% das salas de aula estavam conectadas à Internet, em 1999 o número era 63%. Em outras palavras, a Internet estava sendo rapidamente incorporada como uma ferramenta educacional por todo o sistema escolar, e pode-se supor com segurança que, nas sociedades avançadas, ela estará tão presente na sala de aula quanto o computador (em 1999, nos EUA, a proporção de estudantes por computador didático era aproximadamente seis). Contudo, Bolt e Crawford (2000), em seu estudo documentado sobre esse assunto, mostraram que a Internet e a tecnologia educacional em geral só são vantajosas quando os professores se mostram preparados. Sob esse aspecto, nos EUA como no mundo em geral, há uma demora considerável entre o investimento em hardware de tecnologia e em conectividade on-line por um lado e o investimento no treinamento de professores e pessoal das escolas para a tecnologia, por outro. No entanto, nos EUA, um estudo feito em 1997 pelo Departamento de Educação mostrou que a maioria dos professores não tivera educação ou treinamento no uso de tecnologia em seu ensino, e somente 15% relataram ter tido pelo menos nove horas de treinamento em tecnologia da educação em 1994.

Além disso, o aprendizado baseado na Internet não é apenas uma questão de competência tecnológica: um novo tipo de educação é exigido tanto para se trabalhar com a Internet quanto para se desenvolver capacidade de aprendizado numa economia e numa sociedade baseadas nela. A questão crítica é mudar do aprendizado para o aprendizado-de-aprender, uma vez que a maior parte da informação está on-line e o que é realmente necessário é a habilidade para decidir o que procurar, como obter isso, como processá-lo e como usá-lo para a tarefa específica que provocou a busca de informação. Em outras palavras, o novo aprendizado é orientado para o desenvolvimento da capacidade educacional de transformar em informação e conhecimento em ação (Dutton, 1999). O sistema escolar como um todo, seja nos EUA ou no mundo em geral, é, por tudo que se sabe, lamentavelmente inadequado para o uso dessa nova metodologia de aprendizado. Mesmo quanto dispõe da tecnologia, carece de professores capazes de usá-la com eficiência, além de pedagogia e organização institucional para estimular novas habilidades de aprendizado.

Como esse desequilíbrio educacional se relaciona com a divisão digital? Basicamente, em quatro níveis. Em primeiro lugar, como as escolas são territorial e institucionalmente (públicas/privadas) diferenciadas por classe e raça, há um fosso substancial entre elas em termos de tecnologia. Em segundo lugar, o acesso à Internet requer melhores professores, e no entanto a qualidade deles (malgrado sua motivação individual, muitas vezes grande nas escolas mais pobres) é desigualmente distribuída entre as escolas. Em terceiro lugar, a pedagogia diferencial das escolas põe em contraste aqueles sistemas que focalizam o desenvolvimento intelectual e pessoal da criança com aqueles essencialmente preocupados com a capacidade de manter a disciplina, "armazenar" crianças e "processá-las" até sua formatura. E esses estilos pedagógicos opostos tendem a se correlacionar com o status social da escola, e com a capacidade cultural e econômica que têm os pais para exercer pressão sobre as escolas. Não há dúvida de que sistemas escolares autoritários, como algumas escolas francesas tradicionais (particularmente aquelas exportadas para países estrangeiros), não se saem nada melhor que distritos escolares de classe baixa no tocante à supressão da iniciativa das crianças, a despeito da dose de "cultura elevada" que conferem. Em geral, contudo, escolas de classe alta e média tendem a ser mais abertas que escolas em áreas de baixa renda. Em quarto lugar, na falta de treinamento adequado dos professores, e de reforma pedagógica nas escolas, as famílias assumem grande parte da responsabilidade pela instrução dos filhos, ajudando-os no novo mundo tecnológico. Aqui o acesso à Internet em casa, e a presença de pais relativamente educados, com capacidade cultural para orientar os filhos (muitas vezes enquanto eles próprios aprendem os usos da Internet), faz uma diferença substancial.

O resultado cumulativo dessas diferentes camadas de desigualdade traduz-se em vastas diferenças nos efeitos do uso da Internet sobre o desempenho educacional. Embora estudos sobre a questão sejam raros e não permitam conclusões definitivas, é bem possível que, num contexto em que a capacidade de processar informação na e com a Internet se torne crucial, crianças de famílias em desvantagem fiquem muito atrás de seus colegas de classe com maiores habilidades de processamento de informação, obtidas graças à exposição a um ambiente familiar mais bem-educado (Gordo). Capacidades diferenciais de aprendizado, sob condições intelectuais e emocionais relativamente similares, estão correlacionadas com o nível cultural e educacional da família. Se essas tendências se confirmarem, na ausência de medidas corretivas, o uso da Internet, tanto na escola quanto na vida profissional, poderia ampliar as diferenças sociais enraizadas em classe, educação, gênero e etnia. Essa talvez seja a dimensão mais fundamental da divisão digital que está emergindo na aurora da Era da Internet.

A divisão digital global

A rápida difusão da Internet está ocorrendo de maneira desigual pelo planeta. Em setembro de 2000, de um total de cerca de 378 milhões de usuários da Internet (representando 6,2% da população do mundo), a fatia da América do Norte permanecia em 42,6%, e a da Europa ocidental em 23,8%, enquanto a Ásia representava 20,6% do total (incluindo o Japão), a América Latina 4%, a Europa oriental 4,7%, o Oriente Médio 1,3% e a África escassos 0,6% (com a maioria dos usuários na África do Sul) (NUA on-line surveys, 2000). Isto está, é claro, em acentuado contraste com a parcela da população do mundo que vive em cada uma dessas regiões. O nível de penetração da Internet para países individuais era incomparavelmente mais baixo no mundo em desenvolvimento: assim a Índia, apesar de tudo que se propala sobre sua indústria de alta tecnologia, e do crescimento substancial do número de usuários em 2000, ainda contava apenas 1,5 milhão de pessoas on-line, correspondendo a parcos 0,16% da sua população, em contraste com 41,5% das famílias nos EUA, 30,8% no Reino Unido e 24,7% da Alemanha. Em números absolutos, os EUA, com 139,6 milhões de pessoas tendo acesso on-line de casa, e o Japão com 26,3 milhões, eram os maiores participantes da sociedade da Internet. Assim, o mundo, a economia global e as redes de comunicação estão sendo transformados com a Internet e em torno dela, ignorando por enquanto a esmagadora proporção da população do planeta — mais de 93% no ano 2000. Na verdade, em 1999, mais da metade das pessoas no planeta nunca tinha dado ou recebido um telefonema, embora isso esteja mudando rapidamente.

No entanto, se considerarmos as tendências ao longo do tempo, surge um quadro mais complexo. Entre janeiro de 1997 e agosto de 2000, o número de usuários da Internet no mundo todo aumentou por um fator de quatro, e as porções de cada região do mundo mudaram substancialmente. A participação da América do Norte despencou, apesar da rápida difusão da Internet nos EUA e no Canadá, de 62,1% do total mundial para 42,6%. A maior parte das outras regiões exibiu um ganho considerável, tanto em números absolutos quanto em suas porções relativas: a Ásia aumentou de 14,2% para 20,6% do total mundial, e está em vias de alcançar o nível da União Europeia em números absolutos de usuários, apesar do crescimento da participação da Europa de 15,8 para 23,8%. A Europa oriental excedeu a taxa de crescimento de todas as outras regiões, elevando sua participação de 1,8% para 4,7%. A Austrália aumentou sua participação moderadamente, de 2 para 2,4%, com uma das mais altas taxas de penetração do mundo em proporção à sua população. O Oriente Médio cresceu de 0,8 para 1,3%, e a América Latina quase dobrou sua participação relativa, passando de 2,3 para 4% e para um número total de mais de 15 milhões de usuários. E embora a Índia contasse apenas cerca de 1,5 milhão de usuários no final de 2000, esse número tem de ser comparado com os meros 270.000 usuários, aproximadamente, que tinha em 1999. A África, embora tenha multiplicado por três o número de seus usuários, passando de 700.000 para 2.124.800, viu sua participação decrescer ligeiramente, de 0,9 para 0,6%, mostrando que, quando o paradigma tecnológico do mundo muda com essa velocidade, os países mais atrasados têm de superar o desempenho das sociedades mais avançadas para melhorarem seu quinhão: se ficarem onde estão, vão retroceder. Ademais, o número-chave para a África é que a África do Sul responde por 1,8 milhão de usuários nesse total, deixando escassos 325.000 usuários para o resto do continente, embora este último número esteja provavelmente subestimado, já que outros relatórios situam o número total de usuários africanos da Internet em 3,1 milhões, com 1,3 milhão para a África do Sul. Caberia notar também que, em áreas em desenvolvimento, em particular na África, os pontos de acesso à Internet (mesmo que sejam contados como usuários individuais) são coletivamente compartilhados entre grupos de pessoas relacionadas, de modo que levantamentos-padrão podem não fornecer um quadro exato da real difusão da Internet na África e em outras áreas de baixa renda.

Em geral, em termos de acesso, é provável que venhamos a ver rápida difusão da Internet na maior parte do globo nos próximos anos. A maioria dos novos usuários virá certamente de países em desenvolvimento, simplesmente porque é neles que vivem mais de 80% da população do mundo. A Ásia oriental é a área de maior crescimento no mundo em termos do uso da Internet. No final de 2000, a Coreia do Sul era o principal país, com 42% da população on-line, inclusive 25% de usuários com conexão de Internet de alta velocidade em casa. A taxa de penetração de Taiwan era de mais de 36%, e quase 30% para Hong Kong. Beijing responde por um terço dos usuários da Internet na China.

No entanto, as condições sob as quais a Internet está se difundindo na maioria dos países estão criando uma divisão digital mais profunda. Os centros urbanos vitais, as atividades globalizadas e os grupos sociais mais educados estão sendo incluídos nas redes globais baseadas na Internet, ao passo que a maior parte das regiões e a maior parte das pessoas são descartadas. Por exemplo, na África do Sul o uso da Internet está crescendo muito rapidamente: o número de usuários saltou de meio milhão para 1,82 milhão entre outubro de 1999 e outubro de 2000 (NUA Surveys, 2000). Contudo, a maioria dos usuários tinha menos de 25 anos e vinha de grupos de alta renda. De fato, em 2000, entre os nove milhões de famílias na África do Sul, 5,9 milhões não tinham um telefone fixo e 2,1 milhões continuavam sem acesso a telefones num raio de 5 quilômetros de suas casas. Menos de 1% das famílias rurais tinha telefones; 90% das famílias brancas tinham telefone, mas somente 11% das negras (Gillwald, 2000). No Chile, onde a Internet está se difundindo rapidamente, essa expansão é social e territorialmente limitada: Santiago (onde vivem 40% da população) concentra 57% das linhas telefônicas e 50% dos usuários da Internet. Os 26% dos chilenos dos grupos de renda mais alta representam 70% das conexões da Internet. Na Bolívia, onde o desenvolvimento da Internet iniciou-se no final da década de 1990, somente 2% da população tinham acesso à Internet em casa no fim de 1999, mas a maior parte dessas famílias vivia em La Paz, e a disparidade em uso discado da Internet entre os residentes de La Paz e o resto do país estava aumentando (Laserna, Morales Anaya e Gomez, 2000).

Esse uso diferencial da Internet no mundo em desenvolvimento está sendo produzido pela imensa disparidade na infraestrutura de telecomunicações, por provedores de serviços e de conteúdos da Internet, bem como pelas estratégias que estão sendo usadas para lidar com essa disparidade. Em primeiro lugar, frente aos imperativos da comunicação global, atividades-chave em cada país (instituições financeiras, mídia, negócios internacionais, instituições governamentais de alto nível, as forças armadas, hotéis internacionais, sistemas de transporte e coisas do gênero) não podem esperar pela cara e prolongada reconstrução de todo o sistema de telecomunicações, que muitas vezes avança através de um processo lento e conflituoso de privatização e desregulação. Assim, sistemas dedicados, muitas vezes via transmissão por satélite, conectados a redes locais sofisticadas, atendem às necessidades de clientes preferenciais. O estudo de Kiselyova e Castells (2000) sobre a Internet russa documenta como os bancos russos e os negócios internacionais estrangeiros ligavam os principais centros russos ao mundo com conexões específicas de telecomunicações, contornando em grande parte a obsoleta infraestrutura de telecomunicações da Rússia. Em segundo lugar, provedores de serviços da Internet tendem a ser dependentes dos *backbones* norte-americanos e europeus, elevando o custo e a complexidade, bem como criando problemas no planejamento e manutenção da rede. Em terceiro lugar, como foi mostrado pelo mapeamento dos domínios da Internet em todo o mundo, feito por Matthew Zook (ver Capítulo 8), os provedores de conteúdo estão extremamente concentrados num pequeno número de áreas metropolitanas do mundo desenvolvido (por exemplo, Londres tem mais domínios da Internet do que a África inteira). Essa concentração distorce consideravelmente a utilidade e a adequação do uso da Internet para grande parte do mundo. O problema começa certamente com a língua, já que 78% dos websites são somente em inglês, criando assim uma barreira substancial para a maior parte das pessoas no mundo (segundo outras fontes, essa percentagem é ainda mais alta). Mas relaciona-se também com o tipo de conteúdo que os usuários podem encontrar na Internet, e com a dificuldade que experimentam pessoas sem suficiente educação, conhecimento e habilidades para dominar a tecnologia para seus próprios interesses e valores. Evidentemente esses obstáculos não estão todos gravados em pedra, e a flexibilidade da Internet permite usos alternativos e adaptação aos usuários sob condições tecnológicas, institucionais, educacionais e culturais adequadas. Mas esse é exatamente o cerne da questão. Mais precisamente, como a Internet e a divisão digital atualmente associada à sua expansão mundial diferencial relacionam-se com o processo de desenvolvimento global?

Durante a década de 1990, coincidindo com a explosão da revolução da informação-tecnologia, a ascensão da nova economia e a difusão da Internet, o mundo experimentou um aumento substancial na desigualdade e polarização da renda, na pobreza e na exclusão social, como o documentaram, entre outras fontes, os *Relatórios de Desenvolvimento Humano* elaborados anualmente pelo Programa de Desenvolvimento das Nações Unidas (UNDP, 1999, 2000, 2001). As tendências sem dúvida diferem segundo os países e as áreas. Por exemplo, a China e o Chile viram uma redução substancial na proporção da população que vivia na pobreza. E a industrialização de um pequeno número de países, e das maiores áreas metropolitanas em outros, melhorou substancialmente os padrões de vida para dezenas de milhões de chineses, indianos, coreanos, malásios, brasileiros, argentinos, chilenos e outros, em áreas dispersas em torno do mundo. Contudo, por outro lado, o colapso das economias transicionais, as dificuldades impostas por crises financeiras no México, no Brasil, na Argentina, no Equador, na Indonésia, na Tailândia, na Coreia do Sul e em outros países asiáticos, a crise econômica e social persistente na África e no Oriente Médio, e os padrões de exclusão social na maioria dos países do mundo, incharam as legiões dos condenados. Na virada no milênio, perto de 50% da população do mundo estavam tentando sobreviver com menos de dois dólares por dia, num aumento acentuado da proporção de pessoas em condição similar uma década antes. Por outro lado, 20% das pessoas dispunham de 86% da riqueza. A desigualdade é ainda mais acentuada entre os jovens, já que quatro quintos das pessoas com menos de 20 anos vivem em países em desenvolvimento. E as mulheres continuam a arcar com o fardo da pobreza, do analfabetismo e dos problemas de saúde, ao mesmo tempo em que estão incumbidas de assegurar a sobrevivência cotidiana da família.

No todo, a disparidade em produtividade, tecnologia, renda, benefícios sociais e padrões de vida entre o mundo desenvolvido e o mundo em desenvolvimento aumentou durante a década de 1990, apesar de avanços espetaculares em crescimento econômico nas áreas costeiras da China, nas indústrias de alta tecnologia da Índia, nas exportações de produtos manufaturados do Brasil e do México, nas exportações de alimentos da Argentina, e nas vendas de vinho, peixes e frutas do Chile. As condições ambientais deterioraram-se, tanto em termos de recursos naturais quanto nas cidades cada vez mais infladas dos países em desenvolvimento, que, segundo se prevê, abrigarão metade de suas populações nos próximos 25 anos.

Naturalmente, como correlação não é causalidade, seria possível que todos esses problemas sociais e ambientais fossem independentes do processo de globalização e do desenvolvimento econômico conduzido pela Internet. Poderia ser, mas não é. Pode-se afirmar, ao contrário, que, sob as condições sociais e institucionais prevalecentes em nosso mundo, o novo sistema tecnoeconômico parece causar desenvolvimento desigual, aumentando simultaneamente a riqueza e a pobreza, a produtividade e a exclusão social, sendo seus efeitos diferencialmente distribuídos em várias áreas do mundo e em vários grupos sociais. E como a Internet está no cerne do novo padrão sociotécnico de organização, esse processo global de desenvolvimento desigual talvez seja a expressão mais dramática da divisão digital. Aqui está a justificação.

1. A extrema desigualdade social do processo de desenvolvimento está ligada à lógica de interconexão e ao alcance global da nova economia. Se tudo e todos que podem ser fonte de valor puderem ser facilmente conectados — para ser desconectado com a mesma facilidade assim que deixar de ser valioso —, o sistema de produção global estará composto simultaneamente de pessoas e lugares extremamente valiosos e produtivos, e daqueles que não o são, ou não o são mais, embora ainda estando ali. Por causa do dinamismo e da competitividade da nova economia, outras formas de produção se desestruturam, e acabam por desaparecer — ou se transformam em economias informais, dependentes de sua conexão incerta com o dinâmico sistema global. A mobilidade de recursos e a flexibilidade do sistema de gestão permitem ao sistema global ser em grande parte independente de lugares específicos — onde pessoas vivem.

2. Educação, informação, ciência e tecnologia tornam-se as fontes decisivas de criação de valor na economia baseada na Internet. Os recursos educacionais, informacionais e tecnológicos caracterizam-se por uma distribuição extremamente desigual pelo mundo (Unesco, 1999). Embora a matrícula em escolas tenha aumentado substancialmente no mundo em desenvolvimento, a maior parte da educação se reduz à guarda de crianças, já que muitos professores não têm educa-

ção eles próprios, são mal remunerados e sobrecarregados de trabalho. Além disso, o sistema educacional na maiorias dos países é tecnologicamente atrasado e institucionalmente burocratizado. Embora os sistemas de telecomunicações tenham melhorado ultimamente na maior parte do mundo, persiste uma disparidade substancial entre países, e entre regiões deles, tanto na qualidade da infraestrutura quanto em teledensidade. A transmissão por satélite e a telefonia sem fio poderiam permitir contornar a expansão lenta da infraestrutura tecnológica tradicional, mas os recursos financeiros e humanos para tal investimento no desenvolvimento estão ausentes na maior parte do mundo. A falta de educação e a falta de infra estrutura informacional deixam a maior parte do mundo dependente do desempenho de um pequeno número de segmentos globalizados de suas economias. Como a maior parte da população não pode ser empregada nesse setor, porque lhe faltam habilidades, as estruturas ocupacionais e sociais tornam-se cada vez mais dualizadas. Por exemplo, na África do Sul, em 2000, enquanto a taxa de desemprego era mais de 35% da força de trabalho, a demanda por dezenas de milhares de empregos que exigiam grau universitário não podia ser atendida pela oferta: em 1995-9 a demanda por esse tipo de emprego teve o vertiginoso aumento de 325%. Ao mesmo tempo, muitos trabalhadores profissionais estavam deixando o país, não podendo ou não querendo suportar o árduo ajustamento às novas condições sociais e políticas.

3. Essa conexão do desenvolvimento com a economia global é cada vez mais vulnerável ao remoinho dos fluxos financeiros globais, de que, em última instância, dependem as moedas nacionais e a avaliação das bolsas de valores nacionais. Num período de volatilidade financeira sistêmica, crises financeiras, de intensidade variável, são recorrentes. Cada crise desperdiça recursos de mão de obra, desvalorizando pessoas que dificilmente têm condições de se reerguer. Elas terminam se retirando para os becos de sobrevivência que constituem a economia informal.

4. À medida que novas tecnologias, novos sistemas de produção, novos mercados globais e a nova estrutura institucional do comércio mundial eliminam a agricultura tradicional (que ainda emprega cerca da metade da população trabalhadora do mundo), um êxodo rural de dimensões gigantescas está sendo provocado, particularmente na Ásia, com centenas de milhões de novos migrantes destinados a ser penosamente absorvidos na economia de sobrevivência de áreas metropolitanas superpovoadas já à beira da catástrofe ecológica (Roy, no prelo).

5. Os governos estão cada vez mais coagidos por fluxos globais de capital e informação, disciplinados pelos que impõem a liberdade de circulação desses fluxos (como o Fundo Monetário Internacional), e limitados pelas instituições supranacionais que construíram como estratagemas defensivos para sobreviver à globalização. A crise de governabilidade que disso decorre leva ao colapso das regulações e até seus subdesenvolvidos sistemas previdenciários são atacados. O contrato social entre vários grupos sociais, quando existia, é posto em questão. A mão de obra torna-se individualizada e o velho sistema de relações industriais, construído sobre a negociação coletiva entre empresas e mão de obra, refugia-se no setor público, criando uma nova divisão social entre um pequeno número de trabalhadores protegidos, que usam seu poder de barganha para sugar recursos do resto da sociedade, e a massa de trabalhadores desorganizados, muitas vezes empregados na economia informal.

6. Na esteira da crise, e com grandes segmentos da população incapazes de participar do setor produtivo e competitivo da economia, alguns tentam uma nova forma de globalização: a economia criminosa global, feita de redes transnacionais envolvidas em todo tipo de comércio ilícito capaz de dar lucro — muitas vezes com a ajuda da Internet — e lavando dinheiro eletronicamente nos mercados financeiros. A economia criminosa global penetra políticas e instituições, desestabiliza sociedades, corrompe e desorganiza Estados em muitos países — e não só no caso dos suspeitos usuais.

7. Submetidos a pressões extraordinárias de cima e de baixo, e com uma margem de manobra cada vez menor num sistema globalizado, os governos sofrem uma crise generalizada de legitimidade. Assim, segundo uma pesquisa de opinião global realizado pelo Gallup para as Nações Unidas em 1999, dois terços dos consultados pensavam que seu país não era governado pela vontade do povo (Annan, 2000). O enfraquecimento das instituições políticas torna as sociedades menos capazes de se ajustar aos choques negativos provocados pela transição para um novo sistema tecnoeconômico, ou de corrigi-los, ampliando assim esses choques.

8. Nos casos extremos de crise de legitimidade e de desintegração política, banditismo em grande escala e guerras civis se desenvolvem, por vezes levando a massacres de massa, ao êxodo de centenas de milhares, à fome e a epidemias. Esse é o caso da África, mas, enquanto escrevo, um país tão importante quanto a Colômbia estava sofrendo o que parece ser uma guerra civil interminável entre diferentes facções. O Peru e o Equador foram sacudidos pelo colapso de seus regimes políticos (esperemos que para melhor), a Indonésia estava à beira de guerras regionais generalizadas, e o presidente eleito das Filipinas foi deposto depois de se revelar "o senhor dos senhores da jogatina".

Tem-se a impressão de que tudo isto tem pouco a ver com a divisão digital, e aliás com a Internet. No entanto, é precisamente essa ideia que quero defender. A capacidade da economia baseada na Internet, e do sistema de informação nela baseado, de conectar segmentos de sociedades no mundo todo articula os nós-chave num sistema planetário, dinâmico, ao mesmo tempo em que rejeita aqueles segmentos das sociedades e aqueles lugares de pouco interesse do ponto de vista da criação de valor. Mas esses elementos descartados têm a capacidade de controlar pessoas e recursos locais em seus países, bem com suas instituições políticas. Portanto, as elites tentam tirar proveito de seu poder sobre pessoas e território para assegurar, às redes globais de dinheiro e poder, acesso a tudo que ainda seja valioso no país, em troca da sua participação subordinada nessas redes globais. Quanto às pessoas marginalizadas no processo, elas tendem a usar uma variedade de estratégias, não necessariamente incompatíveis. Sobrevivem na economia informal no nível local. Tentam competir globalmente com base nas redes da economia criminosa. Mobilizam-se para obter recursos das elites locais globalizadas, pressionando-as a partilhar os benefícios obtidos de sua incorporação nas redes globais. Ou mobilizam-se para construir sua própria agência de intermediação com o sistema global, contestando o Estado seja pela separação ou pela sucessão.

A divisão digital fundamental não é medida pelo número de conexões com a Internet, mas pelas consequências tanto da conexão quanto da falta de conexão. Porque a Internet, como este livro mostra, não é apenas uma tecnologia. É a ferramenta tecnológica e a forma organizacional que distribui informação, poder, geração de conhecimento e capacidade de interconexão em todas as esferas de atividade. Assim, países em desenvolvimento são capturados numa rede emaranhada. Por um lado, estar desconectado ou superficialmente conectado com a Internet equivale a estar à margem do sistema global, interconectado. Desenvolvimento sem a Internet seria o equivalente a industrialização sem eletricidade na Era Industrial. É por isso que a declaração frequentemente ouvida sobre a necessidade de se começar com "os problemas reais do Terceiro Mundo" — designando com isso saúde, educação, água, eletricidade e assim por diante — antes de chegar à Internet, revela uma profunda incompreensão das questões atuais relativas ao desenvolvimento. Porque, sem uma economia e um sistema de administração baseados na Internet, qualquer país tem pouca chance de gerar os recursos necessários para cobrir suas necessidades de desenvolvimento, num terreno sustentável — sustentável em termos econômicos, sociais e ambientais.

Na ausência de integração econômica e tecnológica global de todos os países do mundo, teria sido sensato considerar modelos alternativos de desenvolvimento, que exigissem menos tecnologia e gerassem provavelmente menores ganhos de produtividade e melhora material mais lenta, mas estivessem mais próximo da história, da cultura e das condições naturais de cada país, e talvez fossem mais satisfatórios para a maioria de seu povo. No entanto, é tarde demais para cultivar esse tipo de reflexão serena. A economia e o sistema de informação baseados na Internet, avançando na velocidade da Internet, limitaram as trajetórias de desenvolvimento num âmbito estreito. Exceto por uma catástrofe, é improvável que as sociedades no mundo todo se envolvam livremente em formas não tecnológicas de desenvolvimento — entre outras razões, porque os interesses e a ideologia de suas elites estão profundamente enraizados no modelo atual de desenvolvimento. E uma vez feita a opção de participar das redes globais, a lógica da produção, competição e administração baseada na Internet é um pré-requisito para a prosperidade, a liberdade e a autonomia.

Mas ela pode ser também uma receita de crise e marginalização, como o sugere a argumentação que apresentei acima. De fato, a experiência dos primeiros anos da Era da Internet aponta nessa direção. Isso não é consequência da Internet *per se*, mas da divisão digital. Isto é, a divisão criada entre aqueles indivíduos, firmas, instituições, regiões e sociedades que têm as condições materiais e culturais para operar no mundo digital, e os que não têm, ou não conseguem se adaptar à velocidade da mudança. Sob tais condições, a lógica de interconexão do sistema global baseado na Internet rastreia o planeta em busca de oportunidades, e conecta aquilo de que precisa para suas metas programadas — e apenas aquilo de que precisa. O resultado é a fragmentação das sociedades e instituições, em paralelo à interconexão dinâmica de firmas valiosas, indivíduos triunfantes e organizações sobreviventes.

Como dependem em última instância, é claro, da ação humana, esses processos podem ser invertidos ou modificados. Contudo, isso não é apenas uma questão de conhecimento e vontade política, embora estas sejam condições indispensáveis para qualquer curso alternativo de ação. Depende da extensão da divisão digital em cada país. Depende da capacidade de gerar um processo de aprendizado social, paralelamente à construção de uma infraestrutura tecnológica de informação e comunicação. Depende da capacidade administrativa da economia, da qualidade da força de trabalho, da existência de consenso social, baseado na redistribuição social, e do surgimento de instituições políticas legítimas enraizadas no local e capazes de enfrentar o global. E depende da capacidade dos países e dos atores sociais de se adaptar à velocidade da Internet no processo de mudança. Mais do que isso, leva ao aprofundamento da divisão digital, uma divisão que pode acabar por mergulhar o mundo numa série de crises multidimensionais. O novo modelo de desenvolvimento requer saltos por sobre a divisão digital planetária. Exige uma economia baseada na Internet, movida por aprendizado e capacidade de geração de conhecimento, capaz de operar dentro das redes globais de valor, e sustentado por instituições políticas legítimas e eficientes. É no interesse compartilhado da humanidade que um modelo como esse emerge enquanto ainda há tempo.

Links de leitura

ANNAN, Kofi (2000) *Report to the Millennium Assembly of the United Nations*. Nova York: United Nations.

BOLT, D. e Crawford, R. (2000) *Digital Divide: Computers and our Children's Future*. Nova York: TV Books.

CASTELLS, Manuel (2000a) "Information technology and global development", discurso de abertura do Economic and Social Council of the United Nations, Nova York, Nações Unidas, ECOSOC, maio de 2000.

______ (2000b) *End of Millennium*, 2ª ed. Oxford: Blackwell.

CHESKIN Research (2000) *The Digital World of the US Hispanic.* Redwood Shores, CA: Cheskin Research Report.

DUTTON, William (1999) *Society on the Line: Information Politics in the Digital Age.* Oxford: Oxford University Press.

EVANS, Peter (org.) (no prelo), *Liveable Cities? The Politics of Urban Livelihood and Sustainability.* Berkeley, CA: University of California Press.

GILLWALD, Alison (2000) "Building Castells in the ether? Lessons for South Africa's information and communication sector", artigo apresentado no Seminar on Globalization, Development, and Technology organizado pelo Center for Higher Education Transformation, Pretória, 20 de junho de 2000.

GORDO, Blanca "Overcoming the digital divide: community technology training centers in California", dissertação de doutorado inédita, University of California, Department of City and Regional Planning, Berkeley, Califórnia.

GUIMARÃES DE CASTRO, Maria Helena (1999) *Education for the Twenty-first Century: The Challenge of Quality and Equity.* Brasília: Instituto Nacional de Estudos e Pesquisas Educacionais.

HAMELINK, Cees (1999) "ICT and social development: the global policy context", Genebra: United Nations Research Institute for Social Development, artigo para discussão 116.

HOFFMAN, Donna L. e Novak, Thomas P. (1999) "The evolution of the digital divide: examining the relationships of race to Internet access and usage over time", Nashville, Vanderbilt University: Owen School of Graduate Management, project 2000, artigo de pesquisa (publicado on-line).

KISELYOVA, Emma e Castells, Manuel (2000) "Russia in the Information Age", in Victoria Bonnell e George Breslauer (orgs.), *Russia in the New Century,* p.126-57. Boulder, CO: Westview Press.

LASERNA, Roberto; Morales Anaya, Rolando e Gomez, Gonzalo (2000) *Mundos urbanos.* La Paz, Bolívia: Programa de Naciones Unidas para el Desarrollo.

LEWIN, Tamar (2001) "Children's computer use grows, but gaps persist, study says", *The New York Times,* 22 de janeiro, p.A11.

LIN, Marcia C. (1999) *Computers, Teachers, and Peers: Science Learning Partners.* Hillsdale, NJ: Lawrence Erlbaum.

LOADER, Brian D. (org.) (1998) *Cyberspace Divide: Equality, Agency, and Policy in the Information Society.* Londres: Routledge.

MANSELL, Robin e Wenn, Uta (orgs.) (1998) *Knowledge Societies. Information Technology for Sustainable Development,* Oxford: Oxford University Press.

MULLER, Johen; Cloete, Nico e Badat, Shireen (orgs.) (2001) *The Challenges of Globalization: South African Debates with Manuel Castells.* Pretória: Center for Higher Education Transformation/ Longman.

NATIONAL Science Board (2000) *Science and Engineering Indicators — 2000.* Arlington, VA: National Science Foundation.

NTIA (1999) *Falling Through the Net: Defining lhe Digital Divide: A Report on the Telecommunications and Information Technology Gap in America.* Washington, DC: US Department of Commerce.

______ (2000) *Falling Through the Net: Toward Digital Inclusion.* Washington, DC: US Department of Commerce.

PRESIDENCIA de la Republica de Chile (1999) *Chile hacia la sociedad de la informacion.* Santiago: Informe al Presidente de la Republica.

ROY, Ananya (no prelo) *Squatters, Politics, and Gender: The Domestication of Calcutta.* Minneapolis, MN: University of Minnesota Press.

SERVON, Lisa (no prelo) *Bridging the Digital Divide.* Oxford: Blackwell.

SPOONER, Tom e Rainie, Lee (2000) "African-Americans and the Internet", Washington, DC: Pew Internet and American Life Project, Life Report on-line, publicado em 22 de outubro.

UNESCO (1999) *World Communication and Information Report, 1999-2000.* Paris: Unesco.

UK Department of Trade and Industry (2000) *Closing lhe Digital Divide: Information and Communication Technologies in Deprived Areas.* Londres: HMSO.

UNITED Nations Development Programme (1996-2001) *Human Development Report,* relatórios anuais. Nova York: United Nations e Oxford University Press.

US Department of Commerce, Office of Technology Policy, Technology Administration (1999) *The Digital Work Force: Building Infotech Skills at the Speed of Innovation.* Washington, DC: US Department of Commerce.

US Department of Commerce, Economics and Statistics Administration (2000) *Digital Economy 2000.* Washington, DC: US Department of Commerce.

US Department of Education, Office of Educational Research and Improvement. National Center for Education Statistics (2000) *Internet Access in US Public Schools and Classroom:* 1994-9. Washington, DC: US Department of Education.

ZOOK, Matthew (2001) "The geography of the Internet industry: venture capital. Internet start-ups, and regional development," dissertação de doutorado inédita, University of California, Department of City and Regional Planning, Berkeley, Califórnia.

e-Links

www.ntia.doc.gov/ntiahome/digitaldivide
Os relatórios anuais da National Telecommunications and Information Agency dos EUA sobre a divisão digital nos Estados Unidos.

http://wbLn0018.worldbank.org/external/lac/lac/lac.nsf/sectors/inftelecoms/175blef0e678f649852569ad00018365?opendocument
Banco de dados do Banco Mundial sobre a divisão digital numa perspectiva global.

www.oecd.org/dsti/sti/prod/digitaldivide.pdf
Relatórios da OCDE sobre a divisão digital numa perspectiva internacional.

www.digitaldivide.gov/
Agência que reúne e distribui dados sobre a divisão digital nos EUA.

www.childrenspartnership.org.pub low income/introduction.html
www.ovum.com/presoffice/pressreleases/default.asp?wp=WAP.htm
Centro de Informação sobre Programas — The Educational Testing Service Network (PIC-ETS) (1999) "Computer and classrooms: the state of technology in US schools", publicado on-line: www.ETS.org
Dados e análises sobre a dimensão educacional a da divisão digital.

www.ctcnet.org
A rede de centros de treinamento de tecnologia comunitária.

www.pluggedin.org
Uma das experiências mais inovadoras em treinamento de tecnologia comunitária, localizada em East Palo Alto, do outro lado do Vale do Silício.

www.urbantech.org
Corporação sem fins lucrativos que aplica seus recursos na difusão de know-how tecnológico em comunidades de baixa renda dos EUA.

CONCLUSÃO

Os desafios da sociedade de rede

A Galáxia da Internet é um novo ambiente de comunicação. Como a comunicação é a essência da atividade humana, todos os domínios da vida social estão sendo modificados pelos usos disseminados da Internet, como este livro documentou. Uma nova forma social, a sociedade de rede, está se constituindo em torno do planeta, embora sob uma diversidade de formas e com consideráveis diferenças em suas consequências para a vida das pessoas, dependendo de história, cultura e instituições. Como em casos anteriores de mudança estrutural, as oportunidades que essa transformação oferece são tão numerosas quanto os desafios que suscita. Seu resultado futuro permanece em grande parte indeterminado, e ela está sujeita à dinâmica contraditória entre nosso lado sombrio e nossas fontes de esperança. Isto é, à perene oposição entre tentativas renovadas de dominação e exploração e a defesa, pelas pessoas, de seu direito de viver e de buscar o sentido da vida.

A Internet é de fato uma tecnologia da liberdade — mas pode libertar os poderosos para oprimir os desinformados, pode levar à exclusão dos desvalorizados pelos conquistadores do valor. Nesse sentido geral, a sociedade não mudou muito. Mas nossas vidas não são determinadas por verdades transcendentes, e sim pelos modos concretos como vivemos, trabalhamos, prosperamos, sofremos e sonhamos. Assim, para agirmos sobre nós mesmos, individual e coletivamente, para sermos capazes de utilizar as maravilhas da tecnologia que criamos, encontrar sentido em nossas vidas, melhorar a sociedade e respeitar a natureza, precisamos situar nossa ação no contexto específico de dominação e libertação em que vivemos: a sociedade de rede, construída em torno das redes de comunicação da Internet.

No início da Era da Informação, podemos perceber por todo o mundo uma extraordinária sensação de desconforto com os processos atuais de mudança conduzida pela tecnologia, que ameaçam gerar um efeito bumerangue generalizado. A menos que enfrentemos essa sensação, sua exacerbação poderá de fato destruir as promessas dessa nova economia e dessa nova sociedade nascidas da engenhosidade tecnológica e da criatividade cultural.

Essa sensação é por vezes coletivamente expressa, como nos protestos contra a globalização, a senha para nova ordem tecnológica, econômica e social. Esses protestos representam sobretudo o ponto de vista de uma minoria ativa, e incluem grupos de interesse com uma visão muito estreita da situação do mundo — por exemplo, os defensores do protecionismo dos países ricos, de seu direito de manter seus privilégios contra a concorrência feita pelo mundo em desenvolvimento. Contudo, exceto pelos excessos de sua franja radical, muitas das questões levantadas pelos que protestam contra a globalização são matérias legítimas de debate e encontraram eco na opinião pública, como a crescente atenção dedicada a esse debate por governos e instituições internacionais parece indicar.

Além da esfera dos protestos radicais, há também entre muitos cidadãos o medo do que essa nova sociedade, de que a Internet é um símbolo, trará em termos de emprego, educação, proteção social e estilos de vida. Algumas dessas críticas têm fundamento: a deterioração do ambiente natural, a insegurança no emprego ou o crescimento da pobreza e da desigualdade em muitas áreas — nem sempre no mundo em desenvolvimento. Por exemplo, no Vale do Silício, considerando-se toda a década de 1990, os salários reais médios declinaram, apesar do crescimento extraordinário da renda das famílias situadas no terço superior — tal é a extensão da desigualdade. Mas há algo menos objetivo, menos quantificável, mas igualmente poderoso em seus efeitos potenciais. Trata-se de um sentimento pessoal de perda de controle, de aceleração das nossas vidas, de uma corrida interminável rumo a metas desconhecidas — ou cujo significado evapora quando são examinadas de perto. Esse sentimento envolve muitos dos atores da nova economia, nos momentos em que o entusiasmo da inovação declina e a prosperidade parece frágil. Embora o medo da mudança seja uma constante histórica na experiência humana (paradoxalmente, de par com a premência de inovação dos mais ousados), acredito que grande parte da resistência ao mundo em rede conduzido pela Internet, e da insatisfação com ele, pode estar relacionada com uma série de desafios não respondidos.

O primeiro é a própria liberdade. As redes da Internet propiciam comunicação livre e global que se torna essencial para tudo. Mas a infraestrutura das redes pode ter donos, o acesso a elas pode ser controlado e seu uso pode ser influenciado, se não monopolizado, por interesses comerciais, ideológicos e políticos. À medida que a Internet se torna a infraestrutura onipresente de nossas vidas, a questão de quem possui e controla o acesso a ela dá lugar a uma batalha essencial pela liberdade.

O segundo desafio é o oposto: a exclusão das redes. Numa economia global, e numa sociedade de rede em que a maioria das coisas que importam depende dessas redes baseadas na Internet, ser excluído é ser condenado à marginalidade — ou forçado a encontrar um princípio alternativo de centralidade. Como sustentei no Capítulo 9, essa exclusão pode se produzir por diferentes mecanismos: falta de infraestrutura tecnológica; obstáculos econômicos ou institucionais ao acesso às redes; capacidade educacional e cultural limitada para usar a Internet de maneira autônoma; desvantagem na produção do conteúdo comunicado através das redes. Os efeitos cumulativos desses mecanismos de exclusão separam as pessoas por todo o planeta; não mais ao longo da divisão Norte/Sul, mas dividindo aquelas conectadas às redes globais geradoras de valor — por nós que pontilham o mundo desigualmente — e aquelas excluídas dessas redes.

O terceiro maior desafio é o estabelecimento da capacidade de processamento de informação e de geração de conhecimento em cada um de nós — e particularmente em cada criança. Não me refiro com isso, obviamente, ao adestramento no uso da Internet em suas formas em evolução (isso está pressuposto). Refiro-me a educação. Mas em seu sentido mais amplo, fundamental; isto é, a aquisição da capacidade intelectual de aprender a aprender ao longo de toda a vida, obtendo a informação que está digitalmente armazenada, recombinando-a e usando-a para produzir conhecimento para qualquer fim que tenhamos em mente. Esta simples declaração põe em xeque todo o sistema educacional desenvolvido durante a Era Industrial. Não há reestruturação mais fundamental. E muito poucos países e instituições estão verdadeiramente voltados para ela, porque, antes de começarmos a mudar a tecnologia, a reconstruir as escolas, a reciclar os professores, precisamos de uma nova pedagogia, baseada na interatividade, na personalização e no desenvolvimento da capacidade autônoma de aprender e pensar. Isso, fortalecendo ao mesmo tempo o caráter e reforçando a personalidade. E esse é um terreno não mapeado.

A emergência da empresa de rede e a individualização dos padrões de emprego geram outro grande desafio, dessa vez para o sistema de relações de trabalho construído na sociedade industrial. Além disso, como o estado de bem-estar social foi montado sobre esses sistemas de relações industriais e emprego estável, também ele entra em crise. Os mecanismos de proteção social em que a paz social, a parceria de trabalho e a segurança pessoal se fundavam precisam ser redefinidos no novo contexto socioeconômico. Essa não é uma tarefa impossível. Afinal, as sociedades mais orientadas para o *welfare-state* no mundo, as democracias escandinavas, são também as novas economias, baseadas na Internet, mais avançadas da Europa. Mesmo nessas sociedades, porém, tensões entre a lógica da competição individual e a lógica da solidariedade social estão surgindo, soluções de compromisso terão de ser encontradas, e novas formas de contrato social terão de ser negociadas, talvez por meio de luta. Por outro lado, os excessos de uma ordem puramente liberal de autocontratação individual, típica da Califórnia, pode levar à busca de alguma forma institucional de segurança pessoal tão logo o mundo da fantasia de uma prosperidade econômica interminável, ininterrupta, se dissipe sob o teste amargo da realidade histórica.

A nova economia está carecendo de procedimentos novos e flexíveis de regulação institucional. Um mercado puramente livre é coisa que não existe. O mercados baseiam-se em instituições, em leis, em tribunais, em supervisão, no direito processual e, em última instância, na autoridade do Estado democrático. Quando não são assim baseados, quando a economia embarca em experimentos de total desinstitucionalização, como fez a Rússia pós-comunista no início da década de 1990, sob o impulso dos reformadores de Yeltsin apoiados pelo Fundo Monetário Internacional, o que emerge não é o mercado, mas o caos econômico, em que oligarquias se formam pela apropriação eficaz da riqueza pública. O capitalismo ocidental prosperou, mesmo com crises e lutas sociais, construindo instituições de negociação social e regulação econômica. A mudança para redes globais computadorizadas como a forma organizacional do capital, do comércio e da administração solapou amplamente a capacidade reguladora tanto dos governos nacionais quanto das instituições internacionais existentes, a começar pela crescente dificuldade de arrecadar impostos corporativos e controlar a política monetária. A volatilidade sistêmica dos mercados financeiros globais e as vastas disparidades na utilização de recursos humanos exigem novas formas de regulação, adaptadas à nova tecnologia e à nova economia de mercado. Não será fácil. Em particular, não será fácil aplicar uma regulação eficiente, dinâmica dos mercados financeiros globais, pelas razões apresentadas neste livro. Contudo, como ninguém realmente tentou isso, realmente não sabemos. Seria prudente encontrar maneiras sensíveis de canalizar as finanças globais antes que uma crise de vulto nos obrigue a fazê-lo sob condições mais opressivas. De fato, as redes de computadores oferecem novas ferramentas tecnológicas de regulação razoável que, movidas por vontade política, poderiam controlar a dinâmica do mercado, evitando ao mesmo tempo o desequilíbrio excessivo.

A degradação ambiental representa um desafio crítico a ser equacionado. Mas sua relação com o mundo baseado na Internet é ambígua. Por um lado, como a economia movida pela rede esquadrinha incessantemente o planeta em busca de oportunidade de ganhar dinheiro, havendo um processo de exploração acelerada de recursos naturais, bem como de crescimento econômico danoso para o ambiente. Sem meias palavras: se incluirmos no mesmo modelo de crescimento a metade da população do planeta que está excluída atualmente, o modelo de produção e consumo industrial que criamos não é ecologicamente sustentável. Por outro lado, a administração da informação baseada da Internet introduz duas contratendências no modelo de crescimento econômico. Em primeiro lugar, podemos aumentar substancialmente nosso conhecimento do que é ou não ambientalmente adequado, e podemos incluir esse conhecimento em nosso sistema de produção, nas linhas sugeridas pelos proponentes da escola de pensamento do "capitalismo natural". Em segundo lugar, como propus no Capítulo 5, a Internet tornou-se uma importante ferramenta de organização e mobilização para ambientalistas no mundo todo, despertando a consciência das pessoas com relação a modos de vida alternativos e construindo a força política para fazer isso acontecer. Se somarmos as duas tendências, parece plausível que uma redefinição do modelo de crescimento econômico, levando a uma estratégia abrangente de desenvolvimento sustentável, poderia ser gradualmente estabelecida, a tempo para que todo o planeta se incorporasse nessa economia verdadeiramente nova. Mas isso é apenas uma possibilidade. As tendências atuais, quando tomadas numa perspectiva global, apontam para a direção oposta: amplo crescimento econômico, misturado com pobreza destrutiva, continuando assim a dilapidação de nossa herança natural.

O maior medo das pessoas, contudo, é o medo mais antigo da humanidade: o medo dos monstros tecnológicos que podemos criar. Isso acontece, em particular, em relação à engenharia genética, mas, dada a convergência entre a microeletrônica e a biologia, e o desenvolvimento potencial de sensores ubíquos e nanotecnologia, esse temor biológico básico estende-se por toda a esfera da descoberta tecnológica. Um dos criadores da tecnologia da conexão de computadores em rede, Bill Joy, pronunciou esse discurso sobre os perigos da inventividade tecnológica descontrolada. Suas palavras calam fundo em nossa psique coletiva porque ele está identificando precisamente a mais significativa contradição no surgimento da sociedade de rede: aquela que existe entre nosso superdesenvolvimento tecnológico e nosso subdesenvolvimento institucional e social.

Este é verdadeiramente o desafio mais fundamental: a ausência dos atores e das instituições capazes e dispostos a enfrentar esses desafios. Estive referindo-me a "nós". Mas quem somos "nós"? Em termos daqueles afetados por essas tendências, refiro-me a todos nós, seres humanos. Contudo, não é a mesma coisa viver na Califórnia (ou, sob esse aspecto, em Barcelona) que em Cochabamba. E, na Califórnia, não é o mesmo viver em Palo Alto que em East Palo Alto. Você percebe o mundo analisado neste livro de maneira muito diferente se for um empresário da Internet ou um professor primário. Nossas diferenças profissionais, sociais, étnicas, de gênero, geográficas e culturais levam a consequências muito diferentes na relação de cada um de nós com a sociedade de rede. Apesar disso, sustento que os desafios que esbocei afetam-nos a todos de uma maneira muito fundamental. Mas quem deveria fazer face a esses desafios? Quem somos "nós" nesse caso? Quem são os atores encarregados de administrar nossa transição para a Era da Informação?

Na democracia, costumavam ser os governos, agindo em nome do interesse público. Ainda penso que são eles os encarregados. Mas digo isto com grande dificuldade, pois tenho plena consciência — como deveria ser óbvio pela leitura deste livro — da crise de legitimidade e eficiência que caracteriza os governos em nosso mundo. Não que fossem excelentes outrora. Mas sabíamos menos sobre eles, e eram capazes de fazer mais — a favor de nós ou contra nós. Como podemos confiar a vida de nossos filhos a governos controlados por partidos que operam usualmente em corrupção sistêmica (financiamento ilegal), inteiramente dependentes de uma política da imagem, conduzidos por políticos profissionais que só prestam contas em tempo de eleição, administrando burocracias insuladas, tecnologicamente antiquadas e em geral sem contato com a vida real de seus cidadãos? Mas, ainda assim, qual é a alternativa?

Os negócios corporativos têm manifestado ultimamente uma responsabilidade social muito maior do que as pessoas lhes atribuem, mas as empresas são os principais criadores de nossa riqueza, não quem resolve nossos problemas — e a maioria das pessoas não confiaria num mundo assim, dominado pelas corporações. ONGs? Estas são a meu ver as formas mais inovadoras, dinâmicas e representativas de agregação de interesses sociais. Mas tendo a vê-las não como organizações não governamentais, mas como "organizações neogovernamentais", porque em muitos casos são direta ou indiretamente subsidiadas por governos e, em última análise, representam uma forma de descentralização política, não uma forma alternativa de democracia. São parte do estado de rede emergente, com sua geometria variável de níveis institucionais e eleitorados. Além disso, embora representem interesses legítimos, dificilmente as ONGs podem substituir a expressão do bem comum e regular ou guiar a sociedade de rede no interesse de todos nós.

"Nós" poderia ser ainda *nós*, o povo, você e eu. Com base em nossa responsabilidade individual, como seres humanos informados, conscientes de nossos deveres, confiantes em nossos projetos. De fato, somente se você e eu, e todos os outros, formos responsáveis pelo que fazemos, e nos sentirmos responsáveis pelo que acontece à nossa volta, nossa sociedade poderá controlar e guiar essa criatividade tecnológica sem precedentes.

Entretanto, ainda precisamos de instituições, ainda precisamos de representação política, democracia participativa, processos de formação de consenso e política pública eficiente. Isso começa com governos responsáveis, verdadeiramente democráticos. Acredito que, na maioria das sociedades, a prática desses princípios é caótica, e grande proporção dos cidadãos não confia nela. Esse é o elo fraco na sociedade de rede. Até que reconstruamos, de baixo para cima e de cima para baixo, nossas instituições de governo e democracia, não seremos capazes de enfrentar os desafios fundamentais com que nos confrontamos. E se instituições políticas democráticas não puderem fazer isso, ninguém mais o fará ou poderá fazê-lo. Assim, ou levamos a cabo a mudança política (o que quer que isso signifique, em suas várias formas), ou você e eu teremos teremos de ter o cuidado de reconfigurar as redes de nosso mundo em torno dos projetos de nossas vidas.

Talvez haja uma outra opção. Imagino que alguém poderia dizer: "Por que você não me deixa em paz? Não quero ter nada a ver com sua Internet, sua civilização tecnológica ou sua sociedade de rede! Só quero viver a minha vida!" Bem, se esta é a sua posição, tenho más notícias para você. Se você não se importa com as redes, as redes se importarão com você, de todo modo. Pois, enquanto quiser viver em sociedade, neste tempo e neste lugar, você terá de estar às voltas com a sociedade de rede. Porque vivemos na Galáxia da Internet.

Agradecimentos

Este livro se desenvolveu a partir das Conferências Claredon sobre Administração realizadas na Oxford University em 2000. Meu primeiro agradecimento, portanto, vai para os que me convidaram a dar essa série de palestras: a Saïd Business School da Oxford University e a Oxford University Press. Agradeço também ao Linacre College por prolongar um convite concomitante e proporcionar-me hospitalidade durante minha visita a Oxford. Uma palavra especial de gratidão vai para David Musson, editor da Oxford University Press e o inspirador deste livro. Sem seu entusiasmo por este projeto, seu apoio e seus conselhos durante a elaboração dele, este livro não teria sido escrito.

Emma Kiselyova-Castells continuou sendo uma fonte fundamental de apoio pessoal, conselho intelectual e colaboração substantiva. Agradeço-lhe particularmente pelas muitas conversas informais que tivemos durante os últimos anos sobre o significado e o uso da Internet. Ela sempre me faz ver o que a princípio não via. Sou grato também por sua paciência em nossa vida cotidiana durante os intensos períodos de trabalho necessários para pesquisar e escrever este livro.

Sinto-me profundamente grato a vários colegas que leram e comentaram sucessivos rascunhos deste livro, fornecendo material adicional, corrigindo erros, sugerindo interpretações e transformando em última análise a forma e o conteúdo do volume de maneira muito substancial. Muitos deles dedicaram tanto trabalho a esse empreendimento que se pode dizer que o livro foi produzido por uma rede de pesquisadores e especialistas de diferentes campos, trabalhando no espírito da "fonte aberta", que é a raiz do mundo da Internet. Naturalmente, assumo exclusiva responsabilidade pelos erros e mal-entendidos que ainda subsistem no texto, mas quero enfatizar o empenho coletivo na contribuição, seja ela qual for, que este livro possa vir a representar. Meus agradecimentos atrasados vão para: Jerry Feldman, Patrice Riemens, Ilkka Tuomi, Steven Cisler, Matthew Zook, Bernard Benhamou, Blanca Gordo, Barry Wellman, Claude Fischer, Pekka Himanen, William Dutton, Paul Di Maggio, Steve Jones, Anna L. Saxenian, William Mitchell, Christos Papadimitriou, David Lyon, Lisa Servon, Fritjof Capra, Martin Carnoy, Erin Walsh, Regis McKenna, Stuart Henshall, Shujiro Yazawa e Marty Hearst.

Tive também a sorte de poder apresentar e discutir as ideias que resultaram neste livro em vários encontros e seminários por todo o mundo. Essa troca foi uma parte essencial do processo intelectual que produziu a análise apresentada aqui. Gostaria de ressaltar dois eventos excepcionais, de caráter bem diferente. Um foi a Primeira Conferência da Associação de Pesquisadores da Internet, que teve lugar na Universidade de Kansas em setembro de 2000. Ali experimentei a inauguração de um novo campo de pesquisa acadêmica, aprendi muito das reuniões e pude contrastar minhas hipóteses com as de pesquisadores bem-informados de muitas áreas, particularmente com as dos grupos mais jovens: claramente, uma geração de pesquisa da Internet está se formando. O outro ambiente intelectual que moldou minhas ideias sobre o mundo da Internet foi a série de seminários organizada pelo Center of Higher Education Transformation na África do Sul em junho-julho de 2000. Esses seminários não versavam sobre a Internet, mas sobre as relações entre informação, tecnologia, globalização, desenvolvimento e mudança social. No entanto o conteúdo dessas discussões mudou minha visão do mundo e, por conseguinte, da Internet. Por isso quero agradecer ao público e aos organizadores desses seminários, Nico Cloete, Shireen Badat e Johan Muller.

Muitas conferências, debates e encontros em instituições por todo o mundo tiveram também influência na elaboração da análise que apresento aqui, e por isso desejo agradecer aos colegas que me convidaram para debates, e mais ainda aos que deles participaram, nas seguintes instituições: Universitat Oberta de Catalunya (Barcelona), Universidade da Califórnia do Sul, Universidade da Califórnia em Los Angeles, Universidade da Califórnia em San Diego, Universidade de Washington, Universidade Santa Clara, Intel Museum, SITRA (Helsinki), Virtual Society Program (Grã-Bretanha), Centre Européen des Mutations et des Reconversions Industrielles (Longwy, França), Higher School of Economics (Moscou), Universidade de Guadalajara (México), Massachusetts Institute of Technology e Universidade Columbia (Nova York).

Agradecimentos especiais, como sempre em meu trabalho, vão para meus alunos, que contribuem decisivamente para meu pensamento e minha pesquisa. Quero mencionar em especial Chris Benner, Matthew Zook, Blanca Gordo, Elsie Harper-Anderson, Miriam Chion, Grace Woo, Manuel Suarez e Madeleine Zayas. Três seminários realizados em Berkeley foram particularmente influentes no intercâmbio que conduziu a esta análise: o Seminário sobre a Sociedade da Informação no Departamento de Sociologia; o Seminário sobre a Internet e o Desenvolvimento Econômico, no Departamento de Planejamento Urbano e Regional; e o Seminário sobre Tecnologia da Informação e Valores Sociais ministrado em colaboração com meu colega Jerry Feldman no Departamento de Ciência dos Computadores. Gostaria de expressar minha gratidão a todos os alunos que participaram desses seminários. Meus agradecimentos especiais vão para os membros de nosso seminário privado em Berkeley sobre as implicações sociais da tecnologia da informação, cujas ideias, em sua diversidade contraditória, estão presentes neste livro.

Quero também reiterar minha dívida para com minha revisora Sue Ashton, cuja dedicação e profissionalismo são o vínculo crucial entre este autor e você, o leitor.

M.C.

Berkeley, Califórnia, abril de 2001

Índice remissivo

ESTA OBRA FOI COMPOSTA POR TEXTOS & FORMAS EM MINION E IMPRESSA EM PROCESSO SOB DEMANDA PELA UM LIVRO SOBRE PAPEL OFFSET PARA A EDITORA SCHWARCZ A PARTIR DE 2024

FSC
www.fsc.org
MISTO
Apoiando o manejo florestal responsável
FSC® C128038

A marca FSC® é a garantia de que a madeira utilizada na fabricação do papel deste livro provém de florestas que foram gerenciadas de maneira ambientalmente correta, socialmente justa e economicamente viável, além de outras fontes de origem controlada.